W0078245

DIE KLIMA·FREUNDLICHE KÜCHE

Monika Röttgen

freya

EIN WORT ZUVOR

Wundersame (Ver-)Wandlungen sind das Merkmal der klimafreundlichen Küche. Du entdeckst einen Kosmos voller magischer Möglichkeiten, CO_2 rund um den Teller einzusparen. Und daher haben wir uns auch im Buch vom Titel das „e" gespart. Um es kurz zu machen: Willkommen in der „Klimafreundlich-Küche".

ISBN 978-3-99025-400-4
© 2020 Freya Verlag GmbH
Alle Rechte vorbehalten
Layout und Illustration: Laura Laakso
Lektorat: Mag. Barbara Schöberl
printed in EU

FSC
www.fsc.org

MIX
Papier aus verantwor-
tungsvollen Quellen
FSC® C118234

DIE KLIMA·FREUNDLICHE KÜCHE

Zutaten für einen Wandel auf dem Teller

Monika Röttgen

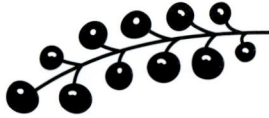

ONLINE

„APP-ETITHÄPPCHEN"
Hol dir noch mehr kreative Spielerei-
en und planetengerechte Rezepte.
Das Buch geht online weiter:
www.klimafreundlich-kueche.de

1

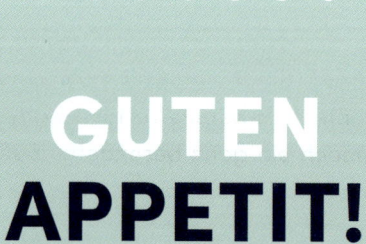

GUTEN
APPETIT!

GUTEN APPETIT!
EINE NEUE SPEISEKARTE

Das ist nicht nur ein Kochbuch. Das ist genau genommen am allerwenigsten ein Kochbuch. Das ist ein Lese- und Mitmachbuch, das voller Anregungen steckt. Es ist naiv und informativ, verspielt und verwegen.
Die Klimafreundlich-Küche eben.

Es wendet sich an Leute, denen die Welt da draußen nicht ganz egal ist. Die aber auch Menschen sind. Voller Widersprüche. Die vielleicht auch mal Lust aufs Shoppen haben, mal Bock auf Würstchen, mal schlicht auf ein Bier. Die einen heftigen Arbeitstag stemmen und vielleicht quengelnde Kinder und einen nölenden Mann bespaßen. Das hier ist für Leute, die nicht nur in der Küche stehen wollen, die viel um die Ohren haben. Die sich aber dennoch Gedanken machen. Über die Frage, wie es so weiter geht mit diesem Planeten. Und uns allen.

Schauen wir in die Unmengen an Kochbüchern, so fragen wir nach Inhalts-stoffen, Gesundzutaten und Leckerschmecker-Ideen, die nicht dick machen. Es tummeln sich Diätvorschläge, Allergie-Ratgeber und Moralkeulen auf dem Teller. Aber wie gut tut unser Essen der Erde? Dabei könnten wir alle mit we-nigen Ideen unsere Mahlzeiten klimafreundlicher gestalten. Klima geht also (auch) durch den Magen und ein Wandel ist (noch) möglich, so die Botschaft dieses Buches. Sie hat viel Gesellschaft bekommen in der letzten Zeit.

Verharrte der „Klimaschutz in Topf und Pfanne" lange in einem Nischendasein, explodierte die Informationsdichte - ziemlich genau nachdem ich die hier zu lesenden Passagen größtenteils bereits verfasst hatte. Gut so, mehr davon! Hier erwartet dich dennoch ein ganz besonderes Buffet, das dir die immer noch komplexe Sachlage mundgerecht serviert und weiter Appetit auf ein pla-netenfreundliches Tellerverbessern macht.

Die Klimafreundlich-Küche ist der Versuch einer Selbermach-Versorgung mit jeder Menge Bausteinen, wie du deine Vorräte und Essen zum Mitnehmen selbst herstellen kannst. Aus Zutaten, die dich umgeben. Das spart (Transport-) Energie, Verpackung und – Geld. Gesundheit und Spaß gibt's gratis dazu.

Du kannst vorab ein paar der mittlerweile vielbeschworenen Fakten snacken. Dabei geht es vor allem um die Tatsache, dass fast 40 % der weltweiten Treibhausgase mit unserer Ernährung zusammenhängen. Das ist in etwa die gleiche Größenordnung wie der CO_2-Ausstoß in Sachen Mobilität.

Das Klimakochen ist ein Phänomen unserer Überflussgesellschaft. Wo früher ein Mangel an Verkehrswegen, Handelstätigkeit oder Geld das Credo „regional, saisonal und bio" verordnete, ist es heute ein komplizierter „Back-to-the-Roots"-Weg, der Altes aufgreift, neu interpretiert und den modernen Komfort nicht außer Acht lässt.

Mühsam lernen wir wieder, dass das Liegenlassen von Waren, die eigentlich super lecker und nahrhaft und toll wären, ein Ausdruck von Nachhaltigkeit ist. Angestrengt wägen wir ab, was besser ist: Dose oder Glas, Plastik oder unverpackt, bio oder konventionell.

Die Gewissensentscheidungen sind bestimmt nicht leichter geworden, dabei wollen wir doch nur – wie unsere Vorfahren – gesund satt werden und es uns so einfach wie möglich machen.

In keinem anderen Lebensbereich geht die Schere zwischen „Bewusstsein" und „Tatsache" so weit auseinander wie in dem der Ernährung. Zwischen „Wissen", „Wollen" und „Tun" liegen Welten. Welten mit Klimaturbulenzen im Übrigen. Noch sind wir zigtausend Tonnen Treibhausgase von einem Planeten im grünen Bereich entfernt. Denn es geht ja beim Essen um unsere intimsten Bereiche, es geht ans Eingemachte.

Für den Zutatenwandel auf dem Teller braucht es in diesen Zeiten also vor allem jede Menge „Lifestyle". Es muss hip werden, bedacht mit der Erde umzugehen, kein schrulliger Tick. Darauf macht die Klimafreundlich-Küche Lust. Sie stößt ins Herz deiner Küche vor und zielt auf deinen Verstand und dein Bauchgefühl. Wir können nicht alles richtig machen, aber vieles besser.

Das Buch liefert dir daher neue Ideen für die tägliche Küche oder umgekehrt „Althergebrachtes" in modernem Gewand. Vergessene Lebensmittel, wie Hirse, oder erst im Kommen begriffene, wie die Lupine, erhalten eine neue Bühne. Fast märchenhaft muten die Bilder der Klimafreundlich-Küche an: Stern, Regenbogen und Blumen. Merkhilfen, die neugierig auf neue Gerichte machen und flott in den Kopf gehen, erst recht in die Hände. Angereichert mit Tipps für den Haushalt sowie Ideen für DIY-Fans und ergänzt um ein paar Spielereien rund um die nachhaltig wirkenden Speisen präsentiert sich das Buch im „Häppchen-Style": kompakte Infos, Anleitungen für Küchenexperimente und genügend Raum für eigene Entdeckungen.

Viel Spaß!

2

**ES IST
ANGERICHTET**

ES IST ANGERICHTET
KLIMA, DAS MACHEN WIR

STURM NICHT NUR IM WASSERGLAS

Der Begriff „Heißzeit" belegte den ersten Platz beim „Wort des Jahres 2018". Der Juli 2019 brach alle je gemessenen Temperaturrekorde. Noch nie war es hierzulande so trocken, so warm und so sonnig, vermeldete der Deutsche Wetterdienst und verwies auf die Datenlage der letzten 130 Jahre. Dieser Temperaturanstieg ist hausgemacht. Alles, was wir täglich tun, hinterlässt Spuren da draußen. Und das nicht zu knapp. Die Zahl der verkauften Klamotten verdoppelt sich alle zehn Jahre, die Wohnflächen werden größer, die Urlaubsreisen weiter und nicht wenige Menschen hierzulande besitzen 10.000 Dinge oder mehr. Wir schwimmen im Überfluss in einem zunehmend unruhigen Gewässer. Ernährung, Konsum, Wohnen, Heizen, Stromverbrauch und Mobilität erzeugen täglich direkt und indirekt CO_2 und jedes Gramm Gas ist Ausdruck einer von uns getroffenen Entscheidung.

Jede Menge Leben
Die globale Biomasse der Erde besteht aus 550 Gigatonnen Kohlenstoff. Davon stellen die Pflanzen mit 82 % den Löwenanteil, gefolgt von Bakterien und Pilzen. Die Tiere kommen gerade mal auf 2 Gigatonnen, wobei 50 % auf das Konto von Insekten, Krebsen und Spinnentieren geht. Wir, die 7,7 Milliarden Menschen auf der Erde, bringen gerade mal 0,06 Gigatonnen auf die Waage – und richten den Rest mal eben zugrunde.

Wie viel davon jede/r Einzelne beiträgt, kannst du mit dem „ökologischen Fußabdruck" errechnen.
www.fussabdruck.de

Weltweit nutzen wir aktuell so viele Rohstoffe, als hätte jeder von uns 1,7 Erden zur Verfügung. Und auch das ist längst kein Geheimnis mehr: 20 % der Menschheit verplempern mehr als 80 % aller Ressourcen.

Auch Freundinnen und Freunde der Nachhaltigkeit verbrauchen oft mehr als gedacht. Wenn ich mich selbst auf den Prüfstand stelle, komme ich zwar bei der Ernährung auf den überaus freundlichen Faktor 0,3, doch in den Bereichen Mobilität und Konsum sieht es nach wie vor übel aus.

Gegenwärtig verbraucht die Menschheit innerhalb eines Jahres etwa so viele fossile Energieträger, wie die Erde innerhalb von einer Million Jahren herausgebildet hat.

Die Prasserei wirkt sich aus. Steigen die Treibhausgas-Emissionen weiter wie bisher, so ist in den kommenden 100 Jahren ein globaler Temperaturanstieg um bis zu fünf Grad Celsius zu erwarten. Dabei wandelt sich das Gesicht der Erde schon jetzt in atemberaubendem Tempo. Wir erleben eine Häufung von Naturkatastrophen. Die Meere sind starken Veränderungen unterworfen, Gletscher und große Eisfelder an den Polen tauen. Zigtausende Arten sind durch den Klimawandel betroffen. Man muss kein Anhänger des Armageddon sein, um zu begreifen, dass nicht nur diese ökologischen Umdeutungen real sind, sondern auch jede Menge Menschenleben auf dem Spiel stehen. Die globalen Wetterkapriolen sorgen nicht zuletzt für politische Stürme und Konfliktherde par excellence. Die Zahl der Menschen, die deswegen zu Migration gezwungen werden, ist dreimal höher als die Vertreibung durch Krieg und Gewalt. Der Kampf um fruchtbare Böden und knappes Trinkwasser hat gerade erst begonnen.

Klimaschutzkonferenzen scheinen Rituale zu sein, auf denen sich die Weltgemeinschaft der dringend gebotenen Eile für die CO_2-Begrenzung versichert. Mit wenig Wirkung. Die Minimalziele (Erderwärmung auf zwei Grad begrenzen) werden jährlich nach unten korrigiert. Obschon: Die Urlaubsreise, die Familienkutsche, der Tannenbaum: Nach den jetzt erst erahnbaren Sonnen-Folgen steht derzeit alles auf dem Klima-Prüfstand. Die Welt ist wach geworden und tickert sich mit düsteren Drohszenarien, mittleren Katastrophenmeldungen oder auch gut gemeinten Aktionsideen in den Tag. Mit Gießwasser geizen, teurer tanken oder anständig aufholzen. Doch bislang beschränken sich die Maßnahmen auf ein paar symbolische Handlungen. Wir tauschen Glühlampen gegen LED, gehen den Plastikstrohhälmchen an den Kragen und kaufen den irgendwie vielleicht ökologischeren Hybridantrieb. „Nachhaltigkeit" ist schlicht eine gut zu verkaufende Produkteigenschaft mit Wohlfühl-Effekt. Dazu kommt: Vieles ist effizienter, aber gleichzeitig aufwendiger und größer geworden. Wir sprechen vom Rebound-Effekt, wenn sich das Paradoxon erfüllt, dass Sparsamkeit, etwa durch die Nutzung „intelligenter" grüner Technologien, zu erhöhtem Konsum führt. Die vermeintliche Diät zieht eben den berühmten Jojo-Effekt nach sich. Zu zäh ist die Gemengelage aus Politik, Wirtschaft und Lobbyismus, aber eben auch die unserer eigenen Ansprüche. Wir wissen das, aber es interessiert uns nicht ernsthaft. Nicht genug, um wirklich danach zu handeln. „Behaviour Gap" nennt sich das.

Die einzige Chance, unsere einzige Chance, ist die drastische Reduktion von CO_2. Verminderung steht aber dem Dogma steten Wachstums gegenüber und jede Nation geht davon aus, dass Emissionsreduktionen kurzfristig (?) zu Wohlstandsverlusten führen. Hier liegt der Hase im Pfeffer. Der Mensch braucht Geschichten, die den alten Glaubenssätzen Neues entgegenstellen, Geschichten, die möglichst ein „Happy End" haben. Geschichten, die Neues mit Gewinn im Gepäck haben, wenngleich vielleicht auf andere Art.

Eine solche Geschichte ist die von Greta, die die Medien seit einigen Monden erzählen. Die Geschichte einer unerschütterlichen Teenagerin aus Schweden, die auszog, der Welt die Leviten zu lesen, und den Klimaschutz zum beherrschenden Thema der öffentlichen Debatte gemacht hat. Durch sie inspiriert gehen weltweit junge Leute in den „Fridays for Future"-Demos auf die Straße, verbringen ihre Ferien im Konferenz-Modus und vernetzen, verbrüdern, verschwestern sich in nie da gewesener Weise zu einer wirkmächtigen und globalen Bewegung mit einem Fünkchen Hoffnung.

Vielleicht popularisieren gerade die Jugendlichen die Ansätze von „Degrowth" oder „Postwachstumsökonomie" nach Niko Paech oder Harald Welzer. Ihre Ideen fanden bislang eine gewisse Verbreitung in Ökokreisen, aber die nötige „Marktreife" erreichten sie noch nicht. Dabei beinhalten sie fast magische Gleichungen, etwa wie aus Verzicht Zufriedenheit wird und wie die Verringerung von Arbeitszeit zugunsten „marktfreier" Zeit zu mehr „Suffizienz" (Entrümpelung) und „Subsistenz" (Gemeinwohl) führt. Das Selbstproduzierte, das gemeinschaftliche Nutzen von Gütern, das Teilen von Produkten, das Reparieren von Defektem und die Selbstwirksamkeit durch das eigene Herstellen von Nahrungsmitteln – all das sind wichtige und wesentliche Faktoren, die im Endeffekt den Planeten und jeden von uns einfach glücklicher machen. So einfach könnte das sein.

Was du wirklich brauchst

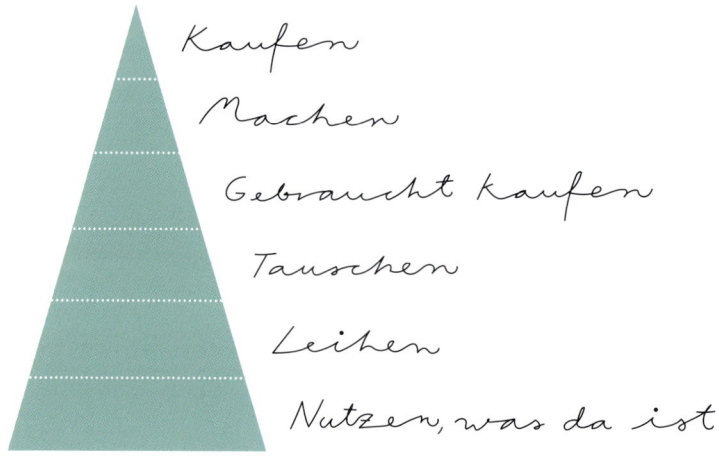

Kaufen

Machen

Gebraucht kaufen

Tauschen

Leihen

Nutzen, was da ist

Wenn denn mal alles so einfach wäre. Es ist hinlänglich bekannt, dass 20–30 % der im Alltagsleben verursachten Umweltschäden durch das entstehen, was die Europäer essen und trinken. Forscher fordern mittlerweile eine „Planetendiät": Daumen hoch für Obst und Gemüse oder Hülsenfrüchte, Daumen runter für Fleisch und Zucker. Perfekt für die Gesundheit, perfekt für den Planeten. Warum macht es bloß keiner?

Wer sich vollwertig ohne Fleisch und mit Bio-Lebensmitteln ernährt, hat einen CO_2-Ausstoß von rund 330 kg im Jahr. Ein/e „Mischköstler/in" mit viel Fleisch und konventionell angebauten Lebensmitteln bringt es auf das Dreifache!

DARUM GEHT'S ANS EINGEMACHTE

Die Zusammenstellung der eigenen Kost sagt etwas über mich aus, genauso wie die Kleidung, die ich trage. Sie definiert mich. Sie verbindet mich mit Gleichgesinnten – oder trennt mich von Menschen, die mir nicht bis in den Grünkern folgen. Wir sind in Sachen Ernährung Kinder unserer Kultur. Was uns schmeckt, ist eine Frage der Erziehung und der Weltanschauung. Jeder Bissen verbindet unser Verdauungssystem mit unserem Wertesystem. Und das speist sich aus vielerlei Quellen. Essen zum blanken Überleben müssen wir schon lange nicht mehr. Zumindest nicht auf dieser Seite der Weltkugel und nicht, wenn wir dieses Buch in Händen halten.

Essen ist ein Gelüste- und Gefühlscocktail – und das macht den Wandel auf dem Teller so komplex. Denn kaum ein Bereich ist intimer, privater, individueller und sinnlicher als die Ernährung. Niemand will sich vorschreiben lassen, was und wie er zu essen hätte. Und so ist es kein Wunder, dass die Ernährungsfrage als Klimafaktor weitgehend aus allen politischen Diskussionen ausgeklammert wird. Je krasser das Korsett aus „Dos" und „Don'ts" wird, desto bockiger reagieren viele. Die Tatsache, dass wir mit jeder einzelnen Mahlzeit mehrere Kilo Treibhausgas erzeugen, ist uns schlichtweg „wurscht". Wir frönen fröhlich weiter unseren kulinarischen (Fleisch-)Freuden, obschon hier ein „Big Point" auf dem Teller liegt, eine Klimaschutzmaßnahme mit Durchschlagskraft, die das Zeug dazu hat, der Erde spürbar Entlastung zu bringen.

DIE KLIMAFREUNDLICH-KÜCHE

Da setzt die Klimafreundlich-Küche an. Sie will informieren und aufklären. Aber nicht dogmatisch und mit dem erhobenen Zeigefinger nach dem Motto: „Wehe, wenn ich dich mit einem Würstchen erwische." Sie blättert einen Katalog an Möglichkeiten auf, wie jede/r in der Küche umsteuern kann. Von radikal bis sanft. Sie gibt keine gesundheitlichen Ratschläge, ist aber überzeugt davon, mit den hier beschriebenen Rezepten dem Körper nichts Übles zuzuführen.

Denn das ist ja das Verrückte: Die Klimafreundlich-Küche hat vieles mit den Empfehlungen der großen Ernährungsgurus gemein. Weitgehende Einigkeit herrscht mittlerweile doch über die Tatsache, dass eine überwiegend pflanzliche Ernährung mit viel Gemüse, Obst, Vollkornprodukten, Kartoffeln und Hülsenfrüchten, gering verarbeitet und frisch zubereitet, gesundheitsförderlich und fit machend ist. Gut so, das sollst du bekommen!

Mit einem satten Plus an Pflanzenkost und einem dicken Minus für Tierisches sowie einem Stopp der Lebensmittelverschwendung können wir die Ernährungswende schaffen.

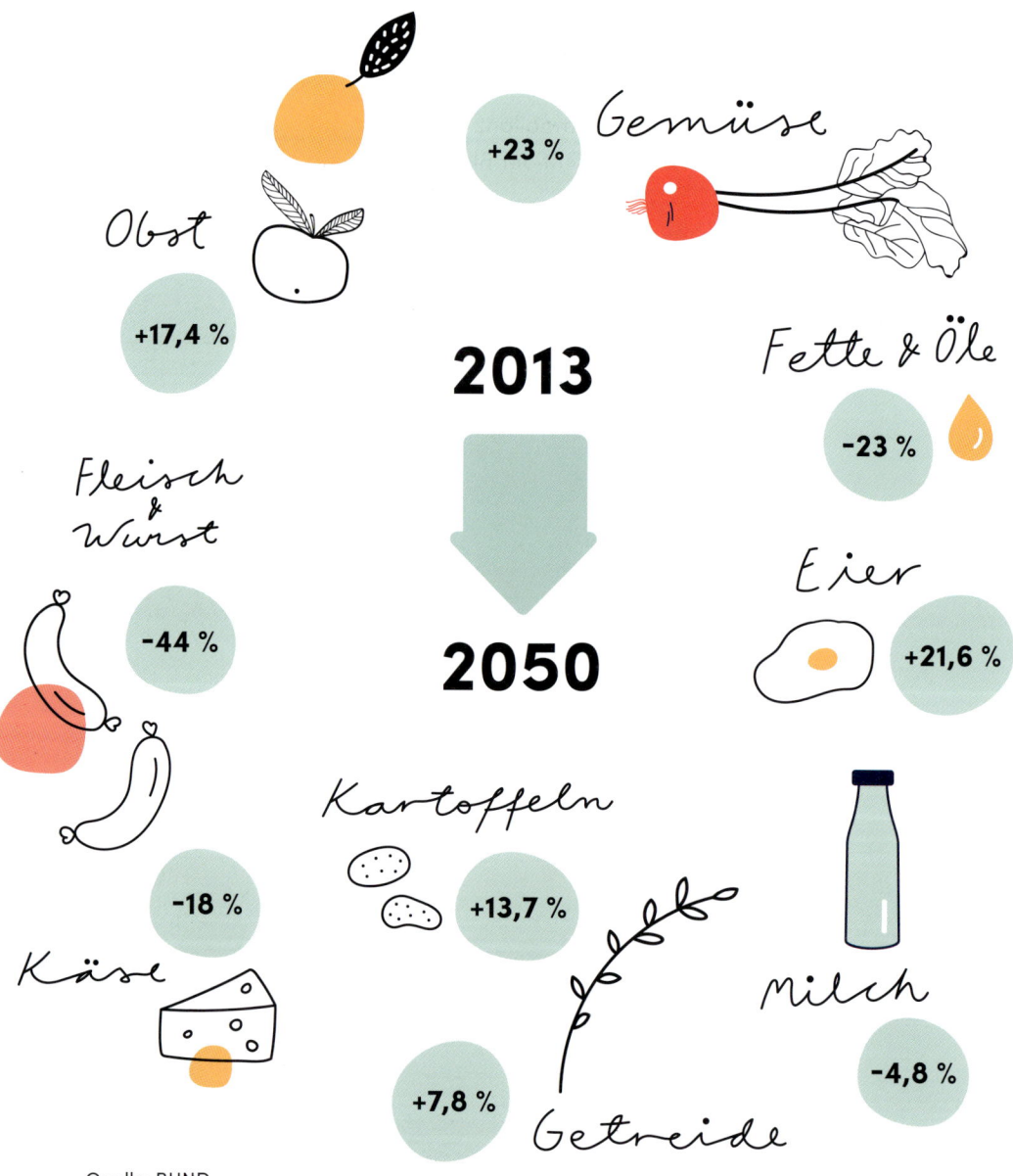

+23 %

Gemüse

Obst

+17,4 %

Fette & Öle

-23 %

2013

Fleisch & Wurst

-44 %

Eier

+21,6 %

2050

Kartoffeln

+13,7 %

-18 %

Käse

milch

-4,8 %

+7,8 %

Getreide

Quelle: BUND

Die klimagerechte Küche ist eine „Von-Grund-auf"-Küche. Sie setzt an der Basis, bei den Rohstoffen an. Hier unterscheiden wir fünf Kategorien: Getreide, Hülsenfrüchte, Nüsse und Saaten, Obst und Gemüse. Das sind unsere Bausteine, die wir möglichst regional und aus ökologischem Anbau beziehen. Daraus entstehen die Gerichte. Ohne viele Zusätze, ohne viel Schnickschnack.

Denn im Pflanzenreich ist die Klimabilanz plus-minus im sattgrünen Bereich. Noch dazu zoomen wir heran. Nicht der Blick in die Ferne, sondern auf unsere unmittelbare Umgebung gerät in den Fokus. Eine Brennnessel am Wegesrand beinhaltet dreimal mehr Eisen als Spinat und siebenmal mehr Vitamin C als Orangen, von ihren Heilwirkungen ganz zu schweigen. Was um uns herum wächst, ist denselben „Bildekräften" (Wolf Dieter Storl) ausgesetzt wie wir selber. Wir erwachsen denselben Umweltbedingungen. Was in unserer Nähe wächst, hat eine Beziehung zu uns und beinhaltet alles, was wir brauchen.

WIR KÖNNEN NICHT UNSERE VER-
TRAUTEN MAHLZEITEN UND ZUGLEICH
UNSEREN VERTRAUTEN PLANETEN
BEHALTEN. EINS DAVON MÜSSEN
WIR AUFGEBEN. SO EINFACH UND SO
SCHWIERIG SIEHT ES NUN MAL AUS.

JONATHAN SAFRAN FOER

3

KATERSTIMMUNG BEIM KLIMA

KATERSTIMMUNG BEIM KLIMA
FAKTENSNACKS

Die Party war rauschend. Die Kopfschmerzen folgen auf dem Fuß. Hier bekommst du ein paar Infohäppchen serviert, die den vollen Umfang der Katerstimmung aufdecken. Sinnvoll, wenn du mehr darüber wissen möchtest, warum dein Kühlschrank an der globalen Nabelschnur hängt:

Wir lieben Lebensmittel, vor allem die tierischen. Dieser Umweg ist 7-mal weniger effizient wie direkte Pflanzenkost.

Supermärkte, Supertempel. Treibhäuser-Wälder. Viel Energie für zigtausende Waren.

Wasser steckt in jedem Lebensmittel, vor allem in den „Tropen-Exoten".

Milliarden Rinder weltweit verdauen. Irgendwie Mist, weil schädliches Methan.

Das Drama in Tüten: Jedes 3. Lebensmittel landet im Abfall.

Düngecocktail mit Lachgas-Garantie.

Von A wie Ananas nach B wie Banane – rund um den Globus kommt unser Essen ins Rollen – und wir gleich mit. Denn wir fahren gern zum Supermarkt.

Tiere brauchen Futter. Futter braucht Flächen. Die entstehen durch Rodungen. CO_2 entweicht.

ACKERN HEUTE

Schätzungen schlauer Köpfe gehen davon aus, dass die globale Landwirtschaft fast ein Drittel der Treibhausmisere verursacht. Sie macht das für uns. Weil wir es so wollen. Wir wollen Fleisch, wir wollen Sprit, wir wollen Getreide. Die heutige Bestellung von Land bleibt nicht folgenlos. Die Zeiten, in denen das Rind weniger auf dem Teller, sondern eher vor dem Pflug landete, um die Krume umzubrechen, sind lange vorbei. Die Schlagwörter der aktuell praktizierten „Intensivlandwirtschaft" lauten: Monokulturen, Überdüngung, Massentierhaltung, Saatgutmonopole, Landumnutzung, Artensterben und Kampf gegen die Unbill von Schädlingen und – zunehmend – Wetterereignissen.

Rund um die Ernährung gibt es viele CO_2-Giganten: Die Erzeuger rund um den Globus, die Transporteure, den Handel – und wir alle.

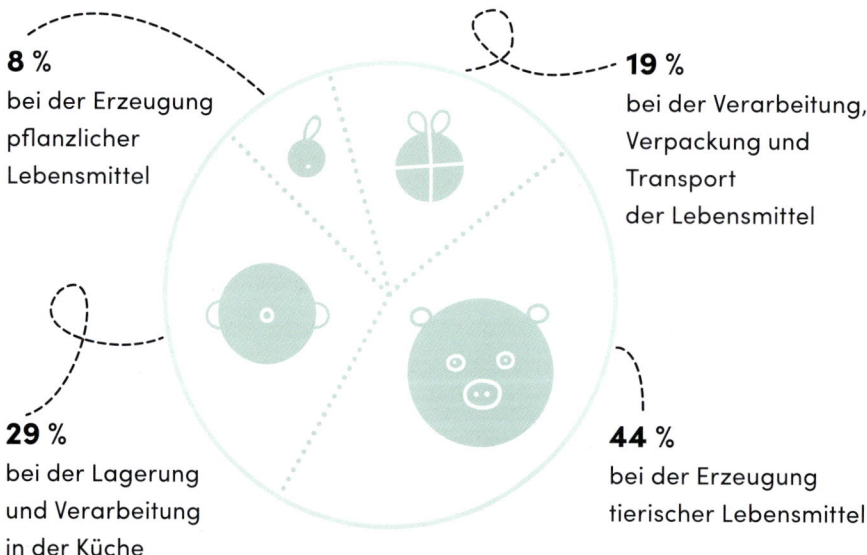

8 %
bei der Erzeugung
pflanzlicher
Lebensmittel

19 %
bei der Verarbeitung,
Verpackung und
Transport
der Lebensmittel

29 %
bei der Lagerung
und Verarbeitung
in der Küche

44 %
bei der Erzeugung
tierischer Lebensmittel

Quelle: www.klimateller.de

Unser aktueller CO_2-Fußabdruck ums Essen ist mit knapp 1,5 t CO_2 pro Kopf und Jahr fast so hoch wie das Gesamtbudget an CO_2 von 2 t, das wir eigentlich zur Verfügung hätten.

In der industriellen Landwirtschaft wird nur noch knapp ein Dutzend Varianten an Feldfrüchten angebaut.

Und es kostet, schon jetzt und uns alle. Die EU-Bevölkerung bezahlt 106 Euro pro Jahr fürs Kükenschreddern, für Strafen auf zu hohe Nitratwerte, wir zahlen die Kosten für Antibiotika-Einsatz und Ernteausfälle, wir zahlen teure Hochleistungszüchtungen und dafür, dass das Bodenleben verarmt oder die Bienen nicht mehr summen. Und doch können die Bauern nicht mehr von ihren Erträgen leben – egal ob das die Milchbäuerin im Allgäu oder der Kakaoplantagenbesitzer an der Elfenbeinküste ist. Die kleinen und mittleren Betriebe haben keine Chance und das ganze Spiel steht mehr als auf der Kippe. Das Spiel ist komplex und nicht weniger als weltumspannend. Es hat eine Tragweite, die unseren Planeten aus den Angeln heben könnte.

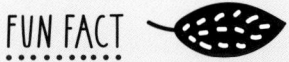

FUN FACT

Ver-rückte Welten
25 % der Deutschen haben noch nie mit einem Landwirt gesprochen, 80 % würden aber gern. Fast die Hälfte kennt niemanden, der im Agrarsektor arbeitet. Dafür ist der Boom der Computer-Simulation „Landwirtschafts-Simulator" ungebrochen. Die Neuedition 2018 verkaufte sich binnen zehn Tagen gleich eine Million Mal. Alle wollen aufs Feld – mit turmhohem Gerät, technischen Finessen und einer digitalen Echtheit, die eine Naturerfahrung da draußen überflüssig macht. Ein verrücktes Spiel mit den Welten.

KLIMACOCKTAIL – 1. ZUTAT: CO_2

Dieser rabiate Umgang mit der Erde, die uns nährt, setzt insgesamt einen Mix aus Lüftchen frei, der der Atmosphäre wenig schmeckt. Die Zutaten im Klimaschädlich-Cocktail bestehen vor allem aus CO_2, Lachgas und Methan. Davon gibt es insgesamt viel zu viel. Und das kommt daher:

Durch die weltweiten Rodungen in gigantischen Größenordnungen vermindern wir die Kohlenstoff-Speicherung, indem wir Böden versiegeln, Moore trockenlegen und Bäume abholzen. Dabei ist eine artenreiche Flora und Fauna absolut wesentlich für ein stabiles Klima. Verlieren Pflanzen den Grund, auf dem sie wachsen, entfleucht das durch sie gebundene CO_2 wieder. Es entweicht in den Mantel der Erde.

Wir roden nicht nur, um unser Vieh zu versorgen oder das Mehl fürs Brot anzubauen. Wir roden, um die schönen neuen Holzöfen zu befeuern, um Genussmittel, wie Bananen oder Kaffee, anzubauen oder tatsächlich: um Auto zu fahren! Die steigende Nachfrage nach sogenanntem Biosprit führt zum verstärkten Anbau sogenannter „Agrospritpflanzen".

KLIMACOCKTAIL – 2. ZUTAT: LACHGAS

Fritz Haber und Carl Bosch haben den Boden für das bereitet, was wir ihm heute alles abverlangen. Ihr zu Beginn des 20. Jahrhunderts entwickeltes Verfahren legte den Grundstein für die Produktion von synthetischem Stickstoffdünger, ein Traum, der die Pflanzen erblühen und die Ernten zu reichem Ertrag bringen sollte. Düngemittel brachten viel Segen übers Land. Eine oft notleidende Landbevölkerung erlebte, wie der Boden mehr und mehr trug und dem Hunger Einhalt gebot.

100 Jahre später. Der Mensch greift drastisch und immer wieder in den natürlichen Stickstoffkreislauf ein. Die Verwendung von Mineraldüngemitteln hat sich in den letzten 50 Jahren verzehnfacht, weil die Böden müde und anfällig geworden sind. Wenn aber zu viel oder nur stoßweise Wachstumshilfen ausgebracht werden, können die Nutzpflanzen den Stickstoff nicht mehr aufnehmen. Das an sich lebenswichtige Gas sorgt in diesen Mengen für die Versauerung von Böden und Gewässern und damit für die Abnahme all dessen, was da kreucht und fleucht. Es ist für fiesen Feinstaub verantwortlich und fördert die Bildung von Ozon am Boden – was im Unterschied zu seiner Platzierung in der Erdatmosphäre an der Stelle für mehr als nur Kopfschmerzen sorgt. Nitrate belasten die Gesundheit und stehen im Verdacht, Krebs zu erregen. Stickstoff reagiert außerdem zu Ammoniak und Lachgas, eine Mischung, die keinen guten Atem verursacht.

Lachgas hat die Eigenschaft, sich erst nach über 100 Jahren abzubauen. Es ist außerdem 300-mal so klimaschädlich wie CO_2. Lachgas wird vor allem bei der Düngung mit Gülle und Mist sowie beim Einsatz von Mineraldünger freigesetzt. Weil eben mittlerweile so viele Tiere ihre Notdurft verrichten, trägt die Landwirtschaft mit einem Anteil von 60 % an der weltweiten Überproduktion des wenig komischen Gases bei.

Im Ökolandbau entstehen weniger CO_2, Methan und Lachgas als in der konventionellen Landwirtschaft. Eine Umstellung auf eine ökologische Wirtschaftsweise würde die Treibhausgas-Emissionen in der Landwirtschaft um 15–20 % senken.

KLIMACOCKTAIL – 3. ZUTAT: METHAN

So skurril es klingt: Es sind die weltweit rund 1,3 Milliarden Kühe, die unser Klimagleichgewicht beträchtlich ins Wanken bringen. Denn sie alle verdauen. Jede einzelne Kuh produziert am Tag knapp 60 Liter Exkremente. Ihre Rülpser setzen zusätzlich mit Methan ein 20-mal wirksameres Treibhausgas als CO_2 frei, jede von ihnen täglich 300 Liter.

Das Problem verschärft sich, weil es buchstäblich den Mief im Kuhstall gibt. Würden die Tiere wie früher auf artenreichen Wiesen gehalten, könnte das Land die ausgestoßene Menge an Gasen wieder kompensieren. Weil wir es aber überwiegend mit Massentierhaltung zu tun haben, gerät das ursprünglich funktionierende bäuerliche System aus den Fugen.

Und da kommt in dem Zusammenhang noch ein Kandidat der Klimamiesen um die Ecke, diesmal aus dem Reich der Pflanzen. Denn auch das Grundnahrungsmittel Reis ist weniger unschuldig, als seine weiße Farbe es vermuten lässt. Durch den weltweit üblichen Nassreisanbau siedeln sich auf den unter Wasser gesetzten Feldern jede Menge Bakterien an, die ebenfalls Methan erzeugen. | » KLIMA-FLOPS |

Ziemlich viel Mist

FLÄCHEN

Die Sache mit dem Boden ist ein sperriges Thema, doch Boden gehört ins Blickfeld. Boden ist ein uraltes Sediment, das die Erde wie eine kostbare Haut umschließt. Eine Haut, die deutlich besserer Pflege bedarf. Richten wir also unsere Sinne nach unten, auf das, was alle Wetter erschaffen haben, und auf das, was unsere Nahrung hervorbringt. Unser Boden bietet eine schier unglaubliche Fülle, tummeln sich doch in jedem Quadratzentimeter mehr Organismen, als es Menschen auf der Erde gibt. Unser Boden ist Lebensraum für jede Menge Unsichtbar-Wesen, für Asseln und Amöben, für Springschwänze und Spinnen, für zwei Drittel aller Arten auf der Erde. Er ist wesentliches Wasserreservoir und Kohlenstoffspeicher der Erde. Er ist die Klimaanlage, an der wir ständig drehen. Er ist der Grund, auf dem wir stehen. Und oft genug stehlen wir ihn auch noch.

Die Fläche, die in Deutschland von einem durchschnittlichen Betrieb beackert wird, entspricht der Größe von 82 Fußballfeldern. Ein Ein/e Landwirt/in ernährt ungefähr 135 Menschen.

Die UN hat vor ein paar Jahren dem Boden eine groß angelegte PR-Kampagne (Jahr des Bodens 2015) gewidmet. Viel ist seitdem nicht passiert. Wir verbrauchen Flächen, als gäbe es kein Ende. Städte knabbern am Land, Straßen pflügen sich durch die Wälder und Landstriche veröden in aufgeräumt-praktischen Quadraten für die ertragsoptimierte Bearbeitung.

Wir Europäer nutzen mehr als doppelt so viel Ackerfläche, wie uns statistisch gesehen zusteht.

Der Weltacker
Das Berliner Projekt „Weltacker" baut auf den rechnerisch zur Verfügung stehenden 2.000 Quadratmetern pro Erdenbürger die typischen Feldfrüchte im Original-Größenverhältnis an **(www.2000m2.eu)**. Prognosen zufolge wird sich diese zur Verfügung stehende Fläche bis zum Jahr 2050 halbieren.

HUNGER UND KEINE SÄTTIGUNG

Der Hunger nach Flächen hat seine Hauptursache in unserem „täglich Tier". Denn das künftige Schnitzel muss ja erst mal wachsen. Dazu braucht es Futter. Allein ein Drittel der weltweiten Getreideernte endet im Tiermagen. Ähnlich wie in der Mucki-Bude hilft Eiweiß zum schnellen Aufbau von Muskelmasse. Dazu nötige Pflanzen gedeihen hierzulande aber so gut wie gar nicht. Wir holen sie uns von anderswo. Da wachsen sie in den benötigten Mengen zwar auch nicht, aber dort stehen noch „Ausweichflächen" in großem Maß zur Verfügung. Dumm nur, dass es sich ausgerechnet um Regenwald handelt. Den holzt man kurzerhand ab und baut das Wunderfuttermittel Soja in Mengen an. Das verschifft man wieder nach Europa, wo es unser Mastschwein sättigt. Das wandert nach einigen Wochen zum Schlachter. Oder es reist nochmal zerlegt gen Asien, neuer Abnehmer für unser Fleisch. So dreht sich das globale Nahrungskarussell munter weiter. Die Trennung von Futtermittelanbau und Fleischproduktion an verschiedenen Orten der Welt unterbricht den geschlossenen Nährstoffkreislauf in der Landwirtschaft, was schlichtweg schlecht ist. So verhält sich das – stark vereinfacht.

„DIRTY" 70:
70 % aller Agrarflächen auf der Erde sind Weideland.
70 % davon benötigen wir für die Erzeugung von Futtermitteln fürs Vieh.
70 % der Treibhausgase haben ihre Ursache in der Tierhaltung.
70 % entfallen dabei auf die Herstellung von Milch und Rindfleisch.

Das Problem besteht in der Schärfe seit knapp 20 Jahren. Im Jahr 2000 erschütterte die BSE-Krise, genannt Rinderwahn, die Welt. Durch die Verfütterung von Tiermehl gerieten die Gehirne der auf Pflanzen spezialisierten Wiederkäuer aus dem Takt. Die Folge: Eine andere Futterquelle musste her, die man meinte, mit Soja gefunden zu haben. Auf den Plan traten Länder in Südamerika. Auch wenn vor allem Schweine Soja fressen: Die Vervierfachung der globalen Fleischproduktion in den letzten 50 Jahren ist ein wesentlicher Grund für den Flächenfraß andernorts. Allein zwischen 2002 und 2016 verdoppelte Brasilien den Anbau der Flächen, auf denen Soja wächst – zulasten der einzigartigen Regenwälder und von Weideland, das großflächig in genmanipulierten Monokulturen verödet.

LAND, DAS UNS NICHT GEHÖRT

Wenn wir Soja aus Brasilien importieren, nutzen wir für dessen Produktion auch Land aus Brasilien. Land, das wir hier nicht zur Verfügung haben. Land, das uns nicht gehört. Land, das vorher eine andere Nutzung hatte. Weil wir Appetit auf Schnitzel haben, nehmen wir uns die Felder von Farmern des globalen Südens und verschmutzen deren Lebenswelt und unser aller Umwelt.

Fast 60 % der für den europäischen Konsum genutzten Flächen liegen außerhalb der EU.

DER UMWEG TIER

Obschon wir so gern in Aufwand und Ertrag rechnen: Beim Tier hört die Wirtschaftlichkeit auf. So sind bei Mastschweinen etwa drei Kilo Getreide notwendig, um ein Kilo Fleisch zu produzieren. Dabei gehen rund 80 % der Futtermittelenergie und etwa 90 % der eingesetzten Proteine verloren.

Flächenbedarf typischer Gerichte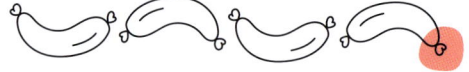

94 % | 3,61 m²
Hamburger mit Pommes und Salat (100 g Rindfleisch)

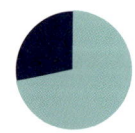

72 % | 3,12 m²
Schweinebraten mit Rotkohl und Kartoffelklößen (200 g Schweinefleisch)

87 % | 2,26 m²
Bratwurst mit Brötchen (100 g Schweinefleisch, 25 g Rindfleisch)

56 % | 1,36 m²
Curryhuhn mit Reis und Gemüse (75 g Hühnerfleisch)

0 % | 0,46 m²
Spaghetti mit Tomatensauce

Anteil Fleisch am Gesamtflächenbedarf

Quelle: WWF

Auch bei der Herstellung eines Liters Milch sieht es nicht viel besser aus. Sie verbraucht doppelt so viel Land wie ein Liter Sojamilch. Deren Fertigung benötigt außerdem viermal weniger Wasser und nur halb so viel CO_2. Um es noch einmal auf den Punkt zu bringen:

Beim „Umweg" über das Tier ist der Energiekreislauf reichlich ineffizient. 85 % bleiben auf der Strecke.

Der unseren derzeitigen Lieblingsspeisen geschuldete Umgang mit dem Land bedeutet also:

- Wertvolle Wälder weg: Amazonasgebiete verwandeln sich in (Agrar-)Wüsten und kommen ihrer Funktion als grüne Lunge fürs Weltklima nicht mehr nach.
- Flächen für Futtermittel: Monokulturen entstehen, Artenvielfalt bleibt auf der Strecke.
- Virtueller Landhandel: Wie in Kolonialzeiten nehmen wir uns Land, das uns nicht gehört.

Mit einem Hektar Land könnten 30 Menschen pflanzlich, aber nur sechs Menschen mit tierischen Lebensmitteln ernährt werden.

BODEN GUTMACHEN

Würden wir unsere Tierliebe nicht auf dem Teller ausleben, würde die Nachfrage nach Futterpflanzen sinken und der unselige Weg über die derzeitige Sackgasse könnte in einem Kreisverkehr enden. Wir könnten die Tiere wieder auf der Weide halten, die frei werdenden Flächen könnten anders beackert werden. Vielleicht schonender, vielleicht so wie früher, als Kleinbauern mit viel Köpfchen und mit der Natur ihre Felder bestellten. Dann hätten wir zwar nur noch einmal wöchentlich Fleisch auf dem Tisch, doch die globale Landwirtschaft könnte dreieinhalb Milliarden Menschen zusätzlich satt machen. Lasst uns also Boden wieder „gut" machen.

Viel zu viel Raum für viel zu viele Umwege

WASSER

Unsere Klamotten, unsere Autos, unser Papier und natürlich das, was wir essen, hinterlassen „Wasser-Fußabdrücke", die den sagenhaften Siebenmeilenstiefeln alle Ehre machen.

Pro Tag kommt jede/r von uns auf etwa 120 „echte" Liter, die wir beim Duschen, auf der Toilette, beim Spülen, Putzen, Kochen oder Wäschewaschen in den Abfluss gießen. Plus 3.900 Liter indirektes, „virtuelles", Wasser, der Löwenanteil für die Herstellung von Nahrungsmitteln. Wasser ist jedoch eine endliche Ressource. Nur 2,5 % Wasservorräte auf unserem „blauen Planeten" sind Süßwasser.

Der Wasserverbrauch für die Nahrungsmittelherstellung liegt derzeit in Deutschland bei knapp 3.000 Litern Wasser pro Kopf und Tag!

Wasser steckt in vielen „Tropen-Exoten", paradoxerweise aus eher wasserarmen Regionen. | » **KLIMA-FLOPS** | Den größten Wasserabdruck hinterlassen wir derzeit in Brasilien. Kein Wunder, baut das Land doch die so gefragte Sojabohne für den Futtertrog unserer Masttiere an. Wir trinken außerdem mit Genuss brasilianischen Kaffee. Für ein Kilo fallen schlappe 22.500 Liter Wasser an.

Insgesamt fließen 70 % des weltweiten Wassers in die Landwirtschaft. Felder müssen bewässert, Tiere versorgt werden. So benötigt ein Rind bis zur Schlachtreife rund 1.300 Kilo Getreide und 7.200 Kilo Heu oder Silage. Dazu kommt sein täglicher Wasserbedarf von bis zu 40 Litern sowie das Putzwasser für die Ställe. Pro Kilo Fleisch sind das 6,5 Kilo Getreide, 36 Kilo Raufutter und 155 Liter Wasser. Ein Kilo Getreide wiederum schlägt mit rund 1.300 Litern an „Produktionskosten" Wasser zu Buche. So summiert sich der Wasserverbrauch für ein Kilo Rindfleisch auf 15.500 Liter. Und wir wollen nicht verschweigen, dass natürlich auch für Kulturpflanzen, wie für Mandeln in der Pflanzenküche, reichlich Wasser anfällt.

1 kg Tofu | **924 LITER**
1 kg Mandeln | **8.047 LITER**
1 kg Käse | **5.060 LITER**
1 kg Reis | **4.000 LITER**
1 Liter Milch | **1.020 LITER**
1 kg Kohl | **200 LITER**
1 kg Rindfleisch | **15.500 LITER**
1 kg Schweinefleisch | **5.000 LITER**

Das Hauptproblem ist, dass wir wasserintensive Landwirtschaft an Orten betreiben, wo sie „eigentlich" wenig Sinn macht. Spanien zum Beispiel verfügt traditionell über wenig Wasser. Dennoch stemmt es den Löwenanteil unserer Gemüse- und Obstproduktion.

Wir schiffen Wasser von woanders in Form von Walnuss, Palmöl oder Reiskorn um die Welt und in unsere Küchen. Der weltweite Handel mit Nahrungsmitteln ist bei genauem Hinschauen ein Handel mit Wasser. Die spezialisierte Landwirtschaft trägt mitunter faule Früchte. Kartoffeln aus deutschem Anbau benötigen im Schnitt acht Liter Bewässerungswasser, während die gleiche Menge Kartoffeln aus Ägypten fast 300 Liter Wasser benötigt.

Mittlerweile gibt es immerhin ein paar Projekte, die Wellen schlagen: Israel ist zum Beispiel Vorreiter in intelligenten Bewässerungssystemen und recycelt so viel Abwasser wie kein anderes Land. Das ist wichtig. Denn der zunehmende Wasserstress, dem wir uns auch in Mitteleuropa durch die Hitzewellen stellen müssen, lässt uns in naher Zukunft alle wie begossene Pudel aussehen. Das Wasserproblem wird sich nicht verflüssigen, je weniger wir hinschauen.

Lieblingsspeisen sind Wasserprasser-Lebensmittel

TRANSPORT

Unsere Nahrungsmittel haben teilweise mehr Reisekilometer hinter sich, als wir im Leben vielleicht je schaffen. Obst stammt nur zu 20 % aus heimischen Gefilden, bei Gemüse ist es etwa die Hälfte des Angebots. Doch auch die Frage, mit welchem Fortbewegungsmittel wir den Weg zwischen Küche und Einkaufsstelle bewerkstelligen, ist nicht unerheblich.

Avocado, Ananas, Kokos, Kakao, Kaffee – viele Lieblingsprodukte wachsen nicht ums Eck. Selbst vermeintlich Heimisches, wie Nordseekrabben, schippern zum Pulen erst einmal nach Nordafrika, bevor sie wieder im Laden liegen. Daher schlagen die „Food Miles" ganz schön in die Klima-Kerbe: Obschon zwar insgesamt nur 4 % unserer Lebensmittel aus Übersee kommen, macht ihre Transportbilanz zwei Drittel aus.

Klimakiller Nr. 1 ist das Flugzeug. Mangos oder Papayas nehmen gern den Luftweg, während Bananen die Seereise antreten. Was übrigens der Verbraucher nicht weiß. Einen Hinweis auf die Angabe des Transportmittels sucht man auf den Verpackungen vergeblich. Mit Mühe findet sich das Herkunftsland, oft verschleiert unter Begriffen wie „abgepackt in", was den wahren Wachstumsort nicht kenntlich macht.

Insgesamt verursacht der Transport eingeflogener Lebensmittel 250-mal mehr CO$_2$ als Waren aus der Region.

Erstaunlich, das alles. Denn bei Befragungen versichern über drei Viertel der redlichen Deutschen, dass sie Wert auf eine regionale Herkunft ihrer Lebensmittel legen (Ernährungsreport 2019). Stellt sich die Frage, was das eigentlich ist: Region. Händler und Hersteller kreieren bunte Labels und eine Vielfalt regionaler Werbebegriffe. Auch die Gesetzeslage und die Kennzeichnung sind diffus. Region ist ein emotional besetzter Begriff, kein konkret geografisch ausgewiesenes Gebiet. | » ZWISCHENMAHLZEIT | ERHÄLTLICHKEIT |

Dennoch können wir uns fragen, wie konsequent wir auf Nahrungsmittel von weit her verzichten wollen würden. Auf Kaffee zum Beispiel. Auf Schokolade. Auf Pfeffer und Olivenöl. Auf Couscous und Mandeln.

Wo ziehen wir unseren persönlichen Radius? Es ist eine Abwägungsfrage, was wir noch als regional bezeichnen. Es kommt aufs Vergleichsprodukt an: Kürbiskerne aus Österreich versus Cashews aus Burkina Faso, Gurken aus Freilandanbau in den Niederlanden versus Gewächshaus-Ökogurke aus Spanien. Die Frage nach der Herkunft ist also stets mit der nach einer „nahbaren" und saisonalen Alternative gekoppelt. Es kommt aber auch auf die „Dringlichkeit" des Nahrungsmittels an. Bei der pflanzenbasierten Kost dürfen Proteine aus Nüssen oder Hülsenfrüchten schlichtweg nicht fehlen, und leider wachsen die aufgrund der derzeitigen Flächennutzung nicht (mehr) hier. Auch der Reichtum unserer Gewürze stammt aus Übersee. Ersetzen wir sie durch heimische Kräuter? Oder nutzen wir Zimt, Kardamom und Vanille in Maßen und in geringen Mengen? In der Klimafreundlich-Küche versuchen wir beides, wohl wissend um die Transportproblematik. Aber schmecken soll es eben auch noch.

BLEIFUSSSCHWERE CO_2-BILANZ

Die Sache mit dem eingeflogenen Obst, zum Beispiel der Flugmango, leuchtet ein und viele lehnen sich bequem zurück, denn das betrifft sie vielleicht am wenigsten. Doch: Überraschung! Die schlechteste Transportbilanz hat oft der Weg zum Supermarkt. Hier liegt der eigentliche Bleifuß begraben. Fahren wir mit dem Auto, verursacht die Fahrt mehr CO_2 als der Schiffstransport von Südafrika nach Hamburg pro Apfel. Klar, wer locker 15 Kilometer zum nächsten (Super-)Markt in einer hügeligen Mittelgebirgslandschaft bei Wind und Wetter zurücklegen muss, kommt in Versuchung. Urbane Ratschläge, wie Lastenrad, zu Fuß gehen oder „Fahrgemeinschaften" bilden, schreiben sich leichter, als dass sie umzusetzen sind.

Zu Fuß eine Ananas ist immer noch besser als Bio-Obst im Auto.

In der Stadt ist die Sachlage klar: Auf Strecken bis fünf Kilometer haben wir mit dem Fahrrad oder zu Fuß sowohl klimatechnisch als auch zeitlich die Nase vorn: kein Stau, keine Parkplatzsuche. Doch Hand aufs Herz: Selbst wenn der geliebte Supermarkt (80 % kaufen hier am liebsten ein) für viele fußläufig erreichbar ist: Wie oft siegt die Bequemlichkeit und man ertappt sich doch wieder hinterm Steuer?

Gewürze

Der Weg in die Kochtöpfe führte und führt einmal um die Welt. Gewürze sind in der Ursuppe allen Handeltreibens die entscheidende Zutat. Sie sind Grund für Straßen, Wege und Kriege. Araber und Phönizier sorgten für die erste Logistik in Sachen Luxus. Nelken und Muskatnüsse veredelten die vornehmsten Haushalte im antiken Rom. Mit der Ausweitung des Römischen Reichs überquerten die Prisen ferner Länder auch die Alpen. Nicht zuletzt die Verführung, die in Safran oder Kardamom lag, bewog Christoph Kolumbus dazu, neue Welten zu erkunden – auf der Suche nach sagenumwobenen Gewürzinseln.

Ums Jahr 1500 erlebte der Gewürzhandel an der Speerspitze Portugals seine erste wahre Blütezeit. Wer kennt nicht den Pfeffersack als Bezeichnung für einen reichen Menschen? Kaufmann Anton Fugger entzündete ein Feuer aus Zimtstangen, um seinen Reichtum zu demonstrieren. Später stritten die Holländer um die Kontrolle von Anbau, Ernte und Handel. Andere Nationen mischten mit. Ein Potpourri an Machtansprüchen versalzte die Geschäfte, nicht aber die Idee des Würzens. So etablierten sich weitere Anbaugebiete und mit dem zunehmenden Welthandel sind sie mittlerweile heimisch geworden.

Was ist ihr Geheimnis? Vor allem die flüchtigen Moleküle ätherischer Öle sorgen nicht nur für einen charakteristischen Geruch, sondern auch für jede Menge (Heil-)Wirkungen.

Und wie schmecken Gewürze der Klimabilanz?

Viele Klassiker wachsen am Äquator. Der Weltmarktpreis ist gering. Wenige große Unternehmen teilen die Gewinne unter sich auf. Fairtrade- und Bio-Gewürze sind erste Wahl, möchte man auf Kardamom und Co. nicht verzichten.

Zumeist per Schiff transportiert und in geringen Mengen verwendet, spielen sie für den CO_2-Ausstoß zwar eine gewisse Rolle. Ich möchte sie dennoch nicht aus der Klimafreundlich-Küche verbannen. Wo es möglich ist, mögen sie durch hiesige Kräuter ersetzt werden. | » ZWISCHENMAHLZEIT | WILDES GRÜN |

Unsere Lebensmittel sind Globetrotter mit reichlich CO_2 an den Füßen

ENERGIE UND LOGISTIK

KONSUMTEMPEL SUPERMÄRKTE

Bleiben wir gleich mal im Supermarkt. Die Kühltheken haben mittlerweile gigantische Ausmaße in den nicht weniger gigantischen Supermärkten eingenommen. Andere Teile des Marktes benötigen umgekehrt wohlige Temperaturen, damit sich der Konsumwillige gern und lange aufhält. In beiden Fällen sind hohe Energieaufwände nötig.

Der Lebensmittelhandel gilt mit einem durchschnittlichen Energieverbrauch von 46 Mrd. Kilowattstunden pro Jahr als eine der energieintensivsten Branchen. Größter Stromfresser ist die Kühlung. Die konstante Beleuchtung treibt die Stromrechnung durch besonders lange Öffnungszeiten und fensterlose Räume weiter nach oben. Auch wenn es mittlerweile Wege in den Stromsparmodus durch weniger kalte Froster oder Lampen aus LED gibt: Weil sich allein die Verkaufsfläche in den vergangenen 50 Jahren fast verdreifacht hat und sich die im durchschnittlichen Supermarkt angebotenen Artikel auf bis zu 30.000 Stück ins nahezu Unüberschaubare viervielfacht haben, sind die Konsumtempel alles andere als klimafreundlich. Was uns in den Regalen erwartet, ist oft nicht minder energiereich. Nicht nur an Kalorien. Die Lebensmittelindustrie mischt Fette und Salz, Zucker und Zusatzstoffe in enorme Mengen von Plastik und Umverpackungen. Fast jedes Produkt wird aufwendig aufbereitet.

HOCHVERARBEITETE LEBENSMITTEL

Die Herstellung und der Verbrauch von Nahrungsmitteln sind für 20 bis 30 % der Umweltwirkungen, wie das so schön heißt, verantwortlich. Wie nicht anders zu erwarten, sind wieder mal Fleisch und Milch Spitze in Sachen Negativbilanz. Maschinenantriebe, Wasser, Trocknungsprozesse, Garzeiten und Kühlen – all das gesellt sich zum Fertigbrötchen oder zum Joghurtbecher dazu.

1 kg Pommes frites belastet die Umwelt mit rund 5.700 g CO_2 – fast dem 30-fachen von Salzkartoffeln – und wir essen 3-mal mehr davon als vor 30 Jahren, als die verdutzten Deutschen übrigens erst vor allem vom damals neuen „Mc Donald's" das Frittenessen erlernten.

Weil außerdem jedes Töpfchen sein Deckelchen braucht und wir gerne aus hübschen Schälchen snacken und außer Haus essen, wandert zudem noch jede Menge Müll mit, Müll, der erst einmal produziert wird. Aber auch das vielbeschworene Recycling kostet Ressourcen, und es ist eine Mär zu glauben, dass von den 90 % der eingesammelten Kunststoffabfälle das meiste wiederverwendet wird. | » ZWISCHENMAHLZEIT | VERPACKUNGEN |

Wusstest du, dass „Maggi-Ravioli" als erstes Fertiggericht im Jahr 1958 auf den Markt kam und direkt die Haushalte eroberte?

Die britische Firma Walkers hat für ihre „Cheese & Onion"-Chips einmal die Herstellungs-, Verarbeitungs- und Transportprozesse durchgespielt. Demnach sorgt eine Minitüte von 34,5 Gramm für 80 Gramm Kohlendioxid-Ausstoß: 36 % dieser Menge gehen auf die Rohstoffe, wie Kartoffeln und Sonnenblumenöl, zurück, 17 % macht die Produktion aus, 34 % die Verpackung, 10 % der Transport zum Händler und 3 % die Abfallbeseitigung.

TREIBHAUSGEMÜSE = TREIBHAUSGASE

Was aber ist mit den vermeintlich unkritischen Gesundmachern Obst und Gemüse? Nun, sie ziehen eine Heerschar an Gewächshäusern nach sich, weil wir gern alles rund ums Jahr verfügbar haben wollen. Doch im Treibhausgemüse lauern eben Treibhausgase, auch wenn es vom Bio-Hof stammt. Denn eine Beheizung mit fossilen Brennstoffen im Gewächshaus verfünffacht den CO_2-Fußabdruck der Ware. Der CO_2-Rucksack der saisonalen Freilandtomate aus der Region ist mit Abstand am leichtesten.

BEISPIEL TOMATEN | CO_2 in g/kg
Konventioneller Anbau im Treibhaus | **9.300**
Bio-Anbau im Treibhaus außerhalb
der Saison (auch regional) | **9.200**
Freilandtomaten aus Spanien | **600**
Konventioneller Anbau (saisonal, regional) | **85** ●
Öko-Anbau (saisonal, regional) | 35 ●
Quelle: Uni Gießen

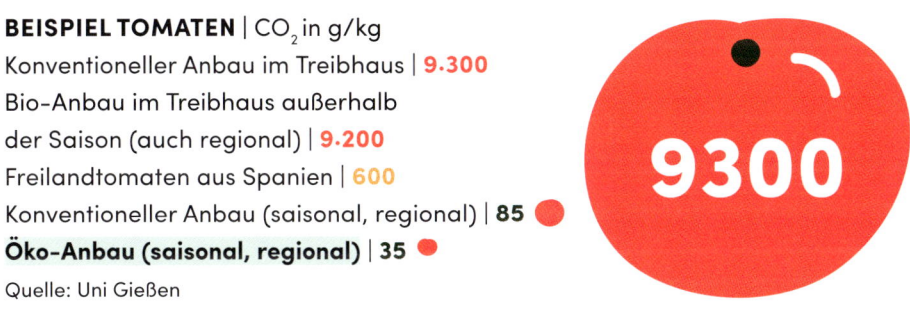

Tomaten sind unser liebstes Gemüse. Doch die Pflanze liebt Wärme. Und darum kommt ein Großteil der Ernte aus dem sonnigen Süden – oder aus dem beheizten Gewächshaus. Mit weniger sonnigen Folgen für die Klimabilanz.

Insgesamt ist der Energieaufwand von Obst und Gemüse, das außerhalb der Saison angebaut und verzehrt wird, bis zu 100-mal höher als der saisonaler Angebote.

DAS DING MIT DEM APFEL AUS NEUSEELAND

Saison und Regionalität sind stets Trumpf. Das ist der Glaubenssatz. Stimmt auch, bloß nicht immer. Die Sache mit der Ökobilanz kippt nämlich, wenn die Lagerung – sagen wir von Äpfeln – mehr Energie verbraucht als der Transport von der Südhalbkugel über den halben Erdball.

Wann ist Saison?

Saison heißt: Jetzt ist klassische Haupterntezeit im Freilandanbau. Will ich etwas essen, was in unseren Gefilden gerade nicht wächst, zahle ich drauf, und zwar ans Klima. Lagerkosten sind nicht zu unterschätzen.

TIPP: Hol dir deinen Saisonkalender für die Küche ins Portemonnaie. Gibt es unter **www.klimafreundlich-kueche.de**

Tatsache: Der Ende März gepflückte neuseeländische Apfel schippert vier Wochen über die Weltmeere und kommt Ende April in unsere Läden. 20.000 Kilometer weit gereist. Die heimischen Apfelkollegen schauen ganz neidisch ob der tollen Seefahrt und müssen zudem noch ertragen, dass ihr 150-Tage-Aufenthalt im Kühlhaus ihre Ökobilanz verhagelt. Und mit jeder weiteren Woche wird das Verhältnis noch schlechter. Und die Differenz zum Neuseeland-Apfel kleiner.

Es hängt also von der Zeit im Jahr ab, ob heimische oder weit gereiste Früchte ökologisch sinnvoller sind. Wer's braucht, kauft dann also „besser" das nicht-saisonale Produkt von weit her. Um sein Gewissen zu beruhigen, kann man ja mit dem Fahrrad zum Geschäft fahren. Oder einfach auf selbst gedörrte Äpfel umsteigen. | » SÄTTIGUNGSBEILAGE: ENERGIESMART |

150 g CO$_2$ für frisches Gemüse, 400 g für Tiefkühlware und 500 g für Konserven!

Und wie ist es mit Tiefkühlware? Tiefkühlware verbraucht zwar das Vierfache an Energie als frische Kost, schneidet aber in Sachen Nährstoffe nicht schlecht ab und ist vorteilhafter als ein Glas und erst recht als die Konserve, die aus Weißblech (Aluminium!) besteht.

Krasse Rohstoffeinsätze für mundgerechte Produkte

LIEBLINGSESSEN

Weil wir täglich essen, spielt es so eine immense Rolle, was wir verspeisen. Derzeit: zu viel Fleisch, zu viel Fertiges. Zu viel fürs Klima.

DIE DEUTSCHEN LIEBEN FLEISCH UND NUDELN

Anteil der Befragten, die folgende Gerichte am liebsten essen:

Fleisch	**53 %**
Nudeln	**38 %**
Gemüsegerichte	**20 %**
Fischgerichte	**16 %**
Suppen	**15 %**
Kartoffelgerichte	**14 %**
Pizza	**13 %**
Geflügelgerichte	**13 %**

Quelle: BMEL

Fette Bilanz in jeder Hinsicht: Die Treibhausgase bei der Herstellung von Burger mit Pommes und Ketchup bringen 3,3 kg auf die Waage. Der traditionelle Schweinebraten mit Kartoffelknödeln schafft es auf über 800 g. Eine Portion Gemüse mit Kartoffeln dagegen: 150 g!

FLEISCH ÜBER ALLES

Fleisch kommt trotz ritualhafter Beteuerungen („Nein, wir essen weniger und wenn, dann nur bio ...") ganz schön häufig auf den Teller. 60 Kilo pro Jahr verzehren wir im Schnitt, das sind aufs Leben gerechnet rund 1.100 Tiere. Im europäischen Vergleich ist das übrigens ziemliche „Spitze". Während Deutsche etwa 50 % ihrer Kalorien über tierische Produkte aufnehmen, sind es in Italien nur 25 %.

Von 1961 bis 2009 hat sich die weltweite Fleischproduktion mehr als vervierfacht.

Doch dabei wird es nicht bleiben. Schätzungen gehen von einer neuerlichen Verdoppelung bis 2050 aus: Denn nicht nur hierzulande, sondern rund um den Globus steigt – mit wachsendem Wohlstand – der Hunger nach Fleisch. Fleisch ist ein Indikator fürs gute Leben. So ist es einfach. Vielleicht schon seit der Zeit der Jäger und Sammler.

Was aber macht Fleisch so unwiderstehlich? Wieso erliegen selbst Vegetarier oder Veganer der Versuchung, Fleisch durch Faserpflanzen, wie die „Jackfrucht", Beyond-Meat-Buletten oder durch ein der Wurst nachempfundenes Kaugefühl wie beim Seitan zu imitieren?

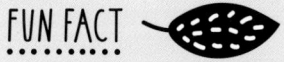

FUN FACT

Dem Umweltbundesamt gelang 2017 ein fulminanter Jahresstart. Es platzte in die Festtagsbraten mit der Meldung, höhere Steuern für Milch und Fleisch zu fordern. Ein Aufschrei ging durch die deutschen Medien, der übrigens derzeit wieder erklingt. Fleisch wird aktuell mit 7 % besteuert, darunter Feinschmecker-Produkte, wie Gänseleber, Froschschenkel oder Wachteleier, Mineralwasser und Sojamilch indes mit 19 %. Fleisch zählt nach Steuerrecht zur Grundversorgung, genauso Eis, Gummibärchen oder Chips. Obst nicht.

Es liege in den Genen, so die einen, es liege an der Nordhalbkugel, wo es kälter war, wo man mehr Kalorien benötigt, sagen die anderen, es liege an der Kindheit, sagen die dritten. Tatsächlich kurbelt das Gehirn beim Erkennen von dem, was es für Fleisch hält, eine ganze Reihe Stoffwechselprozesse nach dem Motto an: „Jetzt gibt's was Richtiges zu beißen." Das Belohnungssystem ist aktiv, die Verdauungssäfte laufen auf Hochtouren. Körper und Geist sind auf „Aufbau" eingestellt. Der Fleischkonsum ist ein zähes Gemenge aus biologischen, ökonomischen, sozialen und kulturellen Faktoren, weswegen die Gewohnheit, Fleisch zu essen, so schwer zu ändern ist. Unser Fleisch reagiert buchstäblich schwach, sobald der Duft von Grillwürstchen in die Nase steigt.

Grillen

Wir sind grill-geil. Es gibt Menschen, die geben für die Zubereitung von Fleisch für draußen so viel aus wie andere für Autos. Der Markt explodierte in den letzten 15 Jahren, das Grillfeuer ist entfacht und lodert hell. Der Umsatz verdoppelte sich auf 1,13 Mrd. (!) Euro für Grillgeräte und Zubehör. Im Schnitt werfen wir den Grill rund 13-mal pro Jahr an – aufgrund des schönen Wetters – (danke, liebes Klima!) Tendenz steigend.

Ein Grillabend mit ein paar Steaks und Koteletts, zünftig auf Holzkohle gegart und mit einer Palette Bier verflüssigt, kostet gut und gerne so viel CO_2 wie eine 200 Kilometer lange Autofahrt. Die Rauchschwaden, die durch die Parks ziehen, nicht mitgerechnet. Denn natürlich – wenn schon, denn schon – grillen wir am liebsten auf offenem Feuer (56 %, gefolgt von Elektrogrills 29 % und 13 % Gasgrill). Um den dafür steigenden Bedarf an Grillkohle zu decken, fallen Regenwald-Riesen. 800.000 Tonnen, nicht selten aus Tropenholz. Unsere Kohle importieren wir aus Polen oder Paraguay. Die Nachfrage hat in den letzten zehn Jahren um 80 % zugenommen.

In der Klimafreundlich-Küche bereichern wir die Roste allenfalls mit Seitanwürstchen und Gemüsespießen in Kräuterölen. Die Kohle könnte man über „Faire Kohle" beziehen. Sie besteht aus Kokosnuss-Schalen, die „sowieso" bei der Herstellung von Kokosprodukten entstehen. Da ist die Kokosnuss zwar im Spiel, aber das Projekt arbeitet auf Augenhöhe mit philippinischen Kleinbauern. Das stellt eine zusätzliche Einnahmequelle dar – ohne ausbeuterische Kinderarbeit. Zu uns kommt die Kohle per Schiff – und auf dem Landweg. Der klimafreundlichste Grillanzünder ist Fallholz, das beim Verrotten ohnehin CO_2 abgeben würde.
www.faire-kohle.de

Fleisch ist allgegenwärtig und unheimlich billig. Musste man vor knapp 50 Jahren noch rund 100 Stunden für ein Kilo Kotelett arbeiten, waren es vor fünf Jahren schlappe 23 Minuten. Mittlerweile geben die Menschen nur noch knappe 12 % für Essen aus. War der Sonntagsbraten bis in die 1960er-Jahre hinein ein Luxus, ist jetzt täglich Feiertag.

Jeder Supermarktprospekt wirbt Woche für Woche mit sogenanntem „Lockfleisch" auf dem Titel. Viele Verbraucherinnen und Verbraucher greifen beherzt zu und entdecken im gleichen Atemzug ihr Herz für Tiere. In Befragungen beteuern sie stets, dass Aspekte wie „Tierwohl" und „Qualität" wichtig sind. Jeder Zweite wäre bereit, mehr zu zahlen, wenn es dem Tier dadurch besser ginge – so die Theorie, wenn ein Mensch vom Amt einem einen Fragebogen unter die Nase hält. Die Realität ist eine andere.

Tierischer Aufschwung

Wir leben in einer Epoche der Fülle, die unsere Ernährung extrem verändert hat. Diese Wurzeln reichen bis ins 19. Jahrhundert zurück. Allein zwischen 1895 und 1910 wuchs durch die industrielle Revolution der Verbrauch an Fleisch- und Milchprodukten um ca. ein Drittel, was einen grundlegenden Wandel der Mahlzeitenkultur mit sich brachte. Wer es sich leisten konnte, erwarb tierische Proteine und Fette.

Wurden 1850 noch etwa 20 kg Hülsenfrüchte, wie zum Beispiel Erbsen, Bohnen oder Linsen, pro Jahr gegessen, sind es heute nur 0,5 kg.

MILCHPRODUKTE

Doch auch die weißen Milchprodukte sind keine Unschuldsengel fürs Klima. Käse, Joghurt und Quark stehen bei zwei von drei Menschen hierzulande Tag für Tag auf dem Speiseplan (Ernährungsreport 2019). Was dem Klima nicht so schmeckt. Je höher der Fettgehalt von Milchprodukten, wie bei Käse oder Sahne, desto negativer fällt die CO_2-Bilanz aus. Der Grund: Die nötige Menge an Milch und die vielen Reststoffe, die energieaufwendig wieder anders verarbeitet werden.

Auch Butter ist für viele aus der Küche nicht wegzudenken. Pro Kopf isst jeder Deutsche durchschnittlich sechs Kilo Butter im Jahr, das entspricht sage und schreibe rund 140 Kilo CO_2.

Treibhausgasausstoß tierischer und pflanzlicher Lebensmittel
CO_2-Äquivalente in kg pro kg Lebensmittel

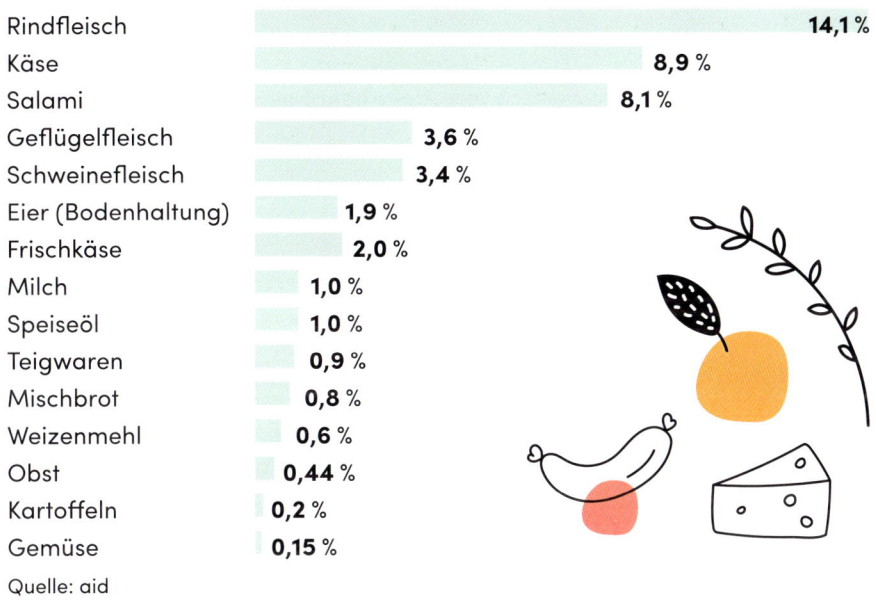

Rindfleisch	**14,1** %
Käse	**8,9** %
Salami	**8,1** %
Geflügelfleisch	**3,6** %
Schweinefleisch	**3,4** %
Eier (Bodenhaltung)	**1,9** %
Frischkäse	**2,0** %
Milch	**1,0** %
Speiseöl	**1,0** %
Teigwaren	**0,9** %
Mischbrot	**0,8** %
Weizenmehl	**0,6** %
Obst	**0,44** %
Kartoffeln	**0,2** %
Gemüse	**0,15** %

Quelle: aid

Kuhmilch vs. Pflanzenmilch

VERSAUERUNG DER MEERE

Kuh	Soja	Hafer
100 %	19 %	8 %

LANDVERBRAUCH

Kuh	Soja	Hafer
100 %	39 %	21 %

TREIBHAUSGASE

Kuh	Soja	Hafer
100 %	24 %	31 %

ENERGIEVERBRAUCH

Kuh	Soja	Hafer
100 %	86 %	39 %

Orginalgrafik: Albert Schweitzer-Stiftung, www.albert-schweitzer-stiftung.de (CC BY 4.0)

Zum Glück gibt es Alternativen: Mit Margarine aus heimischem Rapsöl oder Olivenöl kann man eine Menge CO_2 einsparen. Einige Puristen stehen jedoch auch mit Margarine auf Kriegsfuß, da häufig für ihre Verfestigung chemische Prozesse und Palmöl oder Kokosfett nötig sind. Außerdem gibt es sie nur in Plastikverpackung. Die Hersteller überschlagen sich mit Versicherungen, all dies sei aus nachhaltigem Anbau. Bio-Butter steht auch etwas besser da als konventionell hergestellte Butter, doch auch Bio-Kühe produzieren Methan.

Was Perlmuscheln mit Margarine zu tun haben

Sie war, wie so vieles, eine Kriegserfindung. Margarine geht auf Napoleon III. zurück. Um seine Truppen mit energiereichen Speisen zu ernähren, lobte er einen Preis für die Erfindung eines Streichfetts aus. Die „Kunstbutter" (Margaros kommt vom griechischen „Perlmuschel") bestand zu Anfang aus Rindertalg und Magermilch und strich mehr Siege ein als der König.

Entsprechende Fabriken gibt es seit dem Ende des 19. Jahrhunderts, denn ihre Verarbeitung ist aufwendig. Das Öl wird gepresst, entschleimt, entsäuert, gebleicht, gefiltert, gedämpft, mit anderen Zutaten verbunden und gehärtet.

Margarine beinhaltet nicht zwingend nur pflanzliche Produkte, auch die Fettzusammensetzung variiert pro Rezeptur. Sie gilt nicht unbedingt als Gesundbrunnen, wenn sie voller gehärteter Fette steckt. Im Vergleich zu Butter ist ihre Klimabilanz allerdings 17-mal besser.

INDUSTRIELLES ESSEN

Es ist für den Klimawandel auf dem Teller nicht ganz unerheblich, dass auch ein Küchenwandel stattgefunden hat. Neue Gerätschaften wie der Kühlschrank, neue Verpackungen wie die Tupperware oder neue Fertiggerichte wie Fischstäbchen trafen ab den 1960er-Jahre auf eine immer größer werdende Nachfrage einer immer agileren Gesellschaft. Heute gießen sich die Menschen morgens Milch auf maschinell gefertigte Frühstücksflocken, eilen mit Brötchen in der Hand durch die Mittagspause und schieben sich abends eine Tiefkühlpizza in den Ofen. Der Bezug zwischen Rohstoffen und Mahlzeit ist nicht mehr bei allen vorhanden.

So erklären sich paradoxe Antworten auf so manche Umfrage. Man will ein Ei, aber keine Hühner im Käfig, man will billiges Fleisch, aber keine Massentierhaltung, man will ein schnelles Abendmahl, aber keine Lebensmittelindustrie.

Was aber bedeutet es, wenn wir zunehmend auf Bequemlichkeit, Komfort und fertig Serviertes setzen, wenn sich das Kochenkönnen auf das Betätigen der Mikrowelle oder das Aufsetzen von Nudelwasser beschränkt?

Obschon 43 % der Deutschen angeben, täglich am Herd zu stehen, wächst der Markt an vorgefertigtem Essen weiter. Die Qualitäts- und Nachhaltigkeitsversprechen auf den Verpackungen wachsen ebenso. Die Leute wollen „irgendwie Gesundes", „irgendwie Leckeres", irgendwie auch was „Tierwohliges". Wie das zustande kommen soll, bleibt oft im Dunkel der Tüten verborgen.

Die unkomplizierte Küche von Ravioli und Rahmspinat oder auch von Salatkreationen im Plastikschälchen verheißt Zeitgewinn für anderes als Kochen und verschleiert recht subtil, dass damit eine existenzielle Fähigkeit des Menschen abhanden kommt. Wer nie am Herd hantierte, weiß nicht viel über eine der größten Kulturleistungen der Menschheit. Über das Geheimnisvolle, das geschieht, wenn aus Wasser und Mehl Brot (oder Seitan) wird oder welche Aromen sich beim Rösten entfalten. Wer die 321 von der EU zugelassenen Zusatzstoffe natürlicher empfindet als die Wildkräuter vor der Haustür, hat ein anderes (Geschmacks-)Empfinden.

Ernährungsmuster sind erlernt. **Die größte Herausforderung im Geschehen um Klima und Ernährung ist denn auch der herbeizuführende Mentalitätswechsel, der mehr beinhalten muss als die Verteufelung von Fleisch.** Mit dem hochemotionalen Agieren auf beiden Seiten – der Fraktion der Pflanzenbegeisterten und der Fraktion der Fleischfetischisten – ist der Erde am allerwenigsten geholfen. Statt Empörung heraufzubeschwören, möchte daher ein Buch wie die „Klimafreundlich-Küche" aufzeigen, wie man aus einer Handvoll Zutaten schier Unerschöpfliches zaubert.

NISCHENDASEIN VEGETARISMUS

Im letzten Drittel des 19. Jahrhunderts gründeten sich die ersten vegetarischen Vereine. Schon früh wandte man sich gegen die damals neue Nahrung vom Fließband, ermöglicht durch Dampfkraft und Maschinenbau-Kunst, gegen die aufkommende chemische Hexenküche, in der Fluch und Segen der Welternährung beständig miteinander reagierten. Die sogenannte Lebensreformbewegung lebte Naturbegeisterung und verweigerte Fleisch, Alkohol und Tabak. Man entledigte sich der Korsetts, auch im handfesten Sinn der Kleidung und wandte sich gegen die Großstadt. Agrarromantik war das Gebot der Stunde. Das erste Reformhaus öffnete 1900 in einer hochindustrialisierten Stadt: Wuppertal. Doch die Liebe zur reinen Pflanzenkost war und blieb eine Randerscheinung – vor allem ausgelebt von (männlichen) Städtern, die es sich leisten konnten.

Einen gewissen Auftrieb erhielt der Vegetarimus mit der grünen Welle, die die Gesellschaft in den 1980er-Jahren nicht zuletzt im Zuge der Anti-Atomkraft-Bewegung überrollte. Seinen bislang einzigen Höhepunkt verzeichnete er zur BSE-Krise im Jahr 2000, wo kurzzeitig bis zu 15 % der Bevölkerung auf Fleisch verzichteten. 20 Jahre später: längst vergessen. Die Vegetarierquote verharrt seit Jahrzehnten in Deutschland und Österreich im einstelligen Prozentbereich. Unter den 14- bis 29-Jährigen sind es immerhin 11 %.

Veganerinnen/Veganer gelten als die radikalen Tierfrei-Esserinnen/-Esser. Ihre Wurzeln liegen in den Tierrechtsorganisationen wie PETA (People for the Ethical Treatment of Animals), seit 1994 in Deutschland aktiv, 1980 in den USA gegründet. Mit so manch militanter Aktion machten Aktivisten von sich reden, was die breite Öffentlichkeit eher abstieß.

Tier-Overkill killt Klima

ABFALL

Nachdem wir den ressourcenintensiven Kreislauf von Anbau, Flächen- und Wassernutzung, Transport, Lagerung und Lieblingsessen nachverfolgt haben, konnten wir schon jede Menge Klimasünden ausfindig machen. Doch die sind nichts gegen das dreckige Ende des Ganzen. Denn weltweit landet ein Drittel aller für den Menschen produzierten Nahrungsmittel im Müll! Das sind hierzulande 80 Kilo pro Kopf und Jahr. Das ist eine Katastrophe. Nicht nur für die 800 Millionen Hungernden auf dem Globus. Auch fürs Klima. Auch für die vergeudeten Ressourcen. Oder, wo wir so gern in Geld denken: auch fürs eigene Portemonnaie. So entsorgen wir jährlich pro Nase 250 Euro für Essbares. Insgesamt gehen Schätzungen davon aus, dass fast die Hälfte davon durchaus gut genießbar wäre.

Die globale Lebensmittelverschwendung ist für 8 % der Treibhausgas-Emissionen verantwortlich.

WAS GEHT DA SCHIEF?

Lebensmittel sind in unseren Breitengraden jederzeit verfügbar. Der Anteil des Einkommens, den wir für unsere Ernährung ausgeben, ist in den letzten 60 Jahren deutlich gesunken. Woher unsere Lebensmittel kommen und wie viel Aufwand für die Produktion nötig ist, wissen die meisten von uns einfach nicht mehr.

Private Haushalte sind daher auch die größten Verursacher mit mehr als der Hälfte der entsorgten Lebensmittel. Der Rest entfällt auf Industrie, Handel und Großverbraucher. Am meisten wandert Brot in den Müll, gefolgt von Milchprodukten. Weiter ganz vorn dabei: verschrumpeltes Gemüse, welke Blätter, ein Apfel mit einer braunen Stelle.

Diese Lebensmittel wandern pro Kopf und Jahr in den Müll:

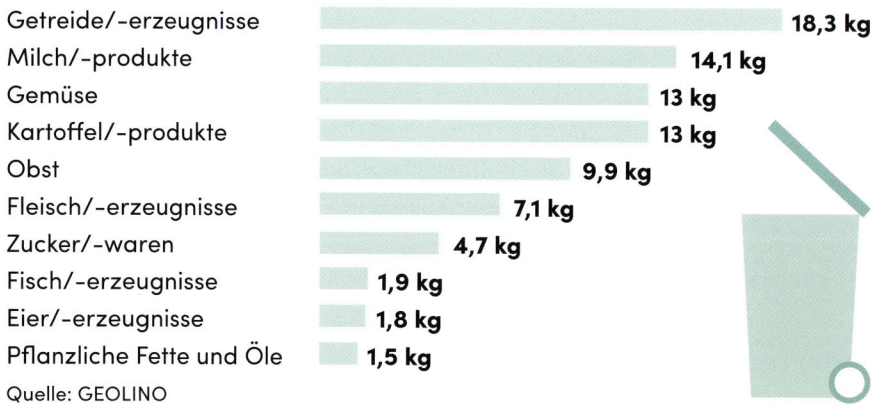

Getreide/-erzeugnisse	18,3 kg
Milch/-produkte	14,1 kg
Gemüse	13 kg
Kartoffel/-produkte	13 kg
Obst	9,9 kg
Fleisch/-erzeugnisse	7,1 kg
Zucker/-waren	4,7 kg
Fisch/-erzeugnisse	1,9 kg
Eier/-erzeugnisse	1,8 kg
Pflanzliche Fette und Öle	1,5 kg

Quelle: GEOLINO

Wir entsorgen Lebensmittel, weil

- wir zu viel eingekauft haben,
- wir keinen Überblick über unsere Vorräte haben,
- das Mindesthaltbarkeitsdatum abgelaufen ist,
- wir Reste nicht verwerten,
- wir sie falsch lagern,
- sie verdorben sind,
- sie uns nicht schmecken,
- wir für ein Gericht etwas ganz Spezielles und danach nie wieder Verwendetes eingekauft haben,
- wir selbst gemachte Geschenke, wie Oma Käthes Marmelade und Tante Fridas Kekse, doch nicht mögen,
- sie unserem Verdauungssystem nicht behagen,
- sie nicht unseren Erwartungen entsprechen.

Wir stilisieren das Mindesthaltbarkeitsdatum zum Naturgesetz, und kaum jemand macht sich die Mühe, mit seinen Sinnen zu prüfen, ob das Nahrungsmittel wirklich verdorben ist oder nicht. Dieses Schicksal ereilt besonders oft Milchprodukte. Dabei ist ein – auch veganer – Joghurt selbst mehrere Monate „drüber" noch gut. Abgelaufen bedeutet nicht „ungenießbar".

Mit der in Deutschland jährlich entsorgten Brotmenge könnte ein Bundesland wie Niedersachsen ein Jahr lang versorgt werden.

Was außerdem oft unter den Tisch fällt ist, wie wenig wir tatsächlich allein von den Tieren, die wir unter enormem Aufwand gezüchtet haben, real konsumieren. Nur 62 % vom Schwein, die Hälfte des Huhns und tatsächlich bloß 37 % vom Rind landen laut dem „Fleischatlas" auf dem Tisch. Denn wer isst noch eine Rinderzunge oder freut sich über Kalbsbries? Wo sind die sauren Nierchen oder Kutteln abgeblieben? Kann jemand noch Markklößchensuppe aus Knochen kochen? Liebe Leute, wenn schon Fleisch, dann auch ans Eingemachte, an die Innereien, an das, was wir jetzt abschätzig liegen lassen oder anderweitig nach Afrika verschiffen.

Blicken wir noch kurz auf die anderen Müll-Macher: Zusätzlich zu den Haushalten kommen rund 3,7 Mio. Tonnen landwirtschaftliche Erzeugnisse, die erst gar nicht den Weg zur Weiterverarbeitung schaffen. Sie werden sofort wieder im Acker untergepflügt oder als Tierfutter verwertet. Jährlich gehen so zum Beispiel 60.000 LKW-Ladungen Kartoffeln verloren.

Im Handel sind wir an stets volle Regale und ein Überangebot von Lebensmitteln gewöhnt. Muss aber dann restlos alles kurz vor Ladenschluss noch erhältlich sein, um wenige Minuten danach in die Tonne zu wandern? Die genaue Kalkulation von Vorräten im Supermarkt ist ein Blick in die Glaskugel. Wir Kunden sind launisch. Wir kaufen je nach Wetter, Jahreszeit, Stimmung.

Wir erwarten Frische und Vielfalt. Zu jedem Einkaufszeitpunkt. Wir sind ästhetisch über Jahrzehnte konditioniert auf die künstliche Perfektion von genormtem Gemüse oder Obst. Alles andere kommt uns nicht in die Tüte. Und was häßlich aussieht, kommt halt weg.

Schließlich noch das Gastrogewerbe um Restaurants, Bistros und Cafés: Das Umweltbundesamt schätzt, dass von den 70,5 Kilo Lebensmitteln, die jedes Jahr im Außer-Haus-Bereich pro Person bereitgehalten werden, rund 23,6 Kilo im Müll landen. Ein Teil der Lebensmittel wird nicht aufgegessen, ein anderer Teil bleibt auf Buffettischen, in der Essensausgabe oder im Lager liegen.

RUMMEL UM DIE RESTE

Verglichen mit den in den anderen Kapiteln vorgestellten „Klimamiesen" tut sich in Sachen Lebensmittelverschwendung derzeit am meisten. Alle Beteiligten, Politik, Supermärkte, Kantinen oder wir Kundinnen und Kunden, wollen es scheinbar anders. Außerdem hat gerade das Abfallproblem den „Vorteil", dass es in der auf Nutzen ausgerichteten Welt recht schnell zu vermitteln ist. Wer die verschrumpelte Möhre im Smoothie verwendet, statt sie zu entsorgen, setzt sofort eine erfolgreiche Handlung um. Und: Man muss sich nicht einschränken. Kleine Schritte für ein gutes Umweltgewissen.

Hinzu kommen groß angelegte Informationskampagnen in ganz Europa. Erklärtes Ziel: Bis 2030 die Lebensmittelabfälle halbieren. Apps verweisen auf Orte, wo Übriggebliebenes verteilt wird. Rezeptideen sorgen für kreative Weiterverwendung. Restaurants packen Gästen übrig gebliebenes Essen in „Beste Reste"-Boxen für zu Hause ein oder beteiligen sich an Initiativen wie „Too good to go", wo man Gutes zu kleinem Euro abgreift. Die Foodsharing-Initiative, gegründet 2012, zählt nach eigenen Angaben mehr als 25.000 Freiwillige. Es gibt Kochkurse mit Zutaten aus geretteten Lebensmitteln. In Großstädten, wie in Köln oder Berlin, eröffnen Läden, die Nicht-Gewolltes erneut servieren, jede Woche erscheinen phantasiereiche Kochbücher zu ZERO-WASTE-Cooking.

„Foodsaving" ist also angesagt. Möge es mehr als eine reine Mode sein. Denn unterm Strich bringt die Vermeidung von Abfällen fürs Klima genauso viel wie der Fleischverzicht. Also. Mitmachen.

Reste rechnen
Der Resterechner zeigt, was in unserem Essen steckt: Jede Menge Energie und nicht selten eine hübsche Summe Geld. **www.resterechner.de**

Absolut sinnfreie Verschwendung

KLIMAFREUNDLICH ESSEN

Ein Kochbuch mit vielen Klimamiesen zu Beginn?! Leider ja, essen wir doch derzeit einfach viel zu viele Umweltfaktoren mit. Aber eben weil die Ernährung so existenziell ist, haben wir die Macht über unsere Teller und können mit Messer und Gabel Entscheidungen treffen.

In der Tat sind sich alle Gelehrten einig: Die Misere minimieren heißt, die Maxime des Maximalen aufgeben.
Heißt:
50 % weniger Fleisch, 50 % weniger Lebensmittelabfälle, Flächenumnutzung, Reduktion der Tierbestände und weg vom Hochleistungsvieh, gezieltere Düngung. Ende der Subventionen von Milch und Fleisch.
Heißt:
Wirtschaft und Mahlzeiten stehen vor einem Wandel.
Heißt:
Wir stehen vor einem Wandel.

Wir brauchen eine neue Wert-Schätzung, eine neue Sinnlichkeit, die aber eben nicht wie beim Fasten von der Doktrin des „Ich darf nicht" ausgeht. Wie riecht ein Kornfeld, wie fühlt sich Brotteig an, wie sieht Kartoffelkraut aus und wie schmeckt eine frisch geerntete Möhre? Gefragt ist nicht nur eine Lust am Essen, sondern eine Lust, seine Entstehung zu begleiten.

Gehen wir also auf eine Entdeckungsreise in unsere Küchen und um sie herum.

Willkommen in der Klimafreundlich-Küche.

· · · · · · · · · · · · · · ·

ZWISCHENMAHLZEIT
EINKAUF

ZWISCHENMAHLZEIT
WIE FÜLLT SICH DIE KLIMAFREUNDLICH-KÜCHE?

EINKAUFSORTE

Wie komme ich eigentlich an klimagünstigere Nahrungsmittel? Die meisten von uns sind wohlmeinend, sonst hielten sie dieses Buch nicht in Händen. Aber die Erhältlichkeit und vor allem die Praktikabilität sind Trumpf und haben im stressigen Alltag Vorrang. Das Überangebot an Supermarktketten und schnellen Schnäppchen bestimmt allzu oft, was die Küche täglich füllt.

Der Supermarkt meiner an Wohlstand reichen Kindheit bestand aus satten 7.000 Artikeln. Mittlerweile, 40 Jahre später, hat sich die Zahl verzehnfacht. Wir lieben Lebensmittel, weil die Supermärkte unsere Liebhaber geworden sind. Sie verführen uns mit allen Mitteln und manipulieren unsere Sinne. Nur ein Drittel der Kundschaft kauft planvoll nach einer Liste und greift gezielt in die Regale. Die Mehrheit lässt sich den Einkauf zum Erlebnis ausbauen, schlendert durch die genau geplanten Gänge, schnuppert den Duft von vermeintlich Frischgebackenem, reagiert auf das knackige Obst unter geschickt platzierten Leuchten und stolpert über sogenannte Gondeln, um beherzt ein Sonderangebot zu ergattern. Mit Folgen fürs Klima. Und fürs Zeitbudget. Denn das Suchen nach Artikeln in diesen gigantischen Hallen und das „Sich-inspirieren-Lassen" kosten effektiv wesentlich mehr Minuten als die Aktionen, die für die Klimafreundlich-Küche nötig sind.

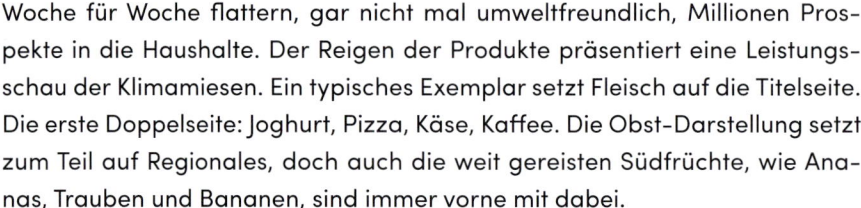

Angebot für Angebot: Ein Ausverkauf fürs Klima

Woche für Woche flattern, gar nicht mal umweltfreundlich, Millionen Prospekte in die Haushalte. Der Reigen der Produkte präsentiert eine Leistungsschau der Klimamiesen. Ein typisches Exemplar setzt Fleisch auf die Titelseite. Die erste Doppelseite: Joghurt, Pizza, Käse, Kaffee. Die Obst-Darstellung setzt zum Teil auf Regionales, doch auch die weit gereisten Südfrüchte, wie Ananas, Trauben und Bananen, sind immer vorne mit dabei.

Süßigkeiten mit den Hauptzutaten Zucker, Palmöl und Kakao sorgen für die kleinen Snacks zwischendurch. Fertigprodukte, wie Saucen, Pizza, Instant-Suppen, dürfen ebenfalls nicht fehlen. Am Schluss finden sich die Getränke mit „Top-Flops", wie Orangensaft und Spirituosen.

Zwei Drittel unserer Einkaufswege führen uns zum **Discounter** oder in den **Supermarkt**. Nur 17 % der Leute gehen in Metzgereien und ein verschwindender Anteil von 4–6 % sucht tatsächlich die Hofläden auf, für die man doch so gern öffentlich einsteht. Regionales steht zwar hoch im Kurs, aber die wenigsten sind wirklich über die kleinteiligen und versprengten örtlichen Netzwerke informiert.

„Echtes" regionales Einkaufen ist nur da und dort möglich, wo lokale, gut kommunizierte und funktionierende Infrastrukturen vorliegen. Der nötige Aufwand, um in den **Hofladen** oder zur **Solidarischen Landwirtschaft** zu kommen, muss überschaubar sein, sprich: Die Alternativen dürfen nicht unerreichbar sein. **Bio-Lieferdienste** liefern gute Dienste, wenn zum Beispiel der **Wochenmarkt** nicht auf dem Weg liegt.

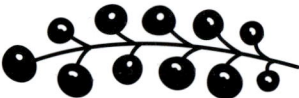

Heimat-Liebe

Was genau „Region" ist, kann zwar keiner sagen, aber es verkauft sich gut. Im gut gemeinten Griff zum Heimischen lauern Fallen. Und wer bitteschön kann all das hier auseinanderhalten?

So gibt es:
- Regionalfenster, das sind freiwillige Kennzeichnungen. Sie KÖNNEN mit dem Herkunftsort der Hauptzutaten und dem Verarbeitungsort bedruckt werden. Sind mehrere Zutaten im Spiel, wird's schon kompliziert.
- Regionale Handelsmarken, erfunden von den Supermärkten und demnach quellenkritisch zu sehen. Woher die Rohstoffe kommen, bleibt häufig unklar. Subtiles Beispiel: die beliebten „heimischen Früchte" in Marmeladen. Das heißt lediglich, dass tendenziell diese Früchte vor Ort wachsen könnten, nicht, dass diese auch im Produkt verarbeitet sind.
- Einige Bundesländer verfügen über eigene regionale Herkunfts- oder Qualitätszeichen, die Vergabekriterien sind aber sehr unterschiedlich.
- In Deutschland existieren derzeit rund 500 (!) regionale Vermarktungs-initiativen, für die völlig unterschiedliche Qualitätskriterien gelten.

Der **Bioladen** ist die mittlerweile eher weichgespülte Variante für die Klimafreundlich-Küche. Hier gibt's alles unter einem Dach, aber mit dem Zugeständnis einer immer opulenter werdenden, in Teilen konterkarierenden Produktauswahl und einem Verpackungswahnsinn, der in der Klimafreundlich-Küche nicht punkten kann.

Die Weltläden – über 1.000 in den DACH-Ländern – verkaufen schon seit 40 Jahren fair gehandelte Produkte. Sie sind allerdings keine Vollversorger, für unsere Genussmittel | » KLIMA-FLOPS | aber erste Wahl.

Bleiben – vor allem im urbanen Umfeld – noch die neuen „Shooting-Stars", die **Unverpackt-Läden**. Hier gibt es zumindest einige wesentliche Rohwaren, die oft aus soliden Quellen und damit mit gutem Gewissen in den Einkaufskorb wandern dürfen. Weil sie Nahrungsmittel anbieten, die vielleicht nur vierteljährlich benötigt werden, können sie durchaus auch für die Landbevölkerung beim nächsten Großstadt-Besuch ins „Jagdrevier" rücken.

Augen auf beim Markteinkauf

Die bunten Marktstände sind eine Pracht fürs Stadtbild. Doch aufgepasst: Vieles stammt vom Großmarkt und aus aller Welt. An sich sind die Händler verpflichtet, das Herkunftsland anzugeben. Doch es gibt wieder Ausnahmen, etwa bei Kartoffeln, Bananen oder Kokosnüssen. Hier ist die Herkunftsangabe freiwillig.

EIN GEFUNDENES FRESSEN FÜR KLIMA-CHECKER
Beispiel: Der Tomatenkauf

Wer wirklich der aktuell reinen Lehre folgen möchte, kann sich ganz schöne Knoten in den Kopf denken – etwa beim simplen Kauf von Tomaten.

1

EINKAUFSORT
Klar, auf dem Wochenmarkt bekomme ich die Lebensmittel oft vom Händler des Vertrauens und unverpackt. Erste Wahl im Vergleich zu Supermarkt und Discounter – wenn ich denn gut auf einen Markt komme. Sonst: Öko-Kiste oder Bioladen.

2

SAISONAL UND/ODER BIO?
Bio-Tomaten haben im Vergleich zu konventionellen Tomaten die bessere Ökobilanz. Kauft man sie allerdings außerhalb der Saison, schwindet der Vorsprung. Die nachhaltigste Entscheidung wäre: saisonal und bio!

3

TOMATENANBAU, HERKUNFTSLAND, WASSERVERBRAUCH
Deutsche Tomaten aus dem Freiland gibt es nur von Mitte Juni bis Mitte Oktober. In den anderen Monaten gilt es abzuwägen. Wer hat sie wo und wie gezüchtet? Wer kann, schafft Vorrat an.

4

VERPACKUNG
Wir greifen zu losen Tomaten und verpacken sie im mitgebrachten Beutel. Snack-Tomaten im Plastikförmchen kommen uns nicht in die Tüte. Stückige Tomaten im Glas sind dann eine gute Wahl, wenn wir das Glas später weiterverwenden. Sonst gewinnt tatsächlich der Tetrapak am ehesten.

5

FORTBEWEGUNGSMITTEL
Wer mit dem Auto zum Gemüseregal fährt, zahlt ordentlich auf die Ökobilanz drauf. Wer kann, nimmt seine Füße oder das Rad zum Einkauf.

6

AUFBEWAHREN UND AUFESSEN!
Hamsterkäufe bei frischen Produkten sind wenig effizient. Sie vergammeln und fressen zu Hause Lagerkosten. Für Ernteüberschüsse gilt: Haltbarmachen!

DIE SIEGEL-LANDSCHAFT

Das Bio-Siegel kennzeichnet Produkte, bei deren Herstellung und Kontrolle die Anforderungen der Öko-Verordnung der EU erfüllt wurden, dazu zählen der Verzicht auf Pestizide, Stickstoffdünger und Gentechnik. Strenger als die EU sind die Bio-Anbauverbände (Biokreis, Ecoland, Bioland, Biopark, demeter, Ecovin, Naturland und Gäa). Auch die Ansprüche an die artgerechte Tierhaltung sind höher. Die Bio-Logos von Handelsketten ergänzen die bunten Verpackungsaufdrucke.

Übrigens: Formulierungen, wie „Aus kontrolliertem Anbau" oder „Aus umweltschonender Landwirtschaft", sollen den Eindruck erwecken, es handle sich um ein Bio-Produkt – dem ist nicht so. **www.label-online.de**

FAIRE PRODUKTE

Wer Tropen-Exoten aus fairem Handel kauft, unterstützt zumindest ein etwas entspannteres Wirtschafts- und Sozialsystem. Bei Siegeln wie Fairtrade, GEPA, Naturland Fair oder El Puente, stehen die Sozialstandards im Mittelpunkt. Fairtrade fördert kleinbäuerliche Strukturen und setzt sich für eine – eben faire – Entlohnung ein. Fair bedeutet nicht automatisch bio, genauso wie bio nicht immer fair ist. Es gibt weltweit rund 400 Fairtrade-Organisationen in 70 Ländern. Doch ist es nicht ein Armutszeugnis für die reichen Länder, dass Fairtrade-Produkte ganze 2 % des Welthandels ausmachen? Siegel von Supermarktketten (Rainforest Alliance/WWF mit EDEKA) gelten eher als Marketing-Instrumente.

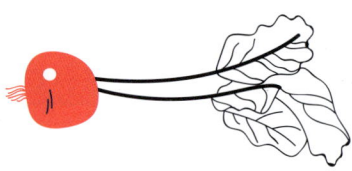

DERZEIT ARBEITEN 9 % DER BETRIEBE IN DEUTSCHLAND NACH ÖKO-STANDARDS.

KLIMALABEL-INITIATIVEN: IM KEIM ERSTICKT

Oft weiß es die Kundschaft ja schlicht nicht (besser). Da greift man ins Regal und – zack – hat man Klimamiese auf dem Konto. Wäre ein Label mit Angaben über den CO_2-Gehalt, ähnlich den Kalorienangaben, da keine gute Idee? Durchaus und vor etwa einem Jahrzehnt trieben erste Ansätze zarte Pflänzchen, doch: kamen nicht bis ans Licht.

Den ersten Vorstoß wagte Großbritannien unter der Ägide einiger staatlicher Stellen mit einem Carbon-Trust-Klimalabel für Fruchtsaft im Jahr 2006. Sogar der Supermarktriese „tesco" machte mit. Doch der hohe Zertifizierungsaufwand erstickte das Unterfangen bereits in den Anfängen. Nicht anders in der Schweiz, die das Label zugleich mit ökologischen und sozialen Standards verband.

In Frankreich starteten die Supermarktketten „Casino" und „Leclerc" ein ähnliches Projekt, ebenfalls ohne große Durchschlagskraft, ganz zu schweigen von den USA, wo alle Versuche, ein freiwilliges Klimalabel einzuführen, wieder aufgegeben wurden. Schweden startete 2009 mit einer breit angelegten Kampagne. Selbst die Burgerkette „Max" war im Boot – und hält als eine der wenigen bis heute durch.

In Deutschland tummelten sich namhafte Projektpartner, wie der WWF, das PIK und Firmen wie „frosta" oder „Tchibo". Doch das Ringen um die Ausgestaltung des Labels beerdigte den Versuch im Jahr 2012 endgültig. Man mag vermuten, dass die zarten Pflanzen der Initiativen den starken (Um-)Trieben der Lebensmittellobbyisten nicht gewachsen waren.

Mehr und mehr besetzen neue Apps die Nische, im Wachsen und Werden ist etwa die Webseite **www.eatr.info**. Das „r" bedeutet responsibly, also verantwortungsbewusst: Mit dem Einkaufszettel-Generator kann man Produkte etwa nach Wasser- und Energiebilanz oder Unverträglichkeiten filtern.

WELCHER KLIMAFREUNDLICH-KÜCHEN-TYP BIST DU?

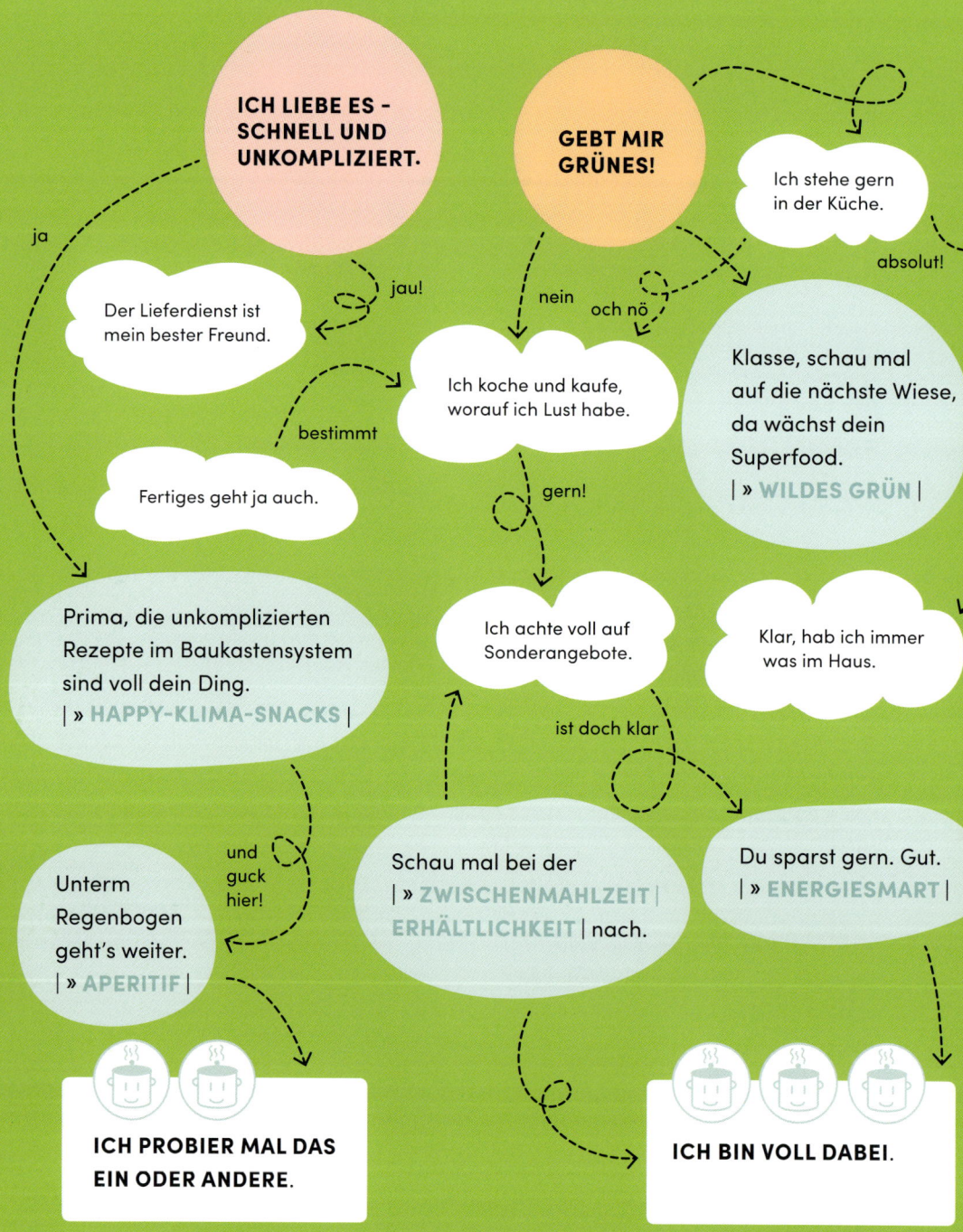

ICH LIEBE ES –
SCHNELL UND
UNKOMPLIZIERT.

GEBT MIR
GRÜNES!

Ich stehe gern
in der Küche.

ja

jau!

absolut!

Der Lieferdienst ist
mein bester Freund.

nein

och nö

Klasse, schau mal
auf die nächste Wiese,
da wächst dein
Superfood.
| » WILDES GRÜN |

Ich koche und kaufe,
worauf ich Lust habe.

bestimmt

Fertiges geht ja auch.

gern!

Prima, die unkomplizierten
Rezepte im Baukastensystem
sind voll dein Ding.
| » HAPPY-KLIMA-SNACKS |

Ich achte voll auf
Sonderangebote.

Klar, hab ich immer
was im Haus.

ist doch klar

und
guck
hier!

Unterm
Regenbogen
geht's weiter.
| » APERITIF |

Schau mal bei der
| » ZWISCHENMAHLZEIT |
ERHÄLTLICHKEIT | nach.

Du sparst gern. Gut.
| » ENERGIESMART |

ICH PROBIER MAL DAS
EIN ODER ANDERE.

ICH BIN VOLL DABEI.

4

KLIMA-
FLOPS

KLIMA-FLOPS
TELLER VOLLER TREIBHAUSGASE

Bisher sind wir meist global unterwegs, denn Landwirtschaft und Ernährung gehorchen Industrien und Logistiken, die weltumspannend sind. Vielleicht sollten wir es uns jetzt einfach zu Hause bequem machen.

Doch was verbirgt sich hinter den Küchenschranktüren? Widmen wir uns ein paar beliebten Küchenzutaten, die uns Verheißungen von fernen Ländern erzählen und oft ganz spannende (Kultur-)Geschichten obendrein.

Mit Sicherheit finden sich Reis, Kakao, Zucker, Bananen, Kokosöl oder sogar „Superfoods", wie Matcha oder Gojibeeren, in deiner Küche. Exotisch, super gesund, vielleicht sogar „bio". Aber: oft gar nicht nötig. Blättern wir jetzt mal durch die Steckbriefe guter Bekannter und entdecken dabei so manch dunklen Fleck auf der Weste der Klimafreundlichkeit.

SPIEL MIT DEM KLIMA
Ein ultimatives Snack-Quartett mit allerlei Zahlen zu den Klima-Flops oder Klima-Tops gibt's unter » ⊕ ONLINE
www.klimafreundlich-kueche.de

PALMÖL

Mit 30 % Marktanteil ist Palmöl das meistangebaute Pflanzenöl der Welt. Die Produktion von Palmöl hat sich in den letzten 15 Jahren mehr als verdoppelt. Um Palmöl herzustellen, werden die ganzen Früchte der Ölpalme direkt nach der Ernte gepresst. Dabei entsteht ein Öl, das zum Beispiel Margarine aufgrund seines Carotingehalts den orange-gelben Farbton verleiht.

HERAUSFORDERUNG

Die Industrie liebt Palmöl. Es war lange Jahre sehr einfach, an den Rohstoff zu kommen. Die wichtigsten Anbauländer für Ölpalmen sind Malaysia und Indonesien mit zusammen über 85 % der Weltproduktion. **Palmöl steckt heute in fast jedem zweiten Produkt**, das in Supermärkten zu kaufen ist. Es ist in Margarine, Schokoaufstrich, Fertigpizza oder Eis. Es ist preiswert und macht die Leckereien geschmeidig. 70 % wandern in Nahrungsmittel, 25 % in Reinigungs- und Waschzubehör. Das liegt an den wundersamen Eigenschaften der Pflanze: Gut zu erhitzen, gute Fettsäuren, gute Schmelztemperatur, gute Reinigungsqualitäten.

Mittlerweile mehren sich die kritischen Stimmen ob des Raubbaus an den Regenwäldern und so häufen sich denn auch die bunten PR-Broschüren der Konzerne mit dem gebetsmühlenartigen Beteuern von nachhaltiger Produktion. Doch schwache Kriterien und mangelnde Kontrollen sind Fallstricke im vermeintlichen Goodwill.

KLIMAFAKTOR

Die Zerstörung von Regenwäldern mit der entsprechenden Flora und Fauna und der monokulturelle Anbau mit hohem Pestizideinsatz sind klare Klima-Flops. Es werden Moore trockengelegt und Wälder brandgerodet. Die Folgen sind Waldbrände, während derer binnen Wochen mehr Treibhausgase in die Luft geschleudert werden, als Deutschland in einem ganzen Jahr produziert.

IM DEUTSCHEN FERTIGPIZZA-VERBRAUCH STECKEN 8,7 MIO. TONNEN PALMÖL.

Naturschützer raten dennoch davon ab, Palmöl durch andere Pflanzenöle aus-zutauschen. Palmöl ist über 18-mal ertragreicher als Kokosöl. Der Ersatz durch Kokos-, Soja-, Sonnenblumen- oder Rapsöl hätte einen massiv höheren Flä-chenbedarf zur Folge, würde zu noch mehr Treibhausgas-Emissionen führen und Tiere und Pflanzen stärker gefährden, als es die globalen Palmölplanta-gen derzeit tun.

Palmöl

Palmöl ist in Indonesien und Malaysia ein wichtiger Wirtschaftsfaktor – wo-bei internationale Konzerne den Markt bestimmen, sodass die örtliche Be-völkerung kaum profitiert. Um die Umwelt und das Klima besser zu schützen, braucht es einen globalen Plan. Einfach zu Produkten zu greifen, auf denen „ohne Palmöl" steht, ist zu kurz gedacht. Aber: Durch den Verzicht des Einsat-zes von Palmöl als Biokraftstoff und einen bewussteren Konsum von Konsum-gütern, wie Schokolade, Süß- und Knabberwaren, Fertiggerichten und Fleisch, könnten rund 50 % des derzeitigen Palmölbedarfs vermieden werden.

KOKOS

Der schlechte Ruf der Ölpalme ist nicht ganz irrelevant für den Boom der Ko-kospalme: Der „Hype" um die Kokosnuss hat in den letzten Jahren ebenfalls enorm zugenommen. Auf der Biobranchen-Messe BioFach in Nürnberg prä-sentierten sich 2016 gleich 274 Produkte auf Kokosbasis. Zum Vergleich: Die Avocado bringt es dort auf 34 Produkte, die Kichererbse auf 40, Palmöl auf 51. Kokos schmeckt nach Urlaub, Sehnsucht, Sonne und Palmen. Kokosöl wird in der Küche vor allem zum Backen, Braten und Frittieren sowie für Süßwaren verwendet.

HERAUSFORDERUNG

Auch die Kokospalme wächst zunehmend in Monokulturen, und auch sie liebt das tropische Klima. Die zunehmend heftigen Tropenstürme und der sich abzeichnende Klimawandel führen anschließende Dürrezeiten oder Pflanzenkrankheiten mit sich. Die Folge: Die Anbauflächen schrumpfen – bei steigender Nachfrage. In Sachen Ernährung schneidet das Öl ebenfalls nicht brillant ab. Es besteht zu 90 % aus gesättigten Fettsäuren. Es ist bei Weitem nicht das Gesundheitswunder, als das es angepriesen wird. Nicht vergessen darf man auch die sozialen Faktoren. Die Menschen, die die Nüsse anbauen, profitieren garantiert am wenigsten von der Nussjagd.

KLIMAFAKTOR

Auch die Kokosnuss ist eine harte Nuss für die Nachhaltigkeit. Kokosnüsse haben einen sehr langen Transportweg mit entsprechend hohem CO_2-Ausstoß hinter sich, bevor sie bei uns auf dem Teller landen.

UND JETZT?

Es gibt genug heimische Alternativen zu Kokosöl, Kokoswasser, Kokosmehl oder Kokosblütenzucker. Ersteres lässt sich oft leicht durch Raps- oder Sonnenblumenöl austauschen. Diese Pflanzen wachsen auf heimischen Feldern und sind leicht aus Bio-Anbau zu bekommen; günstiger sind sie außerdem. Kokoswasser ist ein reines Lifestyle-Getränk und Kokosblütenzucker ist auch nur Fruchtzucker.

Check

Kokos
In Maßen und bewusst – und natürlich aus bio-fairem Anbau – genießen!

DAS ERSTE WIENER KAFFEEHAUS ERÖFFNETE 1685.

KAFFEE

Kaffee ist noch vor Bier unser beliebtestes Getränk. Wir trinken rund 2,6 Tassen am Tag, knapp sieben Kilo Kaffee pro Kopf und Jahr. Das sind zusätzlich 365 Filtertüten, im „schlimmsten" Fall alternativ 1.095 Aluminiumkapseln, wer die portionierte Tassenvariante wählt. Reichlich Gewicht für den ökologischen Rucksack.

Kaffee wächst auf Sträuchern bzw. kleinen Bäumen und bildet kirschenähnliche Steinfrüchte. Aus den Samen gewinnen Kleinbäuerinnen und Kleinbauern mit viel Handarbeit und – je nach Verarbeitungsart mit viel Wassereinsatz – den Kaffee. Wie beim Kakao entfernt man das Fruchtfleisch und röstet die Bohnen. Erst dann sind sie genießbar. Kaffee stammt aus der Gegend des heutigen Äthiopiens („Kaffa"). Zunächst war er nur auf dem afrikanischen Kontinent beheimatet, bis ihn die Eroberer in die Kolonien auf der anderen Seite des Atlantiks brachten. Zwischen 1750 und 1850 entstanden große Plantagen in Brasilien, wo der Kaffeeanbau aufblühte. Die Welt kam auf den Geschmack. Ursprünglich konnten sich nur gut situierte Bürger und Aristokraten das aromatische Getränk leisten. In ärmeren Bevölkerungsschichten sowie in Krisenzeiten wurde er durch kaffeeähnliche Getränke, wie Muckefuck, Malzkaffee oder Zichorie, ersetzt, was uns in der Klimafreundlich-Küche durchaus wieder begegnen wird.

Die weltweite Lust auf Koffein treibt immer noch Blutdruck und Anbaumengen in die Höhe. Tatsächlich stammte die Idee, die Bohnen zu destillieren, von keinem Geringeren als von Johann Wolfgang von Goethe, worauf der Chemiker Friedlieb Ferdinand Runge das Koffein entdeckte.

HERAUSFORDERUNG

Die Pflanze wächst langsam, dann aber ausdauernd – und nur in den Tropen, am liebsten im Schatten der großen Regenwaldbäume. Für heutige Verhältnisse ist das nicht ökonomisch genug, daher gedeiht Kaffee nun auf Plantagen, vor allem in Brasilien, gefolgt von Vietnam und Kolumbien. Nur 6,5 % des Anbaus finden unter ökologischen Bedingungen statt, und zwar vor allem in Peru, Äthiopien und Mexiko.

Wie bei den anderen Genussmitteln ist Kaffee ein umkämpftes Handelsgut. Wir zahlen seit fast 20 Jahren für Kaffee ungefähr 3,50 Euro pro Pfund, ein historischer Tiefststand, obschon die Umweltfolgen immer krasser werden.

Kaffeedurst frisst Tropenwälder: Unter den 50 Ländern mit der höchsten Entwaldungsrate befinden sich gleichzeitig 37 Produzenten von Kaffee. Die wenig schmackhaften Folgen: deutlicher Rückgang in der Artenvielfalt, Bodenerosion, Wasserverbrauch. Eine einzige Tasse verschlingt 140 Liter Wasser. **Der CO_2-Fußabdruck einer Tasse Kaffee liegt zwischen 59 und 100 g.** Dabei schlagen nicht nur Wasser und Transport zu Buche. Eben die Anbauweise mit Unmengen an Dünger und Pflanzenschutzmitteln färbt die Bilanz kaffeeschwarz.

Kaffee-„to go"
Wer den Kaffee nicht zu Hause brüht, sondern unterwegs einen Latte Macchiato mittlerer Größe kauft, bucht mehr als doppelt so viele Punkte auf sein persönliches CO_2-Konto: Die Zubereitung mit dem Vollautomaten verbraucht mehr Energie, außerdem entstehen Emissionen bei der Produktion des Pappbechers ebenso wie bei der Herstellung und dem Transport von Milch und Zucker. Insgesamt kommt man so auf etwa 125 Gramm CO_2 allein durch einen Becher Kaffee (und sondert einen von täglich 320.000 sinnfreien To go-Bechern ab!).

UND JETZT?

In Nischen tummeln sich wohlmeinende Kaffeeinitiativen, die sich redlich um ein besseres Leben ihrer Handelspartner bemühen, die Umweltbilanz reduzieren oder an Aufforstungsmaßnahmen teilnehmen. Wenn schon Kaffee, dann also die kleinen, netten Start-up-Labels unterstützen, die es ernst mit ihrem Engagement meinen.

Mehr „Muckefuck"

In der Klimaküche brodelt vor allem **alternativer Kaffee**. Es ist fantastisch, wie viele geniale Möglichkeiten uns die heimische Natur liefert: Geschmacklicher Favorit ist der aus Lupinen | » KLIMA-TOPS |, aber auch die gute alte Eichel geht. Gerste und Dinkel sowieso. Für Kräuterfans längst kalter Kaffee: Löwenzahnwurzeln | » ZWISCHENMAHLZEIT | WILDES GRÜN |, ausgegraben, getrocknet, klein geschnitten, pulverisiert und geröstet. Lecker bitter, unkompliziert und CO_2-technisch auf Platz 1. Denn Lupinenkaffee muss erst mal verarbeitet werden, die Getreide brauchen Wasser und Löwenzahn ist wunderbar und einfach da. Den Koffein-Kick ersetzt man einfach durch frische Luft und dreimal Durchatmen. Wirkt.

Kaffeesatz nutzen

Wenn schon Kaffee, dann auch richtig darin schwelgen und alles buchstäblich restlos in der Klimafreundlich-Küche ausnutzen. Zum Beispiel:

- Kaffeesatz ist ein prima Scheuermittel bei angebrannten Pfannen und Töpfen.
- Kaffeesatz anzünden. Vertreibt (manchmal) Wespen.
- Kaffeesatz hilft gegen unangenehme Gerüche – an deinen Händen, aber auch im Kühlschrank.
- Kaffeesatz als Düngemittel einsetzen.
- Kaffeesatz als zusätzlichen Schneckenvertreibungs-Versuch probieren.

Tipp zum Lagern:

Das feuchte Pulver muss durchtrocknen, wenn du es länger verwahren möchtest. Am einfachsten auf einem Teller auf der Heizung oder kurz bei niedriger Temperatur im Backofen.

Schweden-Knäcke

Völlig abgefahren ist ein schwedisches Knäckerezept: Die nordeuropäische Kombination von Fenchel und Dill mit dem dortigen absoluten Favoritgetränk Kaffee ist erstaunlich schmackhaft. Für ein großes Backblech (zum Testen gern erst mal Rezept halbieren).

100 g Kaffeesatz
300 g altes Brot
1 EL Fenchelsamen

1/2 EL Dill
50 g Margarine
Salz

- Brot einweichen.
- Kaffeesatz, Kräuter, Fett und Salz und ggf. etwas zusätzliches Mehl bzw. Wasser vermengen bis Teig sich gut löst.
- Auf Backblech dünn ausrollen und bei 130 Grad so lange backen, bis die Teigplatte knusprig ist.

Tipp: Trester von der Pflanzenmilch zugeben und den Wasseranteil verringern. Wird ziemlich krisp.

KAKAO

Die Menschheit liebt Kakao. Kakao kurbelt die Ausschüttung von Hormonen, wie Serotonin, Dopamin oder Oxytocin, an, die uns schlichtweg Glück empfinden lassen. Schon 1500 v. Chr. kultivierten die Olmeken im heutigen Mexiko die Pflanze. Mit Wasser, Vanille und Pfeffer brauten sie die Bohne zu „xocóatl". 1528 brachte der spanische Eroberer Cortés den Kakao nach Europa und sorgte fortan für seinen Siegeszug. Ab Ende des 19. Jahrhunderts verbreitete sich das satt und glücklich machende Getränk bei den „Oberen Zehntausend". Mit der Erfindung der „Tafel" Schokolade Mitte des 19. Jahrhunderts war die Nachfrage kaum noch zu stoppen. Bis heute landet die Hälfte der weltweiten Kakaoernte in den Mägen der Europäer.

DIE HERAUSFORDERUNG

Kakao ist sozusagen auf die Äquatorregion gebucht. Heute stammen 70 % der Ernte aus Westafrika und nur 15 % aus der ursprünglichen Heimat Mittel- oder Südamerika. Der Anbau geschieht in Handarbeit, denn die Bäume verweigern sich Massenkultivierungen.

Die Pflanze braucht sechs Jahre, um den ersten Ertrag zu liefern. Dafür ist sie das ganze Jahr hindurch zu beernten, was heute zehn Länder für den ganzen Globus erledigen. Die Kakaofrüchte landen weich auf Bananenblättern, wo sie für etwa zehn Tage einem Gärprozess im Fruchtfleisch ausgesetzt werden. Anschließend sonnen die Früchte sich, um zu trocknen. Herausschälen lassen sich die Bohnen, die wir geröstet und gemahlen dann als Kakao kennen. Ein Baum „schafft" in einem Jahr ein halbes Kilo Kakao. Das ist so viel Kakao, wie in 20 Tafeln Schokolade landet.

Jetzt beginnt der Wettkampf in der Arena der Weltwirtschaft. Wie so häufig, teilt sich eine Handvoll Lebensmittelgiganten, darunter Nestlé, Mars oder Mondelēz, den Schokokuchen unter sich auf. Die 90 % Kleinbauern, die für sie arbeiten, sehen von den Dollars nichts. Nach wie vor und mehr denn je eine **humanitäre Katastrophe** sind die zwei Millionen Kindersklaven, vornehmlich aus Westafrika (Elfenbeinküste), die unsere Zuckermäuler füllen. Sie schleppen schwere Säcke, hantieren mit der Machete oder bereiten die Chemiecocktails für den Pflanzenschutz vor. Und sie essen anschließend bestimmt keine Tafel Schokolade.

Die Tonne Bohnen hat derzeit einen Tiefstpreis. Das gilt auch für die Bezahlung der Bauern, die weniger denn je für ihre Schinderei sehen und mit 50 Cent am Tag sowieso kaum überleben können. Kein Wunder, dass sich die nächste Generation nicht mehr die Bohne für die Plackerei interessiert und lieber in Westafrikas Städte abwandert.

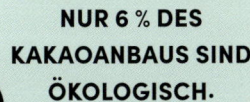

NUR 6 % DES KAKAOANBAUS SIND ÖKOLOGISCH.

Und es ist ironischerweise der Klimawandel selbst, der die Geschäfte noch weiter verhageln könnte. 2018 war kein gutes Kakaojahr. Umweltschädigende Produktionsmethoden, wie die Rodung von Wäldern, haben ihre Spuren hinterlassen. Hinzu kommt, dass die Plantagenbäume alt und krank sind und deshalb nur wenige Früchte tragen. Und: Es regnet mal zu viel, mal gar nicht. Neue Super-Züchtungen sind unerschwinglich.

KLIMAFAKTOR

Milchschokolade schlägt mit 360 Gramm CO_2 pro Tafel zu Buche, Bitterschokolade bringt es auf 210 Gramm. Bei **über 10 kg Schokoholic-Masse pro Kopf und Jahr** kommt also einiges zusammen. Der Konsum hat sich seit 1970 verdoppelt, ein Ende ist nicht abzusehen. Denn trotz der Wirrungen um den Kakao auf dem Weltmarkt: Der Preis für eine Tafel Schokolade ist erstaunlich stabil.

UND JETZT?

Der bittere Beigeschmack der süßen Versuchung ist mittlerweile recht bekannt, allein, es tut sich wenig. Zwar versichern sich die großen Player ritualhaft ihrer sozialen Verantwortung – Nestlé verfolgt einen „Cacao Plan" –, doch ist es wie bei der Textilindustrie auch: Die Umsetzung ist weitaus mühsamer als das flott geschriebene Greenwashing-Papier. Siegel wie „Rainforest Alliance" oder „UTZ" sollen für ein gutes Gewissen sorgen. Dabei geht es letztlich doch wieder nur um die Steigerung des Marktanteils.

Im Unterschied zu Westafrika, der Heimat der Billigheimer-Schokoladen, sieht es in Mittel- und Südamerika etwas besser aus, hier wachsen die „Edelbohnen". Firmen und Organisationen wie Gepa, Oxfam, Zotter oder Rapunzel stemmen gemeinsam mit den Produzentinnen und Produzenten ganz griffige Kooperativen. Vernetzung sorgt für einen Austausch von Know-how, für das Tauschen von Equipment oder für das gemeinsame Anschaffen von Schutzkleidung.

Bitter-süß

300 Tassen Kakao, 42 Tafeln Schokolade, 45 Schokoriegel – die Schokobilanz pro Schleckermaul. Das sind jede Menge Zückerchen, die uns übel aufstoßen. Wir sollten also manchmal vielleicht einfach eine „richtig" gute und faire Schokolade kaufen, denn sonst haben die Kleinbauern am Ende gar nichts mehr. In der Klimafreundlich-Küche verwenden wir jedenfalls nur selten und mit Bedacht einen Hauch von Kakao.

Der Wunderbaum aus der Wüste

Es ist erstaunlich. Obschon ihn bereits Johannes der Täufer als biblische Wüstennahrung zu sich nahm, fristet er zumindest hierzulande ein eher unbekanntes Dasein. Dabei hat er Power und Klimafreundlich-Super-Potenzial.

Der Johannisbrotbaum (Karobbaum) gehört zu den Hülsenfrüchten und kommt im Mittelmeerraum und in Vorderasien vor. Er ist genügsam und schützt in Küstengebieten vor Erosion.

Der Baum trägt satt(-machende) Früchte, reichlich, ausdauernd und bei geringen Ansprüchen an seine Umgebung. Die Kleinbauern ernten sie, um daraus Saft zu pressen, Sirup zu machen oder zu vergären. Haltbares Pulver (Carob) erhält man, wenn man das getrocknete Fruchtmark röstet und vermahlt.

Die Überraschung: **Carob ist ein wunderbarer, CO$_2$-freundlicher Kakaoersatz** und ein absolut gesundheitsverträgliches Nahrungsmittel. Es ist fettarm, frei von anregenden Substanzen und voller Ballaststoffe. Es liefert uns „guten Zucker", Carotine, Calcium und Eisen. Kurz: Carob ist verdichtete Energie. Dabei schmeckt es karamellig-süß. Wir können Carob 1 : 1 wie Kakao verwenden, in Energiebällchen, in süßlichen Smoothies und in Gebäck oder Pudding.

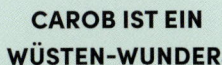

CAROB IST EIN WÜSTEN-WUNDER.

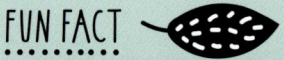

FUN FACT

Da die Samenkörner des Johannisbrotbaumes ein erstaunlich genaues und konstantes Durchschnittsgewicht von rund 200 Milligramm aufweisen, hat man sie in der Antike als Wägeeinheit für Diamanten verwendet.

GRÜN- UND SCHWARZTEE

Wir konsumieren rund 27 Liter Tee pro Jahr, dazu kommen knapp 55 Liter Kräuter- und Früchtetee – halb so viel wie Kaffee. Die belebende Wirkung, sprich der Koffein-Kick, stellt sich hier langsamer ein. Dafür hält er länger an. Die Urheimat der Teepflanze ist Assam in Hinterindien. Mitte des 16. Jahrhunderts kam der (grüne) Tee nach Europa, wo er vor allem die Engländer begeisterte.

Indien, China, Sri Lanka, Indonesien und Japan erzeugen heute rund 70 % der Weltproduktion. Tee liebt es gemäßigt: Milde Temperaturen, gleichmäßiger Niederschlag und ausreichend Sonnenschein sind ideal. Die Ernte ist aufwendig, viel Handarbeit ist nötig. Man kann Teeblätter trocknen, rösten oder dämpfen.

DIE HERAUSFORDERUNG

Sowohl die Verarbeitung von Teeblättern als auch die von Kaffeebohnen ist recht energieintensiv. In Sachen CO_2-Emission unterscheiden sich Kaffee und Tee daher kaum. Der Umweltaspekt kommt vor allem mit dem Wasserverbrauch ins Spiel. Für die Produktion einer Tasse Kaffee benötigt man 8-mal mehr als für eine Tasse Tee.

Tee

Tee hat aus umwelttechnischer Sicht als Genussmittel die Nase vorn. Bestückt man das Teewasser allerdings mit Kräutern vom eigenen Balkonkasten oder Garten statt aus Übersee, lächelt die Klimafreundlich-Küche garantiert am meisten. | » ZWISCHENMAHLZEIT | WILDES GRÜN |

WEITERE GETRÄNKE

WASSER

Irgendwie total vergessen und unterschätzt ist unser täglich (Leitungs-)Wasser. Wir leben in gelobten Ländern mit sehr guter Trinkwasserqualität. Und was tun wir? Wir bereiten Mineralwasser aufwendig auf, füllen es in Flaschen, waschen die Flaschen, transportieren sie von A nach B, nutzen dafür meistenteils aufwendig hergestellte Plastikbehältnisse und führen die nach Gebrauch in noch aufwendigere Recyclingprozesse zurück. Für was? Für schnödes Wasser!
Die Quittung: 1 Liter Flaschenwasser verbraucht im Vergleich zu 1 Liter Leitungswasser 1.400-mal mehr CO_2!
Ganz ehrlich, für diese Menge CO_2 kauft man sich lieber mal ab und zu eine Banane mehr.

Fußabdruck von Getränken (CO_2 in g pro Liter)

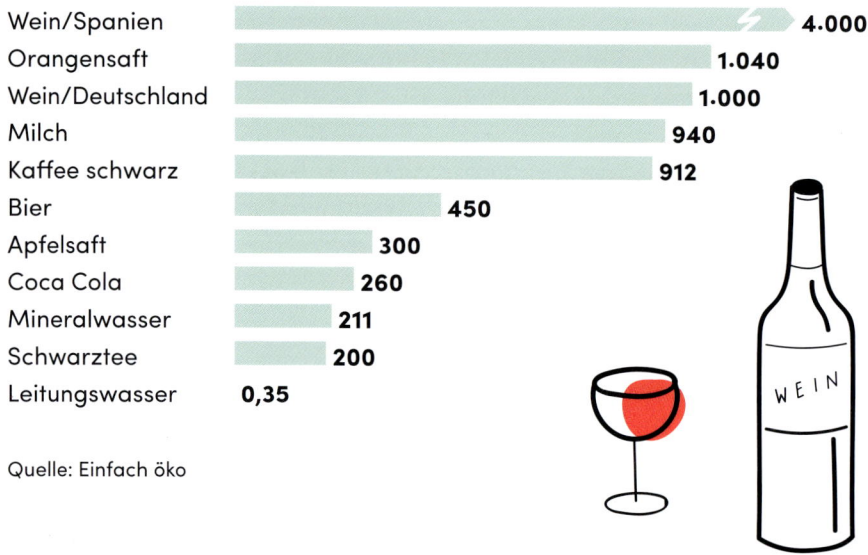

Wein/Spanien	4.000
Orangensaft	1.040
Wein/Deutschland	1.000
Milch	940
Kaffee schwarz	912
Bier	450
Apfelsaft	300
Coca Cola	260
Mineralwasser	211
Schwarztee	200
Leitungswasser	0,35

Quelle: Einfach öko

SAFT

Die Bundesbürger/innen trinken mit 33 Litern Saft im Durchschnitt so viel wie sonst niemand auf der Welt. Dafür reicht heimisches Obst bei Weitem nicht aus. Nicht selten stammen Konzentrate für die benötigten Säfte aus China, Polen, Ungarn oder Italien. Exotisches kommt aus Übersee. Heimischer Apfelsaft ist da die bessere Wahl, ideal natürlich, wenn die Früchte vom eigenen Baum stammen würden.

ALKOHOL

Ein Gläschen in Ehren? Leider bremst uns hier die Klimafreundlich-Küche äußerst unschön aus. Genauso wenig wie für die Gesundheit sind auch fürs Klima Wein und Wodka, Bier und Birnenlikör eine gute Wahl.

Vor allem für Freundinnen/Freunde eines guten Tropfens ein herber Schlag: **1 Liter Wein erzeugt etwa 2 kg CO_2.** Der Weintrauben-Anbau benötigt sehr viel Land, wenn man das Verhältnis zum Ertrag betrachtet. Aus einem Hektar werden nur 400–800 Kilo Trauben gewonnen. Zum Vergleich: Auf der gleichen Fläche ließen sich 30 bis 80 Tonnen Getreide produzieren. Zudem verschlingt der Anbau von Wein sehr viel Wasser. Umgerechnet werden für ein Glas Wein – ähnlich wie beim Kaffee – etwa 120 Liter Wasser benötigt. Im konventionellen Weinbau belasten zudem große Mengen chemischer Pflanzenschutz- und Düngemittel das Grundwasser und die Lebewesen im Weinberg. Rechnet man dazu noch die möglichen Transportkilometer für Edles aus Chile, Südafrika oder Australien, ist die selige Weinlaune schnell im Keller.

Im Vergleich dazu schneidet Bier tatsächlich deutlich besser ab – „nur" rund 450 Gramm CO_2 pro Liter. Also hier lieber: Prost.

Check

Getränke
Trinken ist total wichtig. Wir haben das Glück, über sauberes Leitungswasser zu verfügen. Dringend sollten wir es wieder mehr nutzen! Alle anderen Getränke sind tatsächlich mehr oder weniger große Klimaschleudern.

ÜBERRASCHUNGSGAST: REIS

Auf Äckern wächst Reis schon seit 7.000 Jahren. Heute ernährt sich die Hälfte der Weltbevölkerung von Reis. Die Feldfrucht landet hinter Weizen und Mais auf Platz 3. Im Unterschied zu Weizen und Mais dient Reis ausschließlich der menschlichen Ernährung, er wandert weder in die Futtertröge noch in den Tank. Die wichtigsten Anbauländer sind Indonesien, Thailand, China und Indien. In Europa fasste er nie wirklich Fuß.

HERAUSFORDERUNG
Bis der Reis im Supermarktregal landet, verursacht seine Produktion, für eine Pflanze gesehen, erstaunlich viele Treibhausgase, darunter vor allem Methan und Kohlendioxid. Auf ein Kilo Reis kommen satte sechs Kilo schädliche Gase, zum Vergleich: **1 kg Nudeln bringt es auf 1 kg und 1 kg Kartoffeln liegt bei zarten 200 g**. Rund 65 % dieser Treibhausgase stammen aus dem üblichen Nass-

reisanbau, nur 8 % entfallen auf den Transport. Der Nassreisanbau ist so belastend für die Umwelt, weil sich im Schlamm der gefluteten Felder Methan erzeugende Bakterien rasant vermehren. Deshalb wird der Reisanbau für 10-17 % des weltweiten Methan-Ausstoßes verantwortlich gemacht. Methan trägt mit einer 25-mal stärkeren Wirkung als CO_2 zum Klimawandel bei.

KLIMAFAKTOR

Tatsächlich schneidet das weiße Korn noch schlechter ab als Schweinefleisch. Bei den Reismengen, die auf der Welt im Umlauf sind, ist das nicht ohne.

Reis verursacht 30-mal mehr CO_2 als Kartoffeln.

Auch der Wasserverbrauch ist ein Problem, denn die modernen Leistungssorten von Reis benötigen fließendes Wasser, weswegen die Becken immer wieder neu aufgefüllt werden müssen. Pro Kilo Reis sind das 3.000 bis 5.000 Liter Wasser. Wenn dieses Wasser nicht durch Bachläufe, durch Auffangbecken in Starkregenregionen oder durch die Lage in natürlichen Überschwemmungsgebieten gewonnen werden kann, wird es meist per Pumpen hochbefördert. Dies benötigt wiederum viel Energie und senkt den für die Trinkwasserversorgung relevanten Grundwasserspiegel. Es kann auch bei zu hoher Fließgeschwindigkeit zu Bodenerosion kommen.

UND JETZT?

Weniger ertragreich, aber deutlich besser in der Klimabilanz, ist das Trockenanbauverfahren. Die Setzlinge erhalten mehr Platz, allerdings auch für Unkraut, das von Hand entfernt werden muss. Das regt das Pflanzenwachstum wiederum an. Die Methode ist aufwendig, spart aber – von Saatgutkonzernen abhängig machendes – Düngemittel.

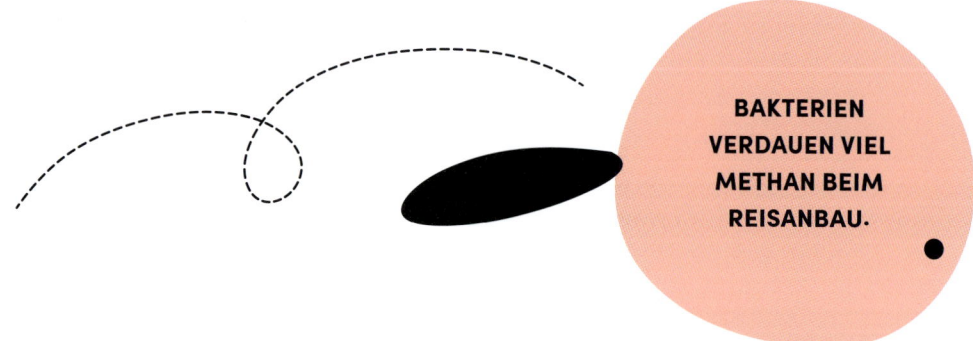

BAKTERIEN VERDAUEN VIEL METHAN BEIM REISANBAU.

Check

Reis „not nice"

In der Klimafreundlich-Küche taucht Reis gar nicht erst auf. In Schweden ersetzen derzeit erste Schulkantinen genau deshalb das Korn durch andere Kohlenhydrate. Denn wir brauchen ihn hierzulande schlichtweg nicht, weil wir in der begünstigten Lage sind, eine enorme Fülle an anderen Getreidesorten zur Verfügung haben, die deutlich klimaschonender sind. | » KLIMA-TOPS |

AVOCADO

Der Liebling vieler Veggies hat viele dunkle Punkte – nicht nur auf der Schale. Allein in den letzten zehn Jahren hat sich der Avocado-Import in Deutschland mehr als verdreifacht. Ob als Guacamole, im Salat und im Smoothie oder als veganes „Mousse au Chocolat". Die Avocado liegt im Trend. Pro Jahr verzehren wir rund 800 Gramm des grünen Golds, unsere westlichen Nachbarländer sogar bis zu zwei Kilo.

Ihre wertvollen Fette und ihr neutraler Geschmack machen sie zu einer geeigneten Küchenzutat für eine nach Gesundheit und Glück strebende Fitness-Küche. Sie ist enorm wandlungsfähig und bringt einen Hauch Farbe ins grau-triste Mitteleuropa. Sie „hypt" aufgrund ihrer Anmut, ihrer großartigen Grünheit und ihres geschmeidigen Mundgefühls mit „Auslöffel"-Qualität. Kein Zweifel: Avocados sind gesund, haben tolle Vitamin- und Mineralstoff-Kombinationen und liefern eine wohlkomponierte Fett- und Eiweißquelle.

HERAUSFORDERUNG

Allein schon ihr Anbau ist nichts für Anfänger. Die Avocado wächst hauptsächlich in Peru, Chile, Israel und Südafrika. Doch auch in Spanien und in den Niederlanden gewinnt sie an Boden.

KLIMAFAKTOR

Knapp drei Früchte brauchen 1.000 Liter Wasser, das sind zehn Badewannen voll. Das ist absolut mies für die Wassersysteme vor Ort. Diesem ersten Klima-Flop folgen noch ein paar mehr. Nach vier Wochen auf See (Flop 2), stets bei sechs Grad gelagert (Flop 3) und umsichtig gegen Stöße mit reichlich Verpackungsmaterial umhüllt (Flop 4), nähert sich die Diva auf großen ökologischen Fußabdrücken. In Europa folgen sechs Tage in einem Lagerraum, wo die Frucht bei streng regulierter Temperatur konstant mit dem Gas Ethylen/Ethen besprüht wird, damit sie den perfekten Reifegrad für den Kunden erreicht (Flop 5). Es folgt noch ein Ultraschall, der unschöne dunkle Flecken im Inneren erkennbar macht. Nur perfekte Früchte kommen zum Verbraucher, der Rest wird entsorgt (Flop 6). Damit ergattert sich die Aufsteigerin einen sicheren Platz unter den „Flop"-Früchten, gewissermaßen das „Filetsteak".

UND JETZT?

Einfach beim nächsten Kaufimpuls mal überlegen, ob die Avocado absolut notwendig ist. **Gern liegen lassen** und sich klar machen, dass diese Frucht eine Delikatesse ist, die man sich nur gelegentlich gönnt. Etwa zum Mousse au Chocolat zu Weihnachten. Und für die Schönheitspflege ist sie definitiv zu schade.

Kein grünes Licht fürs grüne Gold
Um den Avocado-Vitamin-Boost zu kompensieren, können wir uns in der Klimafreundlich-Küche mit heimischen Haselnüssen ausstaffieren.

WASSERMELONE

HERAUSFORDERUNG

Wenn die Tage heißer werden, lieben wir die farbenfrohe Wassermelone. Erfrischend, kalorienarm, vitaminreich, wasserhaltig – ein Genuss bei den schweißtreibenden Hitzesommern der letzten Zeit. Doch hinter der grünen Schale verbirgt sich mal wieder die ein oder andere CO_2-Falle.

Wie so häufig, pumpen wasserarme Erzeugerländer jede Menge Flüssigkeit in das Wachstum der Frucht, die kühles Nass wie kaum eine andere zum Gedeihen braucht. Transport und Wasser zahlen also auf die sommerliche Frischebilanz ein.

UND JETZT

Wenn schon Melone, dann wirklich nur in der Sommerzeit, wenn's wirklich knackig heiß ist und aus Bio-Anbau. Und: Alles verwerten! Mit dem Sparschäler die dunkelgrüne Haut entfernen, so dass nur die hellgrüne Rinde übrig bleibt. Fein hobeln und salzen. Passt super zu Gurke mit Sojasauce plus Sesam.
Und die Kerne? Die kann man trocknen und als geballtes Vitamin-Pulver in die Speisen geben.

Check

Geballtes Wasser
Die hübsche Frucht braucht jede Menge Wasser, um das es stressig wird.

SÜDFRÜCHTE

Karibikträume in den Alpen oder im Ruhrpott. Verständlich, dass wir uns manchmal exotische Gelüste gönnen möchten. Dagegen ist auch in der Klimafreundlich-Küche nichts zu sagen, wenn

- sie „Festtagsereignisse" sind und
- sie aus bio-fairem Handel stammen.

Denn allen gemeinsam ist ihr Anbau in weiter Ferne, der Wasser, Land, Düngemittel und Pestizide benötigt, der Transport bis zu uns und die sozialen Beigeschmäcker, die die Kleinbauern für uns ausbaden.

BANANEN

Wir essen laut Statistik mehr als 15 Kilo Bananen pro Jahr. Damit ist die krumme Südfrucht nach dem Apfel das zweitliebste Obst der Deutschen. Nun, Bananen sind süß, gelten als gesund und sind ein beliebter Snack. Außerdem bringen sie ihre Verpackung gleich mit. Noch dazu sind Bananen oft billiger als einheimisches Obst und das ganze Jahr hindurch verfügbar.

Der Bananenmarkt wird von wenigen Globalplayern kontrolliert. Bis wir die Früchte hier im Supermarkt finden, haben viele Stationen an ihnen verdient: Der Plantagenbesitzer, die Zollabfertigung am Hafen, die Transportunternehmen, Importeure, die Reifereien, der Großhandel und schließlich der Einzelhandel. Das schwächste Glied in dieser langen Kette sind die diejenigen, die die Früchte anbauen und verpacken.

Die Banane ist ständig auf Reisen. Kein anderes Obst wird international so stark gehandelt. Unsere Bananen stammen überwiegend aus Südamerika, vor allem aus Ecuador, und aus der Dominikanischen Republik.

KLIMAFAKTOR

Klimatechnisch ist hier längst nicht alles im grünen Bereich, obschon die Bananen grün geerntet werden und mit dem Kühlschiff nach Deutschland schippern. Ein Bananenfrachter fasst etwa 200.000 Kisten zu 18 Kilo. Das Reifegas Ethylen sorgt dafür, dass sie hier pünktlich gelb werden. 80 % und mehr der Treibhausgas-Emissionen einer Banane machen das in der Regel aus. Auch der Anbau von Bananen ist problematisch: Viel Pestizideinsatz in den Monokulturen und überwiegend schlechte Arbeitsbedingungen, um die Bananenpreise in den Supermärkten niedrig zu halten.

BANANEN GEHÖREN BOTANISCH ZU DEN BEEREN. JEDER VON UNS ISST CA. 15 KG PRO JAHR.

 Check

Bananen-Liebe

Der Griff zur Bio-Banane bringt etwas Entspannung. Großhändler verladen sie auf Containerschiffe mit einem höheren Transportvolumen und geringerem Verbrauch als herkömmliche Bananen-Kähne. Die Reife funktioniert über Naturstrom. Ergebnis: Ein Kilo Bananen erzeugt knapp ein Kilo CO_2, genauso viel wie ein Liter Milch. Fair gehandelt versprechen sie außerdem bessere Arbeitsbedingungen auf den Plantagen. **Aber klar, hier gewinnt insgesamt eher die Liebe zum Genuss als die Liebe zum Klima.** Und wer zum Bananenkauf mit dem Auto fährt, hat obendrauf etwa die gleichen Klimaauswirkungen verursacht wie eine Handvoll Bananen. In der Klimafreundlich-Küche tauchen sie eher als Randerscheinung auf, wenn sie zum Beispiel über Reste aus Ladenbeständen erhältlich sind, die sonst im Müll landen würden.

ORANGEN(-SAFT)

Sie waren ein fürstliches Statussymbol, von denen prachtvolle Orangerien überall in Europas Schlössern noch zeugen. Die kleinen Sonnen wachsen im sogenannten Zitrusgürtel der Erde. In den Saft wandern vor allem Süd- und Mittelamerikas Orangen. Tatsächlich landen keine 10 % ganze Orangen in den Handel, wenn, dann stammen sie hierzulande vor allem aus Spanien.

Die konzentrierte Fruchtenergie ist Handelsware Nummer 1. Wenige Firmen teilen sich den Weltmarkt. Das Konzentrat wandert in den Froster und von da in die Ankunftsorte. Mit Wasser verdünnt und mit Aromen versehen, begegnet es uns dann im Supermarkt.

KLIMAFAKTOR

Der Orangensaft, der innerhalb der EU gehandelt wird, stammt zu 80 % aus Brasilien und hat bereits eine Strecke von 12.000 km zurückgelegt. Neben dem Transport und der Lagerung ist auch die Herstellung (fair?) kritisch zu beobachten. Die Arbeitsbedingungen auf den Plantagen sind miserabel. Der hohe Pestizideinsatz gefährdet die Gesundheit der Pflücker, viele – ungeschützte – Hände sind nötig, Kinderarbeit nicht ausgeschlossen.

Die Ampel steht auf Orange

Orangensaft gilt als gesund, doch Vitamin C liefern auch Hagebutten, Holunder oder andere hiesige Feldfrüchte. Der Fruchtzucker ist enorm. Daher: **eher mal ein Glas weniger.** Orangen selbst nur in der Saison (Dezember bis März) und vereinzelt kaufen. Unter ihrer Schale verbergen sich reichlich Wassereinsatz und CO_2-Verbrauch. Ähnliches gilt übrigens für Kollegin Ananas. Auch hier leuchtet ihre Ökobilanz längst nicht so wie ihr Fruchtfleisch.

JACKFRUCHT

Hier handelt es sich um einen tropischen „Klopper", der gerade eine steile Karriere hinlegt. Eine einzige Frucht kann bis zu 35 Kilo schwer werden. Die Jackfrucht hat ganz gute Nährstoffwerte, aber punktet weniger als Proteinpower. Sie wird in Asien als Dessert oder als getrocknete Chips gereicht. Zu uns schwappt sie derzeit immer mehr, wobei der europäische Handel einige Lektionen lernt und auf bio-fairen Anbau, vor allem aus Sri Lanka, setzt.

Erntet man sie unreif und legt sie in Salzlake, erinnern sie mit ihren langen Fasern an Rindfleisch. Geschmacklich sind sie eher unauffällig. Wer sie zu Hause dann weiter mariniert und etwa als „Gulasch" verkocht, kann sich vielleicht der Illusion von Fleisch hingeben, vor allem falls eine Soja- oder/und Glutenunverträglichkeit vorliegt und andere Alternativen ausscheiden.

Neu, aber nicht nötig

Wir haben ein lupenreines Tropengewächs vor uns, das einen heftigen CO_2-Fußabdruck hinter sich hat, wenn es in Alu-Dosen zu uns kommt. Weder für die Eiweißversorgung noch für die Ökobilanz kommt uns daher die Jackfrucht in den Stoffbeutel. Fleischimitate gibt es reichlich aus besseren Quellen.

SUPERFOOD

Superfood ist ein nicht geschützter Sammelbegriff für Lebensmittel, die uns ganz besonders gesund und glücklich machen sollen und deren Prise Exotik unser Kopfkino ankurbelt – so dass wir bereit sind, ganz tief in die Tasche für den Tropentraum zu greifen. Im Jahr 2016 haben die Deutschen fast 45-mal mehr Geld für Superfoods ausgegeben als noch im Jahr 2014.

- **Chia:** Die gleichen Eigenschaften erfüllt guter Leinsamen auch. Er quillt in Wasser ebenso wie Chia.
- **Matcha:** ist pulverisierter Grüntee. Stoffwechselanregend sind allerdings auch heimische Wildkräuter. Brennnesseln oder Löwenzahn sind Blutkreislauf-Booster.
- **Goji-Beeren:** Besser geht's mit schwarzen Johannisbeeren. Die gleichen Inhaltsstoffe, nur eine Armlänge entfernt.
- **Acai-Beeren:** Sie stammen aus dem Regenwald. Wir verfügen über reichlich Alternativen. Auch wenn zum Beispiel Rotkohl weitaus weniger sexy daher kommt: Alle blauen Pflanzenfarbstoffe schützen den Körper vor schädigenden Oxidationsprozessen. Die dafür nötigen Polyphenole sind auch in anderen blauroten Früchten, wie Brombeere, Johannisbeere, oder Pflaume. Rote Bete tut's natürlich auch und die ist absolut zell- und herzschützend.
- **Weizengras:** Es findet sich mehr und mehr auf Produktbeschreibungen und ist gar nicht mal so gut verdaulich. Grüne Gemüse haben wir selbst im Winter mit Grünkohl, im Frühjahr mit Spinat, im Sommer mit Brokkoli und im Herbst mit Mangold reichlich. | » **HAPPY-KLIMA-SNACKS** |

 *Check*

Superfoods sind nicht super.
Wir schwelgen in Superfoods: mit heimischen Gemüsen und Kräutern!
Was ein „Superfood" ist, liegt im Auge oder vielmehr in der geografischen Herkunft des Betrachters. Anderswo auf der Welt, etwa in Indonesien, gilt ein Apfel als „Superfood".

ZUCKER

Der Zuckerkonsum steigt ständig: Inzwischen versüßen wir unser Leben täglich mit 34,5 Kilo – pro Jahr und Kopf, fast 100 Gramm am Tag! 81 % davon lauern in Süßwaren oder Getränken. Zucker hat mit dem Fleischkonsum gemein, dass der Verbrauch anzeigt, wie gut es einer Gesellschaft geht. Also: derzeit ziemlich gut. Hier ein paar Anmerkungen zu den Schattierungen von „süß". Die Farben kennzeichnen im Ampel-Prinzip, wie gern die Zuckervarianten in der Klimafreundlich-Küche gesehen sind.

OBST ●●●●

Regionales und saisonales Bio-Obst ist so gut wie uneingeschränkt für eine süße, gesunde und nachhaltige Ernährung zu nutzen.

GERSTENMALZ ●●●●

Gerstenmalz ist gekeimtes Korn, das ein Hitzebad von rund 70 Grad erhält, um dann wieder getrocknet zu werden. Dadurch entstehen Enzyme, die die Stärke in Mehrfachzucker wie Maltose zerlegen. Es geht langsamer ins Blut als Zucker und hält daher länger vor. Es enthält verhältnismäßig viele Mineralstoffe. Wir bekommen es häufig in flüssiger Form als Sirup. Eindeutig grünes Licht für die ziemlich heimische, aber vergessene Klimafreundlich-Küchen-Süße.

HONIG ●●●●

Die Biene ist ein durch ihr derzeit dramatisches Verschwinden in den Fokus geratenes Tier – weil: Sie ist ein krasser Wirtschaftsfaktor. Der volkswirtschaftliche Nutzen von Bienen wird in Deutschland auf etwa zwei Mrd. Euro geschätzt, weltweit liegt er bei rund 150 Mrd. Euro. Damit ist die Biene neben Rindern und Schafen Nutztier Nummer 3!
Rund 80 % aller Pflanzen sind auf Fremdbestäubung angewiesen, fast alle durch unsere Bienen!

Deutschland ist mit einem jährlichen Honigverbrauch von 1,2 Kilo pro Kopf Weltmeister im Honigverzehr. Dabei stammen nur 20 % dieses Honigs aus heimischen Landen. Der Rest wird aus europäischen Nachbarländern importiert oder kommt zum überwiegenden Teil aus Lateinamerika und Asien, weil dort eine Ganzjahresernte möglich ist.

In Deutschland gibt es zwar rund 80.000 Imker, doch der größte Teil der Bienenfreunde imkert in der Freizeit als Hobby oder als Nebenerwerb. Hat man so eine regionale und redliche Bezugsquelle, gehört Honig in die Klimaküche. Die Imkerinnen/Imker, die ich kenne, gehen sehr achtsam, bedacht und kenntnisreich mit ihren Völkern um. In Maßen verwende ich Honig daher gern als Süßungsmittel.

WILDKRÄUTER-SIRUP

Löwenzahnblüten, Lindenblüten oder Holunderblüten stecken voller „natürlicher" Süße und haben die allerbeste Öko-Bilanz. Um sie übers Jahr zu konservieren, müssen wir allerdings weitere Süße in Form von (Bio-Rüben-)Zucker und/oder Honig zugeben. Aber im Gesamten schneiden sie gut ab – bei gleichzeitigem Nutzen für Gesundheit, Geschmack und Geldbeutel.
| » **ZWISCHENMAHLZEIT** | **WILDES GRÜN** |

FRUCHTKRAUT ●○○○

Ein dickflüssiger, sehr süßer Saft bleibt übrig, wenn der Saft von Äpfeln, Birnen oder anderen heimischen Früchten so lange gekocht wird, bis ein Großteil des Wassers verdampft ist. Wenn wir ein gutes Obstjahr hatten, koche ich manche Kilos so lange ein, bis der Fruchtsaft eingedickt ist. Energieaufwendig, hochkonzentriert, aber: regional.

HEIMISCHER HONIG SÜSST GANZ KLIMASMART.

STEVIA ●●●●●

Der Hype um Stevia hat schon wieder nachgelassen. Die Pflanze ist erst seit 2011 bei uns zugelassen, obschon es sich um ein jahrhundertealtes Heilkraut handelt. Der aus Südamerika stammende Strauch gilt als die süßeste Pflanze der Welt, was uns fast künstlich vorkommt. Der Geschmack ist nicht jedermanns Sache, aber 100 % natürlich und für Diabetiker geeignet.
Weil das Kraut als Fertigprodukt viele Verarbeitungsschritte hinter sich hat, ist es so nicht empfehlenswert. Wer es aber im Garten kultivieren kann, mag es natürlich gern nutzen.

UNGESCHWEFELTES TROCKENOBST ●●●●●

Werden Äpfel, Aprikosen und Co. schonend getrocknet, bleibt sozusagen ein „Best of" übrig. Ohne Wasser enthalten 100 Gramm Trockenfrüchte mehr Vitamine, Mineralstoffe, Ballaststoffe und sekundäre Pflanzenstoffe als ihre frischen Pendants. Eine Handvoll Rosinen bringt daher etwa fünfmal so viel Energie und Zucker mit als die gleiche Menge Weintrauben. Das können wir uns zunutze machen. Selber dörren | » **SÄTTIGUNGSBEILAGE: ENERGIE-SMART** | kann recht energieeffizient funktionieren. Trockenobst, das es im Bioladen gibt, stammt aus dem Mittelmeerraum. Hier sind die Transportkosten zu bedenken.

DATTELN ●●●●●

Ihr Name „Deglet Nour" bedeutet „Finger des Lichts". Sie stammt aus sonnenverwöhnten Ländern, wie Tunesien, Algerien und Israel. Die bedeutendsten Anbauregionen liegen in Ägypten, im Iran und in Saudi Arabien. Der Verzehr von Datteln ist – wie bei allen Exoten – im Aufwärtstrend.
Die Dattelpalme hat eine würdige Gestalt, schlank und robust. Sie kann bis zu 200 Jahre alt werden. Fast wie beim Menschen: Ihre höchsten Erträge wirft sie zwischen 30 und 40 Jahren ab. Sie hat gern „den Fuß im Wasser und den Kopf in brennender Sonne", wie ein arabisches Sprichwort sagt.

Für viele Kleinbauern ist die Dattelpalme ihr Kapital. Sie verdrängen durch ihren Anbau weder Nahrungspflanzen zur Selbstversorgung, noch natürliche Vegetation oder gar Wald. Allein: Sie brauchen Wasser. Konventionelle Datteln kommen oft mit Brommethan in Berührung, einem Gas, das sie gegen Schädlinge wappnet und zugleich die Ozonschicht zerstört. Sie reisen zu Lande, zu Wasser oder in der Luft, häufig in Kühlcontainern.

Aus ökologischer Sicht sind getrocknete Datteln daher eher empfehlenswert als frische – deren Transport verschlingt durch die (Tief-)Kühlung und das höhere Gewicht wesentlich mehr Energie. Also – nur in Maßen, in Bioqualität, fair gehandelt und getrocknet verwenden.

FEIGEN

Auch sie werden grundsätzlich (noch) importiert – hiesige Gärtner frohlocken. Wenn der Klimawandel so weitermacht, ist der Feigenbaum bald in jedem Garten. Die meisten Feigen kommen derzeit aus dem Mittelmeerraum. Dort wachsen sie im Einklang mit dem mediterranen Klima und sind somit ökologisch verträgliche Kulturpflanzen.
Sie stellen recht geringe Ansprüche an den Boden, sind wärmeliebend, aber relativ unkompliziert. Düngung ist kaum nötig, der Baum wächst mehr oder weniger von allein. Er liefert satte 50 Jahre lang Früchte.

FEIGEN SIND NICHT VEGAN.

ERYTHRIT

Wenn ich mal an Kalorien sparen möchte, kommt der Zuckeraustauschstoff Erythrit zum Einsatz. Erythrit stammt aus heimischen Rohstoffen wie Mais. Dazu kommen Pilze, die ihn fermentieren. Ist er aus Bio-Anbau, darf er ab und an ins Haus. Ich dosiere ihn immer nur teelöffelweise, nicht zuletzt, weil er abführend wirken kann. Daher nutze ich ihn allenfalls zum Würzen.

ZUCKERRÜBEN ●●●●

Ihr Siegeszug in Mitteleuropa hing mit Napoleons Kontinentalsperre (1807–1813) zusammen, die den Import von Zucker aus den Kolonien drastisch verteuert hat. Mitte des 18. Jahrhunderts entdeckte der Berliner Apotheker Andreas Sigismund Markgraf, dass die Runkelrübe ziemlich zuckerhaltig ist, und findige Zeitgenossen entwickelten ein Extraktionsverfahren.

Außerdem begünstigte der sogenannte Tiefkulturpflug, mit dem auch schwere Böden beackert werden konnten, sowie der Beginn der Mechanisierung in der Landwirtschaft, ihren Anbau. Der Preis sank und quer durch alle Bevölkerungsschichten ging ein buchstäbliches „Ver-Zücken" dank der neuen erschwinglichen Süße.

Heute ist der ganze Prozess von der Aussaat bis zur Ernte im Herbst vollautomatisiert und auf Effektivität gebürstet. Deutschland liegt nach Russland, Frankreich und den USA auf Platz 4 der größten Zuckerrübenproduzenten.

Die Zuckerausbeute beträgt knapp 16 % der eingesetzten Rübenmasse. Abfallprodukte landen im Viehtrog oder werden zu Industrie-Alkohol. Fast 90 % des in Europa konsumierten Zuckers stammen heute aus europäischem Anbau. Auch wenn die Verarbeitung energieaufwendig und emissionsreich ist: Aus Klimafreundlich-Gründen ist Rübenzucker zum Beispiel in Chutneys nötig und ab und zu vertretbar, wenn er aus Bio-Anbau stammt. Die Krux: Der hat's da echt schwer. Er ist ziemlich teuer. Das liegt am mühsamen Öko-Anbau mit viel Handarbeit gegen Unkraut. Wegen der geringen Nachfrage gibt es auch kaum Bauern, die sich das antun. Zudem braucht es viel Wasser, um ihn aufzuhellen und seinen Geschmack „gefällig" zu machen.

ZUCKERROHR ●●●●

Zuckerrohr war Sinnbild der Kolonialisierung der „Neuen Welt". Denn dort gedieh und gedeiht das Tropengewächs besser und üppiger. Heute basieren etwa 70 % der globalen Zuckerproduktion auf Zuckerrohr. Marktführer sind Brasilien, Indien und China.

Die Riesen-Stängel (bis zu 7 m hoch) werden von Hand nach ausreichender Bewässerung während der Wachstumsperiode am Boden abgeschnitten und ihre zuckerfreien Blätter entfernt. Das Zuckerrohr durchläuft dann ein Pressverfahren, wird gereinigt, erhitzt und verdickt. Der gewonnene, gelbbraune Rohrzucker wird mithilfe von Raffinationsprozessen zu weißem Zucker verarbeitet. Aus 1.000 Kilo Zuckerrohr lassen sich etwa 100 Kilo Zucker herstellen. Der Anbau raubt Natur und Arbeitern letzte Kräfte. **Der Zuckercocktail beinhaltet obendrein Klima-Flop-Faktoren, wie Wassermangel, enorme Mengen Pestizide, Regenwaldrodungen.**

ROHRZUCKER ●●●●

Verrückt. Die Leute greifen sehr gern zu braunem Zucker oder „Vollrohrzucker", weil sie meinen, damit ihrer Gesundheit Gutes zu tun. Dabei besteht auch er schlicht aus Zuckerrohr. Gewachsen, wo Regenwald stand, gepflegt von Bauern am Rande von Existenz und sozialem Status. Brauner Zucker ist einfach etwas weniger verarbeitet, sprich gewaschen, als raffinierter. Chemisch ist das identisch. Geschmacklich: etwas karamelliger. Ökologisch: nicht akzeptabel.

SIRUP ●●●●

Werden zuckerhaltige Pflanzenteile sehr lange mit Wasser gekocht, entsteht eine dunkle, zähe und sehr konzentrierte Flüssigkeit. Sirup enthält etwas mehr als 60 % Zucker und einen verhältnismäßig hohen Gehalt an Mineralstoffen. Der Unterschied zu meinem selbst eingekochten Fruchtkraut besteht nicht im Herstellungsprozess, sondern in der Herkunft der Ausgangspflanze.

Zum Beispiel: Ahornsirup: Er stammt aus dem Nordosten der USA und aus Kanada. Um Ahornsirup zu gewinnen, werden im Frühjahr die Stämme des Zuckerahorns angezapft und der so gewonnene Saft durch Erhitzen eingedickt. Aus etwa 40 Litern Saft entsteht letztendlich nur ein Liter Sirup, der hauptsächlich Saccharose und Fruktose enthält. Mag lecker zu „pancakes" sein, ist aber ein „No Go", weil sein „Go" um die halbe Welt führt.
Gar nicht geht auch Reissirup. Der mega-methanausstoßende Reis wird gemahlen und erhitzt, anschließend gefiltert und zu Sirup eingedickt. Dann – reist er. Nicht zu Klimafreundlich-Köchinnen/-Köchen.

AGAVENDICKSAFT ⬤⬤⬤⬤

Kaum ein Kochbuch, das ohne ihn auskommt. Ein **völlig überbewerteter Hype.** Agavendicksaft hat zwar einen besonders niedrigen glykämischen Index, ist gesundheitlich sonst aber eher unauffällig. Mit großem Energieaufwand wird er aus Mexiko nach Europa geschifft und ist einfach eine überflüssige Mode-erscheinung.

SÜSSSTOFFE ⬤⬤⬤⬤

Saccharin, Cyclamat oder Aspartam stammen aus Chemie-Laboratorien und haben keine natürliche Entsprechung. Bei ihrer Herstellung fallen Nebenpro-dukte an, die die Umwelt belasten. Nehmen wir nicht.

ZUCKERALKOHOL ⬤⬤⬤⬤

Zuckeralkohole (Sorbit, Xylit, Maltit, Isomalt) sind kalorienarm, was sie für Diätversprechen attraktiv macht. Leider blähen sie – und ihre Ökobilanz sieht ebenfalls so aus wie ein riesiger Luftballon voller CO_2.
Da wäre zum Beispiel „Birkenzucker". Was fast romantisch klingt, ist energie-aufwendig extrahiert. Xylit besteht zum Teil aus Harthölzern, Stroh, Getrei-dekleie, Maiskolben(-Resten) und anderen landwirtschaftlichen Reststoffen. Mithilfe von Natronlauge und Schwefelsäure bildet sich dann bei hohen Tem-peraturen Holzzucker, aus dem in einem weiteren Herstellungsschritt der Zu-ckerersatz Xylit entsteht.

Check

Zucker-Schock
Bei all dem Zucker bekommt das Klima langsam Karies. Unserem Planeten, vielen unter miserablen Bedingungen Arbeitenden und unserer Gesundheit zuliebe können wir gut auf Zucker verzichten. Denn eigentlich macht ihn sich unser Körper aus komplexen Kohlenhydraten gern selbst. Und die gibt es in der Klimafreundlich-Küche reichlich. Also:

- So zuckerfrei wie möglich leben.
- Fruchtsüße nutzen.
- Mit Kräutern und Gewürzen statt mit Süße würzen.
- Wenn's nicht anders geht: heimische Süße vom regionalen Imker oder Bio-Rübenzucker bevorzugen.

Klimaschnäppchen-Rechner
Im Internet gibt es einige spannende CO_2-Rechner für Nahrungsmittel. Der „Hübscheste" ist ausgerechnet eine PR-Initiative der Upfield Holding, der ehemaligen Brotaufstrichsparte des Unilever-Konzerns.
www.klimatarier.com

5

· · · · · · · · · · · · · ·

KLIMA-
TOPS

KLIMA-TOPS
SCHÖNE NAHE NAHRUNGSWELT

Die Klima-Flops könnten einem die Lust auf die Klimafreundlich-Küche ganz schön verhageln. All die Küchenklassiker! Sind sie doch nicht mehr wegzudenken?

Dabei ist die Welt – immer noch! – voller wunderbarer weiterer Nahrungsmittel. Ein Hurra auf die heimische Pflanzenwelt. Blicken wir voller Vertrauen und Zuversicht auf das, was uns umgibt und uns künftig noch viel besser ernähren könnte: ein Überblick über die Hauptkategorien der Klimafreundlich-Küche, die obendrein noch meist recht verpackungsarm und nicht industriell verarbeitet in unsere Haushalte wandern können.

- Gemüse und Obst der Region und Saison
- Hülsenfrüchte
- Getreide
- Nüsse
- Saaten und Kerne
- (Wild-)Kräuter | » **ZWISCHENMAHLZEIT | WILDES GRÜN |**

Reise um die Welt
So weit geht die Klimafreundlich-Küche

EUROPA
Nüsse Öl
Hülsenfrüchte

WELT
Tropen-Exoten
Gewürze

0-50 KM
Obst Gemüse
(Wild-)Kräuter

BRD/A
Getreide

Im Hinblick auf ihre Küchen- und Klimafreundlich-Qualitäten erhältst du nun ein paar Infos im gut verdaulichen Häppchenformat. Gemüse und Obst setzen wir als „gesetzt" voraus und diskutieren ihre Klimafreundlichkeit nicht mehr gesondert.

Weil Fleisch ein übler Klimakiller ist, beginnen wir mit dem enormen Reichtum an Eiweißquellen außerhalb von Schwein, Hähnchen und Kalb. Denn es versteht sich sicher nach dem bisher Gesagten von selbst, dass die Klima-Tops allesamt tierfrei sind.

Gesundheit!
Mittlerweile ist es unstrittig, wie positiv sich pflanzliche Proteine auf die Gesundheit auswirken. Sie verfügen über wichtige Aminosäuren, Vitamine sowie Mineralstoffe und sind Superfoods für die Blutwerte. Es gibt eine derartige Fülle an Alternativen zu tierischem Protein, dass eine Mangelernährung sehr unwahrscheinlich ist. Aber das ist wichtig: Die Kombi macht's. Gerade bei pflanzlicher Kost ist Abwechslung Trumpf. Ausnahme im Reigen der Nährstoffzufuhr ist tatsächlich das berühmte „Veganer-Vitamin" B 12. Es kommt in keinem pflanzlichen Lebensmittel ausreichend vor. Es muss ergänzt werden.

HÜLSENFRUCHT-HYPE

In einer tierbasierten Küche landen sie schnell im hinterletzten Winkel der Schränke: Tatsächlich verschwinden Hülsenfrüchte umso häufiger aus dem Speiseplan je mehr er sich mit Fleisch füllt. Der derzeitige hiesige Hülsenfrucht-Verbrauch von rund 3 % ist mit Blick auf jahrhundertelange Ernährungstraditionen völlig verrückt. Aber, und das wusste schon Aschenputtel, der Anbau von Linsen und Erbsen ist deutlich mühsamer als schnell kultivierter Mais oder Raps fürs subventionierte Biogas.

SCHMETTERLINGS-BLÜTLER HABEN WELTRETTER-POTENZIAL.

Die Deutschen essen derzeit noch kein Kilo der Eiweiß-Booster pro Jahr (aber fast 10 Kilo Schokolade und kaufen lieber protein-angereicherte Joghurts oder Eiweiß-Brote!). Um die Bedeutung von Bohnen und Co. wieder ins Bewusstsein zu rücken, erklärten daher die Vereinten Nationen das Jahr 2016 zum „Internationalen Jahr der Hülsenfrüchte".

Weil ihre Blütenblätter bunten Faltern ähneln, nennt man diese Familie auch Schmetterlingsblütler. Das Besondere ist, dass sich an ihren Wurzeln ganz bestimmte Bakterien anlagern. Diese sogenannten Knöllchenbakterien gewinnen Stickstoff aus der Luft, um daraus Eiweiß zu bauen. Pflanzen wie Mais können das nicht, weswegen sie immer wieder Stickstoff-Dünger erhalten.

Hierzulande haftet Hülsenfrüchten der Ruch des „Geruchs" an, sprich: Jedes Böhnchen gibt ein Tönchen. In der Tat ist ihre chemische Zusammensetzung komplex. Die Verdaulichkeit lässt sich aber durch gutes Durchgaren und Kräuter wie Kümmel, Koriander, Anis, Ingwer oder Bohnenkraut erhöhen. Ein auf Pflanzenkost spezialisierter Darm gewöhnt sich außerdem recht schnell an die Verdauungsherausforderung.

Leider, leider sind 90 % der getrockneten Hülsenfrüchte hierzulande Importware, so dass sie uns in Sachen Transportbilanz wieder auf die Füße treten. Weil sie aber so unverzichtbar wichtig für die pflanzenbasierte Küche sind, müssen wir diese Kröte schlucken.

Eine „Eiweißpflanzenstrategie" der Bundesregierung mit Organisationen wie dem Sojaförderring oder dem Lupinennetzwerk soll Abhilfe schaffen und den Landwirten den Anbau wieder schmackhafter machen. Denn bis auf Soja sind Hülsenfrüchte kleine Diven. Sie mögen es nicht, zweimal hintereinander auf dem gleichen Acker zu stehen und liefern geringere und stark schwankende Erträge. Dafür haben sie kaum Wasserdurst oder Düngerhunger.

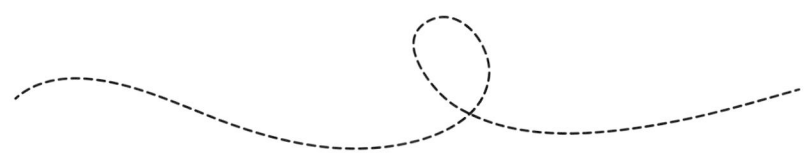

SOJA

Soja ist die schillerndste Erscheinung unter den Feldfrüchten. Die Trendbohne ist gleichsam janusköpfig. Sie ist vollgestopft mit Eiweiß und zugleich voller Widersprüche. Wir finden sie **in mehr als 30.000 industriell hergestellten Nahrungsmitteln**, als Düngemittel, als Fitnessfutter in der Tiermast und als Kraftstoff im Autotank. Buddhistische Mönche hatten sie ebenso auf dem Speiseplan wie Soldaten der Wehrmacht. Die Chinesen schätzen die Bohne seit ca. 1.000 v. Chr.

Die Früchte der Sojapflanze sind die Sojabohnen. Sie wachsen in einer Hülse und sind im Herbst erntereif. Sie wird heute auf 6 % der weltweit nutzbaren Ackerflächen angebaut und ist die Nutzpflanze mit dem höchsten Zuwachs an Anbauflächen. Die USA und Brasilien sind die beiden „Player" auf dem Weltmarkt. Gerade Brasilien verdoppelte von 2002 bis 2016 die Produktion von Sojabohnen. Nach Weizen und Mais ist die Bohne die meistgehandelte Nutzpflanze. Gentechnisch getunt macht sie derzeit Weltkarriere. Ihr für Bohnen ungewöhnlich hoher Ölanteil landet im Biodiesel, der übrig gebliebene Kuchen im Futtertrog.

In der EU wird Soja vor allem in Italien, Rumänien und Frankreich produziert. Auch in Österreich boomt die Bohne. Seit Mitte 2017 gibt es die „Europa-Soja-Erklärung", die sich für eine nachhaltige Produktion, Verarbeitung und Vermarktung der Eiweißpflanze einsetzt. Paradoxerweise spielt ihr hier auch der Klimawandel selbst in die Karten. Denn Soja ist eher sonnenhungrig, was ihr mittlerweile auch das früher eher unterkühlte Mitteleuropa bieten kann.

Der Mensch konsumiert nur 2 % der Pflanze, deren Kenntnis bereits zu Beginn des 18. Jahrhunderts nach Europa gelangte, allerdings ohne durchschlagende Wirkung. Sie ist im Reigen ihrer Familienmitglieder Proteinquelle Nummer 1, obschon ihre Verarbeitung zum Nahrungsmittel recht aufwendig ist. Denn sie enthält einen wirksamen Giftcocktail, der die Pflanze vor Schädlingen schützt. Erst langes Kochen, Fermentation und das Raffinieren des Sojaöls machen sie genießbar.

DIE SOJAWURST GEHT AUF KONRAD ADENAUER ZURÜCK.

Dann aber enthält Soja **die wichtigsten Bestandteile menschlicher Ernährung in einmalig günstiger Kombination:** 40 % Eiweiß, 25 % Kohlenhydrate, 20 % Fett und 5 % Mineralstoffe. Außerdem sind die Samen reich an Vitaminen und Lecithin. Sojaöl hat einen hohen Gehalt an mehrfach ungesättigten Fettsäuren, die der menschliche Körper nicht selbst herstellen kann. Soja bietet alles gleichzeitig.

Wie so oft locken solche Wunderangaben Skeptiker auf den Plan. Soja kann zum Beispiel allergische Reaktionen auslösen. In der Diskussion war zumindest bis vor ein paar Jahren die hormonähnliche Wirkung von Phytoöstrogen, die jedoch zunehmend relativiert worden ist. Und wer gegen Tofu und Co. wettert und weiter die Fleischflagge hochhält, dem sei gewiss: Allein über seine Schnitzel vertilgt jede/r EU-Bürger/in sowieso indirekt 61 Kilo Soja, eben aufgrund der Viehfütterung. Oder als Sojalecithin E 322, etwa in Schokolade, Brotaufstrichen, Trockensuppen, Backwaren, Mayonnaise und so weiter. Eben 30.000 Lebensmittel.

Sojasauce
besteht aus Wasser, Sojabohnen, Salz, manchmal Getreide. Sie wird gebraut und für Monate, ja Jahre, der Fermentation ausgesetzt. Vorher mahlt, dünstet und röstet man die Bohnen und mischt sie mit Weizenschrot. Durch die Anreicherung mit spezifischen Mikroorganismen entsteht eine Trockenmaische. Diese kommt mit Salz und Wasser in Fässer und soll dort reifen. Enzyme spalten das Sojaeiweiß auf und sorgen für die, vor allem für den asiatischen Gaumen, so wichtigen Geschmacksfeuerwerke.
Die heute erhältlichen Saucen sind industriell in wenigen Tagen fermentiert.

KÜCHENFAKTOR
Wir kennen Soja als Milchalternative, die vor allem als Basis für die Joghurt- und Quarkherstellung herhält, weil sie eine günstige Fett-Eiweiß-Kombination hat. 1 EL Sojamehl kann außerdem ein Ei im Kuchen ersetzen, wenn man es etwa mit Sprudel verrührt. Sonst zaubert Soja vor allem „Fleisch" auf den Tisch:

- **Sojagranulat**

  Das vegane „Hackfleisch": Mit seiner Struktur („textured vegetable protein", TVP) kommt es dem tierischen „Vorbild" sehr nahe und eignet sich gut für Chili sine Carne, „Bolognese" und zur Füllung von Gemüse.

  Wermutstropfen: Es ist stark industriell verarbeitet. Dazu wird das Eiweiß aus der Sojabohne isoliert, entfettet und unter hohem Druck und manchmal auch unter Wärmezugabe strukturiert. Nun hat das Ergebnis eine fleischähnliche, faserige Konsistenz und ist getrocknet im Handel erhältlich. Zur Weiterverarbeitung benötigt es wieder die Zugabe von Flüssigkeit.

- **Tofu**

  Schon vor über 2.000 Jahren haben die Chinesen aus eingeweichten und gemahlenen Sojabohnen Tofu hergestellt. Mittels Nigari, einem Meersalzextrakt, gerinnen die gekochten Sojabohnen, so dass sie sich in feste und flüssige Bestandteile aufspalten. Tofu ist eine gute Quelle für pflanzliches Eisen und liefert Vitamin B 6, Kalzium und Folsäure.

  Der Allrounder passt zu wirklich allem, weil er für sich genommen eigentlich nach nichts schmeckt. Tofu mag natürlich seine Herkunft, also harmoniert er wunderbar mit asiatischen Gewürzen, macht sich gut als Frühstücksei und funktioniert sogar süß. Zusatzbonus: lässt sich ohne große Mühe auch komplett selbst machen! | » **Rezept unter www.klimafreundlich-kueche.de**

- **Tempeh**

  Das körnige Tempeh besteht aus mit Edelpilz geimpften und fermentierten Sojabohnen. Es ist fest und vielfältig als „Fleischersatz-Stück" einzusetzen. Die Herstellung ist aufwendig und mutmaßlich zu Hause kaum zu realisieren. Man braucht getrocknete Sojabohnen und den dementsprechenden Pilz (Rhizopus). Die Bohnen werden gewaschen, 24 Stunden eingeweicht, gekocht – und das Ganze noch mal von vorn. Sie werden mit dem Pilz beimpft und man lässt sie in einem dichten Behälter bei über 30 Grad zwei volle Tage lang gären. Am Ende lässt sich das Tempeh gut marinieren und harmoniert mit fast jeder Würze. Seine Textur ist zart, aber fest, so dass es eben an Fleisch erinnert.

Adenauers Sojawurst

Kein Geringerer als Konrad Adenauer setzte auf Fleischalternativen, wenngleich sie aus der Not des Ersten Weltkriegs geboren waren. Als stellvertretender Oberbürgermeister von Köln war er für die Versorgung der Bevölkerung zuständig. Die von ihm erfundene Sojawurst bestand aus Soja und Gewürzen. Diese über 100 Jahre alten Zeilen schrieb Adenauer seinem Anwalt 1915 – , so aktuell wie nie:

„Der Zweck, der verfolgt wird, ist, dem viel billigeren Pflanzeneiweiß in größerem Maße wie bisher im Verzehr Eingang zu verschaffen, nicht neben, sondern an Stelle des tierischen Eiweißes. Der Zweck soll dadurch erreicht werden, dass dem Konsumenten das Pflanzeneiweiß gewissermaßen unter der Maske der Fleischnahrung gegeben wird, weil das Volk die Fleischnahrung kennt und liebt. Dies lässt sich erreichen durch eine beliebte Form der Fleischnahrung, durch die Wurst.“

Adenauer scheiterte mit seiner Patentanmeldung. Das Verfahren war damals nicht mit den deutschen Lebensmittelvorschriften vereinbar. In Österreich hat's geklappt.

So lala ja

Der enorm hohe Bedarf von Soja hat die größten globalen Umweltzerstörungen der letzten Zeit nach sich gezogen. So werden seit den 2000er-Jahren die Regenwälder Brasiliens oder die Nebelwälder Argentiniens zur Erschließung neuer Anbaugebiete abgeholzt und ganze Ökosysteme zerstört – mit weltweit spürbaren Folgen. Einerseits. Andererseits: **1 kg Sojaprodukt kommt auf durchschnittlich 800 g CO_2, 1 kg Rindfleisch auf das 15-fache**, nämlich 15 kg. Wenn Soja in unseren Breitengraden auf dem Vormarsch ist, kann es in der Klimaküche wertvolle Proteine liefern. Und noch ein „Wenn": wenn es aus biologischem Anbau stammt und natürlich nicht gentechnisch verändert ist.

LUPINE

Sie macht langsam Boden gut: Die Süßlupine ist eine regionale Alternative zu Soja, denn sie wächst ohne Probleme hierzulande. Schon in der Antike galt sie als Grundnahrungsmittel. Europaweit baut Deutschland die meisten Süßlupinen an, Süßlupine deshalb, weil die Bitterstoffe durch erfolgreiche Züchtungen seit den 1930er-Jahren immer weniger geworden sind und sie damit zunehmend interessanter für die Nahrungsmittelproduktion ist.

Die Süßlupine enthält ähnlich viel Eiweiß wie Soja plus weitere wichtige Nährstoffe und Ballaststoffe – und wenig Fett. Das „Soja des Nordens" gehört zu den Hülsenfrüchten und ist daher vor allem für Bio-Landwirte eine äußerst nützliche Pflanze: Lupinen wirken als Gründünger, da sie Luftstickstoff binden und so zur Regenerierung der Böden beitragen. Obendrein sind sie eine Bienenweide. Ökologisch also erste Lupinen-Sahne.

KÜCHENFAKTOR

Die Lupine ist darmfreundlicher als die anderen Hülsenfrüchte. Obacht: Wer eine Erdnussallergie hat, muss vorsichtig sein. Für alle anderen: Ausprobieren. Sie schmeckt leicht nussig. Als Mehl ist sie ein gutes Bindemittel (1 EL ersetzt ein Ei im Kuchen), als Flocken reichert sie Müsli und Brei an, als „Kernies" erinnert sie in Speisen an gehackte Haselnüsse. Sie ist ein wunderbarer Brotaufstrich. Doch vor allem: Sie ist der perfekte Nachmittagskaffee. Lupinenkaffee kommt dem „Richtigen" am allernächsten. Mit selbst gemachter Hafermilch ein absoluter Genuss.

Im Gegensatz zum Getreidekaffee enthält Lupinenkaffee kein Gluten und wird daher auch von Zöliakie-Geplagten gut vertragen. Und verglichen zum bitteren Kaffeegeschäft auf der Welt | » KLIMA-FLOPS | ist er deutlich umweltfreundlicher. In der Herstellung wird die Lupine, ganz ähnlich wie die Kaffeebohne, geröstet, gemahlen und anschließend als Aufguss zubereitet. Tatsächlich kannten schon die alten Ägypter das Getränk. In Tirol war der Lupinenkaffee lange Zeit als Bauernkaffee bekannt.

DAS SOJA DES NORDENS SCHMECKT SUPER ALS KAFFEE.

Lupinen-Lust?

Hier sehen wir, wie magisch die Klimafreundlich-Küche sein kann. Eine Pflanze, die als „Fleisch", Kaffee, Dip oder Dünger taugt! Das ist gut, wobei: Oft kommt die Lupine stark verarbeitet auf den Tisch. Das liegt daran, dass ihr Bitterstoffe entzogen werden. Sie wird oft erhitzt, gepresst, Proteine extrahiert. Das ist energieaufwendig.

Der Markt hat einen neuen Stern entdeckt. Wir verzichten auf so hergestellte „Milch", die aus Wasser, Kokos und sage-und-schreibe 1 % Lupine besteht. Auch fertige Schnitzel aus Lupinen brauchen wir nicht. Wir setzen lieber auf eigene Kreationen.

SEITAN

INFOHÄPPCHEN

Seitan ist ein Produkt aus Weizeneiweiß (Gluten) mit fleischähnlicher Konsistenz. Er heißt auch Weizenfleisch und gilt als ideale „Einstiegsdroge" in die fleischlose Küche. Wer mal was für seine Oberarme tun möchte, kann ihn aus schlichtem Weizenmehl selbst machen. Das ist Zauberei. Das ist mal wieder eines der genialen Dinge in der Klimafreundlich-Küche.

Du stehst da und machst aus dem Simpelsten, was es auf der Welt gibt, aus Mehl und Wasser, ein Würstchen! Einfach das Mehl so lange mit Wasser vermengen, ruhen lassen, kneten, auswaschen und so weiter, bis eine zähe Masse zurückbleibt. Das ist dann pures Gluten – und daher für Menschen mit einer Unverträglichkeit nicht geeignet. Nun kann der Seitan gekocht/gebacken werden, traditionell in einer Marinade aus Sojasauce, Algen und Gewürzen. Denn Seitan stammt aus der japanischen Küche, wo er seit den 1960er-Jahren verarbeitet wird.

FLEISCH KANN MAN AUS MEHL UND WASSER MACHEN.

Der perfekte Würstchen-Ersatz fürs Sommerfest. Auch als Braten zu den Fest-tagen oder als Aufschnitt gern genommen. Wer ihn nicht von Grund auf her-stellen möchte, kann fertiges Glutenpulver verwenden, das wir einfach mit Wasser zur Rohmasse anrühren und nach Belieben weiterverarbeiten.

Sei hip, Sei tan!

Seitan ist aus Weizen und der verursacht rund 50 % mehr CO_2 als Sojafleisch – bei einem Drittel mehr an Fläche. Auch den Wasserbedarf von rund 1.800 Litern wollen wir nicht verschweigen. Damit schneidet Seitan schlechter ab als Tofu, aber natürlich besser als jedes Fleisch. Außerdem hat ihn die Lebens-mittelindustrie entdeckt: Im Kühlregal breitet er sich derzeit extrem aus, denn viele Firmen haben den Trend erkannt. Hier greifen wir nicht zwingend zu, denn **Seitan selbst verarbeiten geht ruckzuck.** Vorteile: Du weißt, was drin ist, er ist bestimmt fettärmer und reiner und: Du hast die industrielle Verarbeitung in der Klimabilanz gespart.

LINSEN

Schon im Alten Testament kommen sie vor. Heute muss man sie hierzulande mit der Lupe suchen. Denn: In Linsen steckt viel Handarbeit. Sie wachsen eher auf kleinen Flächen. Gegessen werden bei der Linse nur die Samen. Sie liefern uns eine dicke Portion Protein mit rund 24 g/100 g. Vor allem sind sie leichter verdaulich als ihre Hülsenfrucht-Schwestern.

HILDEGARD VON BINGEN EMPFAHL BEREITS LINSEN.

Linsen haben in der Klimafreundlich-Küche magische Kräfte: Braten, Brotaufstrich, Bolognese – oder wie wär's mit Suppe und Salat? Linsen gehen als „Leberwurst" durch oder als Leibspeise zwischendurch. Da sie kleiner sind als andere Hülsenfrüchte, brauchen sie auch weniger Einweich- und Kochzeit. Genau: Sie müssen gekocht werden. Roh sind sie nicht genießbar.

 Check

Linsen-Love

Linsen wachsen leider kaum noch hier, obschon sie könnten. Ausnahme sind Slow-Food-Projekte im Süddeutschen wie die „Alblinse". Sie sind absolut anspruchslos, können mit recht schlechten Böden und trockener Witterung umgehen. Stattdessen karren wir sie aus Kanada, Russland oder Vorderasien in unsere Küchen. Daher ist die Transportbilanz nicht gut. Die EU gibt derzeit dem Import der bunten, tellerförmigen Samen aus Übersee den Vorzug statt etwa denen aus Griechenland.

Der Grund: Linsen brauchen eine Stützpflanze, quasi eine Rankhilfe, etwa ein Getreide, so dass die Ernte (mit teureren europäischen Kräften) recht mühsam ist. In die buschige Vegetation verirrt sich auch gern mal ein Unkraut. Wir achten daher auf Ware aus Südeuropa, die es in Bioqualität gibt.

KICHERERBSEN

INFOHÄPPCHEN

Die Kichererbse soll schon vor 8.000–10.000 Jahren im Vorderen Orient die Menschen ernährt haben. Über Griechenland und Italien verbreitete sie sich in ganz Europa. In Deutschland tauchte sie erstmals im 1. Jahrhundert n. Chr. am Rhein auf. Sie liebt Wärme, ist jedoch ansonsten genügsam und relativ trockenresistent. Sie gedeiht am besten auf leichten Böden.

KÜCHENFAKTOR

Nicht nur als Falafel oder Hummus ein Genuss. Die Kichererbse kann's mit vielem. Als perfekter Fernseh-Abend-Snack einfach im Backofen mit ein paar Gewürzen und Öl rösten, klassisch in Eintopf und Salat. Und ein wieder mal magischer Moment im Nachtisch. Denn ja, ihr Sud ist der vegane Eischnee (Aquafaba) und vermag es, mit einem Schuss Pflaumen-Amaretto | » **SÄTTIGUNGSBEILAGE** | **LESS WASTE** | in ein fantastisches Eis verwandelt zu werden. Auch Baisers sind drin.

In der Klimafreundlich-Küche kaufen wir sie als lose Ware (im Unverpackt-Laden) und weichen sie über Nacht ein. Möglichst energiesparend (im Schnellkochtopf) garen wir sie und füllen sie dann heiß in Schraubgläser. So gibt's Vorrat – ohne Blechdosenkäufe.

Kichererbsen und Sojabohnen geröstet
- Kichererbsen über Nacht einweichen und gar kochen. Mit ein paar Krümeln Natron im Kochwasser reichen 20 Minuten.
- Sojabohnen über Nacht einweichen. Kochen ist hier nicht nötig. Die folgende Backofenhitze reicht aus.
- Gekochte Kichererbsen und geweichte Sojabohnen zusammen auf ein Backblech legen, im Backofen kross rösten und mit Würze der Wahl vermengen. Im Schraubglas lange haltbar. Snackt sich mit „Suchtfaktor".

Check

Kichern macht fröhlich
Vielleicht kommt die Kichererbse aufgrund des raschen Klimawandels bald näher zu uns, wenn und wo es wärmer wird. Immerhin ist sie in der Landgüterordnung Karls des Großen ebenso erwähnt wie bei Hildegard von Bingen, die sie als „leichte und angenehme Speise" titulierte – weswegen sie in diesem Buch auftauchen darf. Obschon sie eben streng genommen nicht mehr heimisch ist und uns aus der Türkei, Nordafrika und mehr und mehr aus Italien erreicht. Weltweit ist Indien Hauptlieferant.

ERBSEN

INFOHÄPPCHEN

Endlich ein Gewächs von hier, obschon die Anbaufläche weniger als 10 % aus-macht. Dabei verbreitete sie sich bereits in der Bronzezeit über ganz Europa. Aus den Aufzeichnungen Karls des Großen geht hervor, dass die Erbsen neben den Ackerbohnen in Gärten und auf dem Feld in größerem Umfang zu Hause waren. **Im 16. Jahrhundert waren Erbsen das am meisten gegessene Gemüse.** Die grünen Kugeln stecken neben wertvollen Eiweißen voller komplexer Kohlenhydrate, werden jedoch kaum noch frisch vom Feld verzehrt. Der Durchschnittskonsument kennt sie aus der Tiefkühlung.

KÜCHENFAKTOR

Sie gehen sogar roh. Vor allem die Menschen in Nordeuropa knabbern sie stehenden Fußes auf Marktplätzen aus der Schote und erfreuen sich des süßen Geschmacks. Beliebt vor allem in der Suppe.

Check

Prinzessinnen-Qualitäten

Die Hauptanbauländer für Erbsen sind – mal wieder – China, Indien und die USA. Sie wandern recht flott nach der Ernte in die Dose oder in den Froster. Als Dosenfutter nimmt man die Palerbsen, kocht sie und zerstört dadurch wichtige Inhaltsstoffe, wie Vitamin C oder Folsäure. Oft schwimmen sie noch dazu in Salz und Zucker. **Tiefgekühlt ist ihre Energiebilanz besser als angenommen.** Weil sie uns im Winter schon mal gute grüne Laune machen, nährstofftechnisch so bedeutend sind und ihre Saison als Frischgemüse so enorm kurz ist, kommen sie daher aus dem Eisfach ab und zu in den Klimakochtopf.

KARL DER GROSSE WAR EIN ERBSENFREUND.

BOHNEN

INFOHÄPPCHEN

Sie sind wahre Kosmopoliten und auf der ganzen Welt zu Hause. Ihr Eiweiß-
anteil übertrifft so manche Fleischsorte. Hierzulande wachsen vor allem Gartenbohnen und Saubohnen. Leider nicht heimisch sind die dunklen Varianten.

KÜCHENFAKTOR

Giftig im ungekochten Zustand! Getrocknet, eingeweicht und gekocht sind sie
dagegen vielerorts ein Grundnahrungsmittel mit hoher Lagerfähigkeit. Bohnen sind die traditionsreichen Küchenklassiker von Oma, die sich heute statt
mit Speck auch gut mit Räuchertofu machen. Grüne Bohnen sind eine schicke
Salatzutat – im farbigen Dreiklang mit roten Tomaten und gelben Kartoffeln.
Empfehlenswert im Hinblick auf ihre Wirkung in unseren Körpern empfiehlt
sich eine Kombination mit Getreide.

Bohnen lohnen

Gartenbohnen sind gut an unser bisheriges Klima angepasst. Sie sind etwas
aufwendiger im Anbau und bedürfen der Betreuung. Solawis | » ZWISCHEN-
MAHLZEIT | ALTERNATIVEN | können das aber! Daher wachsen die Schoten
im Sommer direkt auf unsere Teller. Unbedingt zugreifen. **Heimisch und hip,
wenn du was draus machst.** Bei den getrockneten Kandidaten wählen wir das
kleinste Transportübel.

BAU MAL BOHNEN AN

Mungobohnen (übrigens als „Sojasprossen" bekannt, dabei haben sie nichts
mit der Sojabohne gemein) kann jede/r selbst im Winter auf der Fensterbank
ziehen. Die Sprossen sind der Vitamin-Kick in der dunklen Jahreszeit.
| » SÄTTIGUNGSBEILAGE: DIY |

ERDNÜSSE

INFOHÄPPCHEN

Tatsache: Wie die englische Bezeichnung „Pea-Nut"/Erbsen-Nuss verrät, gehören die beliebten Samen, die wir als Nüsse kennen, zu den Hülsenfrüchten. Die Erdnuss ist die Königin für Magnesium und schneidet auch bei den anderen Spurenelementen gut ab. Die Erdnuss blüht wie verrückt. Doch nur wenige Blüten werden befruchtet und die wandern dann gen Boden und reifen in der Erde zu dem, was wir als Erdnuss kennen.

KÜCHENFAKTOR

Ein echter Wermutstropfen ist ihr hohes Allergiepotenzial. Ansonsten: Mit Kohl mixen, im Energiebällchen verarbeiten oder – weil das hier auch geht – roh genießen.

Nicht nur Peanuts
Unter Klimaschutz-Aspekten müssen wir zugeben, dass die Erdnuss in Sachen **Transport einige Miese** in die Waagschale wirft, auch wenn ihr CO_2-Fußabdruck sonst recht bescheiden ist. Die Hauptanbauländer und Exporteure von Erdnüssen sind die USA, Indien und China. Bioqualität ist hier weniger im Fokus. Hierzulande stammen sie häufig aus Ägypten.

GETREIDE

Im Vergleich zu den Hülsenfrüchten verbrauchen wir etwa das Hundertfache, knapp 100 Kilo, an Getreide pro Jahr und Kopf. Getreide gehört zur Familie der Süßgräser. Wir nutzen den Samen, der in Ähren, Rispen oder Kolben heranreift. Die Samenhülle liefert wertvolle Ballaststoffe. Das volle Korn, sprich Vollkorn, ist also zu bevorzugen. Das meiste stammt auch von heimischen Äckern.

In Kombination mit Hülsenfrüchten und Nüssen ist Getreide eine Grundsäule der Klimafreundlich-Küche. Wir kennen die **sagenhaften sieben Sorten:**

- Weizen, Roggen, Hafer, Gerste, Reis, Mais und Hirse.
- „Abspaltungen" sind Dinkel, Kamut oder Grünkern.
- Buchweizen, Amarant und Quinoa sind Fuchsschwanzgewächse und zählen zumindest botanisch nicht zu den Getreiden. Sie eignen sich gut für Glutenunverträglich-Kandidatinnen/-Kandidaten.

ROGGEN HAT EINE DER BESTEN KLIMABILANZEN.

WEIZEN

INFOHÄPPCHEN

Weizen deckt rund 20 % des weltweiten Kalorienbedarfs. Als Lebensmittel ist das wichtigste Produkt das Mehl. Zu den größten Produzenten gehören die USA, Russland, Kanada, China und Indien. Weizen ist mittlerweile von so großer Bedeutung, dass sogar an Börsen damit gehandelt wird. Weichweizen ist der Grundstoff fürs Brot. Aus Hartweizen entstehen Nudeln, Bulgur oder Couscous. Hinweis für die Mehltüte: Hier ist die Nummer Trumpf. Je höher die Zahl, desto mehr vom Korn ist enthalten.

KÜCHENFAKTOR

Der jüngste Feldzug gegen die jahrtausendealte Feldfrucht ist erstaunlich. Ohne mehrere 1.000 Jahre Weizenverzehr gäbe es uns überhaupt nicht. Jetzt verträgt ihn plötzlich keiner mehr. Dass das eher an der Brotwarenindustrie liegt, die minderwertige Mehle in Höchstgeschwindigkeit verarbeitet, will keiner wahrhaben. Ein gutes Brot braucht Zeit.

Weizen enthält als einzige Getreideart Klebereiweiß, das die Herstellung von elastischen Teigen ermöglicht. Er ist daher besonders gut zum Backen geeignet. Weitere wertvolle Varianten sind Dinkel, Kamut, Emmer oder Einkorn, die so manches Brot noch gehaltvoller machen.

Ergänzungen für die Klimafreundlich-Küche:

- **Dinkel** gehört ebenfalls zur Weizenfamilie und liefert ein wertvolles, eiweißreiches Mehl mit hohem Kleberanteil, guten Backeigenschaften und aromatischem Geschmack.

- **Grünkern** ist aus dem Korn des Dinkels, das halbreif geerntet und unmittelbar darauf in Heißluftanlagen getrocknet wird. Traditionell, sprich seit dem 17. Jahrhundert, geschieht das vor allem in Süddeutschland (Baden) Ende Juli. Durch den Trocknungsprozess ist der Grünkern allerdings nicht mehr backfähig. Er kann jedoch gut in Suppen oder als Bratling verwendet werden.

Check

Wei-z-e Weste?

In Deutschland wächst vor allem Winterweizen, im Winter gesät, im Sommer geerntet. Weizen ist komplizierter anzubauen, als es den Anschein hat. Er braucht eine intensive Betreuung gegen Schädlinge, Pilze und Unkraut sowie viel Stickstoff. Im konventionellen Landbau heißt das: Spritzen und düngen. Wasserdurstig ist er auch. Dennoch gehört er hierher und ist und bleibt einfach ein Grundnahrungsmittel. Aus biologischem Anbau.

HAFER

INFOHÄPPCHEN

Raue Landstriche, wie etwa das Bergische Land in NRW, wurden häufig abfällig „Haferspanien" genannt, dabei ist Hafer eine ganz ausgezeichnete Nahrungsquelle. Hafer gilt unter den Getreidearten als Pionierpflanze, da er zum Beispiel auch auf umgebrochenen Wiesen wachsen kann. Er stellt keine besonderen Ansprüche an den Boden und gilt als robust.

Hafer hat von allen Getreidearten den höchsten Gehalt an Fett, Eiweiß und Calcium. Er enthält genauso viel Zink wie ein Steak. Für die Bauern liefert er allerdings weniger Ertrag als anderes Getreide und ist aufwendiger zu ernten.

KÜCHENFAKTOR

Eine Küchenzutat, an der auch Allergiker Spaß haben dürfen und die Kinder gut vertragen. Porridge, schlicht Haferbrei, marschiert mittlerweile **aus seiner Arme-Leute-Nische in die Hipster-Küchen**. Und auch die Klimafreundlich-Küche kann nicht ohne Hafer – als Milch, Flocken, Zutat für süße oder herzhafte Energiekugeln oder im Gebäck. Ich gelangte mal an eine Flockenquetsche und siehe da: Haferflocken gehen im Handumdrehen. Einfach unverpackt eingekauften Biohafer einfüllen, kräftig kurbeln und schon kommen sie küchenfertig angewalzt.

Ein Herz für Hafer

Ein bescheidener Kandidat für den ökologischen Fußabdruck. Minimaler geht es kaum. Hafer ist ein regionales Gewächs, das nicht viel außer Luft und Liebe braucht. Daher hat Hafer voll mein Herz erobert.

MAIS

INFOHÄPPCHEN

Mais ist neben Reis und Weizen das populärste Getreide weltweit. Jedes Jahr werden weltweit über eine Mrd. Tonnen Mais geerntet. Er kommt in rund 20.000 industriell verarbeiteten Produkten vor. Als Lebens- und Futtermittel oder in der Biogas- und Kraftstoffindustrie.

Nach Europa gelangte die Maissaat durch Christoph Kolumbus. Doch erst die ans mitteleuropäische Klima angepassten Hybridsorten sorgten ab den 1970er-Jahren für die „Vermaisierung" hiesiger Landstriche. Heute sieht man im Sommer kaum noch eine andere Feldfrucht.

KÜCHENFAKTOR

Sein direkter Verzehr als Maiskolben ist noch die ungewöhnlichste Variante. Wir bauen den essbaren Zuckermais nur auf verschwindenden 1.500 Hektar in Deutschland an. Als Cornflakes oder Tortilla-Chips, als Popcorn oder sogar als Geschirr begegnet er uns weitaus häufiger. In der Klimafreundlich-Küche nutzen wir ihn mit Bedacht, ab und an als Pizzaboden aus Polenta oder als Mehl für Tortilla-Fladen. Die klassische Mischkultur „Bohne-Mais" ist nicht nur auf dem Teller, sondern auch im Garten ein Klassiker.

 **Check**

Vermaisierung

Eigentlich gehört Mais zu den Klima-Flops. Mais ist ein Produkt des globalen Lebensmittelmarktes geworden. Seine Preise schwanken ständig, was die Ernährung vieler Menschen gefährdet. Die modernen Maishybridsorten sind gnadenlos effektiv. Sie verdrängen alles, was sonst wächst, sind patentiert, so dass die Landwirte von der Lizenz abhängig sind, und so enorm ertragreich, dass Masterfolge schnell eintreten oder Hühner unfassbare Mengen Eier legen. Damit nicht genug: Er landet als Biogas in der Stromerzeugung, so dass allein in Deutschland die Maisanbaufläche in den letzten Jahren um über 800.000 Hektar angestiegen ist. Zulasten wertvoller Biotope und der Artenvielfalt.

HIRSE

INFOHÄPPCHEN

Das aus dem Indogermanischen stammende Wort bedeutet Sättigung, Nahrhaftigkeit. Märchenfreunden ist Hirse spätestens seit Grimms „Der süße Brei" ein Begriff. Eine alte Frau schenkt einem bettelnden Kind einen Zaubertopf, der auf das Kommando „Töpfchen, koch" den süßen Hirsebrei zubereitet.

Weltweit wurden vor ein paar Jahren (2013) 91 Millionen Tonnen geerntet, im Vergleich dazu Reis: 741 Millionen Tonnen. In Deutschland ist sie wieder auf dem Vormarsch. Sie hatte ihre mittelalterliche Vormachtstellung seinerzeit an die Kartoffel abgegeben. Weil sich die Wirtschaftsform von der Selbstversorgung in eine auf Verkauf orientierte wandelte, zog das **märchenhafte Getreide** aufgrund seiner Pflegeintensität den Kürzeren. Zumal: Man tischte häufiger Brot statt Brei auf und zum Backen ist Hirse weniger geeignet. Erst seit recht kurzer Zeit rückt sie wieder mehr ins Sonnenlicht.

KÜCHENFAKTOR

Vollkommen unterschätzt. Ersetzt Reis 1 : 1. Hirse ist glutenfrei und basenbildend, für unsere häufig übersäuerten Körper eine Wohltat. Wir nutzen Hirse im Brei, im Bällchen, als Flocken im Knäckebrot.

Hirse statt Reis

Leider hinkt der Hirse-Ertrag den anderen Getreidearten hinterher, obschon sie sehr robust ist. Wir nutzen die Biohirse aus Österreich oder aus der Niederlausitz vor allem statt Reis.

MIT DEM KOMMANDO „TÖPFCHEN, KOCH" SORGTEN DIE BRÜDER GRIMM FÜR NIE VERSIEGENDEN HIRSEBREI.

COUSCOUS

INFOHÄPPCHEN

Cousous besteht aus Getreidegrieß, zumeist auf Weizen oder Hirsegrundlage. Man dämpft ihn bloß, weil die kleinen Kügelchen, aus denen der Grieß besteht, schnell gar werden. Die Herstellung von Couscous war früher eine enorm aufwendige Angelegenheit. Man rieb feuchte Grießklumpen so lange mit der Hand, bis daraus Kügelchen wurden und ließ sie an der Sonne trocknen. Mittlerweile übernimmt das die Industrie.

KÜCHENFAKTOR

Angenehmer Brei für Salate oder magenfreundliche Büropausen. Geht süß mit Früchten und Zimt oder herzhaft. Absolut vielseitig und eine gute „Take-Away"-Möglichkeit für lange Tage.

Kuss für Couscous

„Mal eben" entsteht kein Couscous, es ist schon Energie für die Herstellung nötig. Wenn Couscous, dann möglichst aus dem nahen Europa (Italien, Frankreich) und natürlich aus Bio-Anbau.

BULGUR

INFOHÄPPCHEN

Bulgur bringt einen Hauch von 1001 Nacht in unsere Küchen. Wie Couscous besteht er aus Hartweizen. Man weicht die Körner ein, trocknet und röstet sie und bricht sie anschließend.

KÜCHENFAKTOR

Perfekt fürs „Meal Prep" oder die Büroküche. Entweder über Nacht in kaltem Wasser quellen lassen (spart Energie) oder mit im Wasserkocher erhitztem, kochendem Wasser übergießen und 10 Minuten warten.

Regionale Reichtümer

Es gibt auch Varianten aus Buchweizen, Dinkel oder Gerste. Und die sind regional. Und die sind prima, weil wir damit weniger Energie und Transportkilometer verbrauchen.

GERSTE

INFOHÄPPCHEN

Gerste kennen wir überwiegend als elementare Bierzutat. Doch sie könnte so viel mehr: Gerste hilft den Nerven, der Konzentration und dient der Kräftigung. Hildegard von Bingen setzte Gerstenwasser bei asthmatischen Zuständen und Erkrankungen der Bronchien ein. In Asien gilt sie als Wohlfühltee für Magen und Darm und senkt den Blutzuckerspiegel. Die englischen Royals trinken vermeintlich täglich den enorm magnesiumreichen Gerstentrunk („Barley Water").

KÜCHENFAKTOR

Seit Jahrhunderten hat ihr der Weizen in der Küche den Rang abgelaufen. Das ändern wir. Die Klimafreundlich-Küche feiert die Gerste nicht nur als recht bekannte Kaffee-Alternative, wofür das Getreide gemälzt, das heißt zum Ankeimen gebracht, getrocknet und geröstet wird. Nein. Wir adeln sie.

„BARLEY WATER" NACH ART DER ROYALS

- 60 bis 100 g Naturgerste waschen und mit 2 l Wasser zum Köcheln bringen. Bei niedriger Temperatur und leicht geöffnetem Deckel etwa zwei Stunden köcheln lassen, bis sich die Flüssigkeit auf einen Liter reduziert hat.
- Den Sud abgießen und das Wasser entweder pur trinken oder mit Fruchtsaft im Verhältnis 1 : 3 mischen. Die übrig gebliebenen Gerstenkörner können z. B. in Salat beigemengt werden.
- Bei den Royals ist das Gerstenwasser mit Zitrone verfeinert. Man kann es auch mit Apfelsaft oder Honig abschmecken.
- Im Kühlschrank hält sich Gerstenwasser etwa drei Tage. Es kann warm oder kalt getrunken werden.

ROGGEN

INFOHÄPPCHEN

Roggen ist ein Freund der Kälte und wächst sogar noch bei bis zu –25 Grad. Roggen ernährte Mitteleuropa über Jahrhunderte. Bis Anfang des 20. Jahrhunderts übertraf die deutsche Anbaufläche von Roggen die des Weizens. Sein ärgster Feind: Der Mutterkornpilz, wodurch früher viele Menschen vergiftet wurden. Mutterkorn ist heute eine wesentliche „Zutat" bei der Malariabekämpfung. Nach wie vor ist Deutschland der weltweit größte Roggenproduzent. Weltweit ist er nur mit mit 13,7 Mio. Tonnen verbreitet.

KÜCHENFAKTOR

Über die Hälfte der gesamten Roggenernte wird zur Futterherstellung für Vieh verwendet. Aus ca. einem Viertel wird Brot gebacken und der Rest wird für die Bioenergie und den Export benötigt. Bei mir wandert Roggen täglich verarbeitet in die Brotdose.

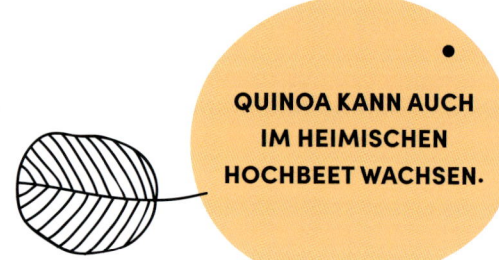

QUINOA KANN AUCH IM HEIMISCHEN HOCHBEET WACHSEN.

Check

Rau, rauer, Roggen
Aus Bio-Anbau unbedingt empfehlenswert, regionaler und anspruchsloser geht
es kaum.

PSEUDOGETREIDE

Obschon wir sie oft wie Getreide für Beilagen nutzen, gehören Pseudo-Ge-
treide biologisch nicht zu ihnen. Aber gut, dass es sie gibt, denn gerade sie
ersetzen unseren Klima-Flop-Reis. Noch dazu sind sie **echte Stars in der Ei-
weiß-Landschaft**. Sie eignen sich prima als Frühstückszutat, im Bratling oder
im Backwerk.

QUINOA

INFOHÄPPCHEN
5.000 Jahre alt, Verbot durch die Eroberer und plötzlich wieder Pflanze des
Jahres (2013): Quinoa hat einiges hinter sich. Quinoa gehört zu den Gänse-
füßen aus der Familie der Fuchsschwanzgewächse. Damit ist sie eher mit dem
Spinat oder der Rübe als mit Getreide verwandt und erinnert äußerlich an die
bekannte Gartenmelde. Die Pflanzen sind anspruchslos und gedeihen bis in
Höhen von 4.200 m. Hauptanbauländer sind Peru, Bolivien und Ecuador.

Während der spanischen Eroberungszüge im 16. Jahrhundert verboten die
Konquistadoren Quinoa und auch Amarant. Damit sollten die Bewohner eine
wichtige Nahrungsgrundlage verlieren und geschwächt werden. Das – warum
auch immer – als „unchristlich" eingestufte Nahrungsmittel blieb in Europa bis
ins 20. Jahrhundert hinein nahezu unbekannt.

Es war die NASA, die 1993 die Allmacht der Körner fürs All entdeckte. Die her-
vorragenden Eiweißwerte und die besondere Aminosäurestruktur machte
Quinoa für Ausflüge in die Weiten des Weltraums besonders geeignet.

Die Weltmarktnachfrage hat sich in den letzten zehn Jahren verfünffacht. Wo entdecken wir nicht überall Quinoa, nicht nur weit gereist, sondern auch hoch verarbeitet? Etwa im Kochbeutel. „Tütensuppen" fürs Büro machen wir in Sekundenschnelle genauso flott und vermeiden die in Plastik und Alu verpackten Fertig-Schwestern.

 Check

Bald heimisch(er)?
Weil die Böden der Anden nicht mehr zur Ruhe kommen, lehnen wir die Südamerika-Quinoa ab, zumal sie den Einheimischen ihre Nahrungsgrundlage entzieht. Fair gehandelte Quinoa ist noch eine echte Rarität.
Doch Quinoa gehört zu den zaghaften Newcomern in Mitteleuropa. In Deutschland steht sie (noch) zu Versuchszwecken auf dem Acker und, dank der PR-Initiative der wendländischen Firma „Bohlsener Mühle", in so manchem privaten Garten. Die Niedersachsen haben in den Frühjahren der Jahre 2017 und 2018 Bioläden mit Probesaaten beliefert. Ich hab's getestet. Im heimischen Mini-Hochbeet konnte ich tatsächlich ohne irgendein Zutun einige hundert Gramm ernten.

AMARANT

Der klingende Name ist griechisch und bedeutet „unsterblich". Wie Quinoa gehört er zu den Fuchsschwanzgewächsen. Seine Samen, davon liefert jede Pflanze rund 50.000, liefern alles, was uns gut tut. Im Garten ist Amarant eine wahre Augen- und Bienenweide.

Die Blätter können wir als Gemüse, wie Spinat oder Mangold, denen sie im Geschmack ähneln, essen. Der Eiweißgehalt von Amarant-Blättern übertrifft sogar den von Soja.

Die Samen werden gekocht, geröstet und zu Mehl vermahlen oder auch wie Mais gepoppt (Puffamarant). Puffamarant ist zum Beispiel in Müslimischungen oder Müsliriegeln enthalten.

Augenweide
Wer einen Garten hat, kann die Amarant-Körnchen ja einfach mal aussäen. Er ist wunderschön und nahrhaft und dann auch für null CO_2 zu haben.

BUCHWEIZEN

INFOHÄPPCHEN
Buchweizen hat nichts, wie der Name vermuten lässt, mit Weizen zu tun, sondern ist ein „Knöterichgewächs". In Mitteleuropa kultivierte man die Pflanze seit dem 15. Jahrhundert. Die Kartoffel verdrängte sie von den nährstoffarmen Böden, was heute durch Weizen weiter erledigt wird. So ist Buchweizen zur Randerscheinung geworden und wächst heute in China, Russland oder Kasachstan.

KÜCHENFAKTOR
Buchweizen wird als geschältes, ganzes Korn und in Form von Buchweizengrütze, -flocken oder -mehl angeboten. Ganz Japan ist verrückt nach den Udon, den Buchweizennudeln. Die Verwendung von Buchweizen verleiht Gerichten einen kräftigen, leicht nussigen Geschmack.
Sein Mehl bereichert jedes Backwerk. Gekocht kann er Reis ersetzen – und dabei jede Menge wertvoller Fett- und Aminosäuren, Vitamine, Mineralstoffe und Spurenelemente beisteuern. Auch seine Eiweißbilanz ist stattlich.

Beilagen-Alternative
Bis auf den Transport – wunderbar. Daher ab und zu eine schöne Beilage.

NOCH EIN WORT ZUR KARTOFFEL

INFOHÄPPCHEN

Europa versank im Brei. Lange. Dann trat sie, die Kartoffel, – wie die Eroberer vorher nur umgekehrt – ihren Siegeszug aus der Neuen Welt an und verdrängte die bis dato üblichen Kulturpflanzen, wie Buchweizen, Hafer, Hirse oder Rüben. Nicht ganz schnell. Nicht ganz einfach. Nicht ganz folgenlos. Um auch mal einer Frauenfigur Ehre zu erweisen: Die schwedische Wissenschaftlerin Eva Ekeblad veröffentlichte 1748 ein maßgebliches Werk zur Verbreitung der Kartoffel als Lebensmittel. Die berühmten Kartoffelbefehle von Preußenkönig Friedrich II. zwangen die Bevölkerung buchstäblich zum Knollenglück. Auch Kaiserin Maria Theresia förderte ihren Anbau. Irgendwann war ihre Verbreitung ab dem 19. Jahrhundert dann so hoch, dass Missernten riesige Hungersnöte nach sich zogen. Kartoffeln lieben feine, sandige Böden. Gerade im Öko- und kleinbäuerlichen Anbau steckt immer noch viel Handarbeit, insbesondere weil Kartoffeln nach wie vor anfällig für Unkraut oder Schädlinge sind.

KÜCHENFAKTOR

Wie oft verschmähen viele die gelben Knollen frisch vom Feld und essen sie lieber als Chips, Fritten, Kroketten, Rösti oder als Brei aus Trockenflocken. Nicht so in der Klimafreundlich-Küche. Dankbar nutzen wir die Erdäpfel, die aus der Region kommen.

 Check

Tolle Knolle

20 Länder liefern 80 % der Welternte von Kartoffeln, die stetig steigt. Bodenerosion ist ein neuralgischer Punkt. In Deutschland sinkt ihre Anbaufläche derzeit. Ihre Lagerung ist recht energie- und kostenintensiv, funktioniert sie doch kaum ohne künstliche Belüftung, Beheizung oder Kühlung.

Frische Öko-Kartoffeln stoßen friedliche 138 g CO_2 pro Kilo aus, ihre tiefgekühlten Pommes-Schwestern bis zu 5.700 g!

Die Beilagen-Ampel der Klimafreundlich-Küche

Beilage	Bewertung		Beilage	Bewertung
Reis	○○○○● (rot)		Hirse	●●●●●
Fritten	○○○○● (rot)		Dinkel	●○○○○
Kartoffelpüree	○○●○○ (gelb)		Buchweizen	●○○○○
Polenta	○○○●○ (gelb)		Gnocci (ohne Ei)	●○○○○
Nudeln	○●○○○ (grün)		Kartoffeln	●○○○○
Couscous	○○●○○ (grün)		Topinambur	●○○○○
Bulgur	○○●○○ (grün)		Maronen	●○○○○

NÜSSE

Hier folgen nun die kleinen Kraftpakete auf dem Speisenplan der Klimafreundlich-Küche. Botanisch gesehen nutzen wir ganz unterschiedliche Familien. Haselnüsse, Walnüsse, Maronen und Macadamia gehören zu den „echten" Nüssen, bei denen der Samen von einer holzartigen Schale umgeben ist. Die Paranuss ist wiederum eine Kapselfrucht, Pekannüsse sind mit Oliven und Pflaumen verwandt (Steinfrüchte). Die Erdnuss zählt zu den Hülsenfrüchten.

Ein „Infohäppchen" für alles, was wir der Einfachheit halber unter „Nüssen" verstehen:

INFOHÄPPCHEN

Es war Karl der Große, der große Obstfreund und zugleich Herrscher über ein gigantisches Frankenreich, der um 800 für die Verbreitung der klassischsten aller Nüsse, der Walnuss, sorgte. Wohl dem, der noch einen Baum in seiner Nähe weiß. Die reifen Nüsse fallen einfach herunter und nach wenigen Wochen Trocknung kann man sie prima in Kartoffelnetzen aufbewahren und hat einen Eichhörnchen-Vorrat für die Wintertage.

Doch was früher jeden Hof zierte, ist heute eine Seltenheit. Die Anbaufläche von Nüssen ist im Vergleich zu ihrer enormen Bedeutung für eine gesunde menschliche Ernährung ausgesprochen gering: Weniger als 5 % der Ackerfläche weltweit. Die wichtigsten Lieferländer sind die USA und Frankreich.

Nüsse sind echte Wasserprasser, vor allem die Mandel, deren Durst ähnlich riesig ist wie der von Rindfleisch. Auch die Umweltbedingungen auf konventionellen Nussplantagen (Monokulturen, Pestizide, Gentechnik – das ganze Programm) sind echt „nuts", also verrückt. So verlockend es ist: Die Billig-Produkte aus dem Discounter, etwa mit Mandeln aus den USA, bitte liegen lassen. Zumal, liebe Veganerinnen/Veganer: Um die Bestäubung der Mandelbäume zu gewährleisten, sind Bienen nötig. Viele Milliarden. Die Bienen sind ständigen Transporten, Stress und einer tatsächlich hohen „Arbeitsbelastung" ausgesetzt. Darauf fliegen wir nicht.

KÜCHENFAKTOR

Menschen, die sich von Pflanzen ernähren, sind auf gute – im Bio-Anbau produzierte oder regional erhältliche – Nüsse angewiesen. Ihre Fettsäuren sind perfekt fürs Herz-Kreislauf-System, für die Funktionen der Nerven und liefern Energie, Vitamine und Mineralstoffe. Klar, und Kalorien. Mehr als eine Handvoll pro Tag ist vielleicht nicht unbedingt empfehlenswert.

 *Check*

Gutes Fett, wenn nicht weit weg
Nüsse und Saaten sind ambivalente Kandidatinnen in der Klimafreundlich-Küche. Aus heimischen Gefilden absolut großartig. Leider stammen die wenigsten Nüsse von hier. Doch Nüsse sind für uns lebenswichtig.
Klimafreundlich sind sie da, wo sie noch aus der Region kommen und sonst: öko-faire Alternativen bevorzugen.

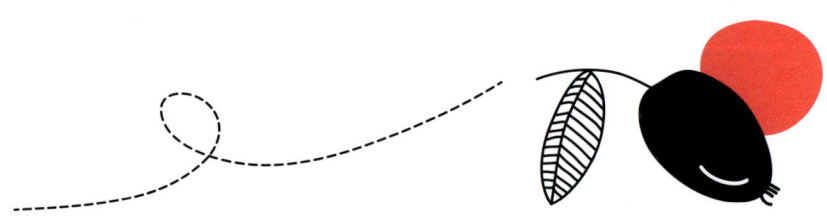

SAATEN UND KERNE

SONNENBLUMENKERNE

INFOHÄPPCHEN

Sonnenblumen lassen die Sonne in uns leuchten und machen einfach gute Laune. Sonnenblumen können aber noch viel mehr. Sie gehören zu den wichtigsten Pflanzenölrohstoffen weltweit. Vieles von ihrem Öl wandert heutzutage in die Tanks statt auf die Teller. Was viel zu schade ist! Ihre Kerne enthalten über ein Viertel Proteine, zu Pulver verarbeitet sogar 85 %. Sie sind anspruchslos und ihre Kerne wachsen sogar aus selbst gemachten Saatbomben für Nachbars Garten | » SÄTTIGUNGSBEILAGE: DIY | oder gedeihen auf dem städtischen Balkon.

KÜCHENFAKTOR

Just nun geht die Sonne auch in der veganen Küche mehr und mehr auf, weil Sonnenblumenkerne nicht nur als knackiges Element in Salaten oder im Brot eine Rolle spielen, sondern zunehmend als Fleischersatz oder als Käseimitat im Kommen sind. Sie sind außerdem perfekt für diejenigen, die Soja oder Lupine nicht vertragen können.

Blütezeiten

Sonnenblumen gehören zu den eher regionale(re)n Eiweißquellen, wenngleich ihr Anbau in Deutschland extrem rückläufig ist (1995 52.000 Hektar, 2016 nur noch rund 17.000 Hektar). Sie sind robust, können fast restefrei verwendet werden und sind auch noch „hübsch" fürs Auge, was tatsächlich für die Landschaftsgestaltung eine Rolle spielen mag. Mögen sie in Zukunft ihre wahre Blütezeit erst noch erleben.

KÜRBISKERNE

Kürbiskerne liegen auf dem ersten Platz in Sachen Proteingehalt von Nüssen und Samen. Sie sind heimische Gewächse, etwa der steirische Ölkürbis, aus dem die meisten hiesigen Kerne im Handel erhältlich sind.

KÜCHENFAKTOR

Ein großartiger Knabberspaß, 1.000-mal gesünder als Chips und mit unvergleichlichem Aroma. Kein Tag ohne Kürbiskerne.

Knabberspaß zum Manchmal-Null-Tarif
Du kannst es selbst versuchen: Samen in die Erde, vorziehen, Jungpflanze in den Garten, ab und an wässern. Irgendwann: Riesen-Kürbis. Was jetzt kommt, ist allerdings leichter geschrieben als getan. Mit viel Geduld pult man die Kürbiskerne aus dem Ölkürbis und trocknet sie. Auch das dauert. Aber dann hat man die absolut perfekte Null-CO_2-Zutat für die Klimafreundlich-Küche.

LEINSAMEN

INFOHÄPPCHEN

Lein ist eine großartige alte Dame der europäischen Kultur- und Ernährungsgeschichte, allein – die Pflanze wächst hier nicht mehr. In Deutschland auf lächerlichen 30 Hektar, in Österreich auf 130 Hektar. China liegt mit 161.000 Hektar weltweit an der Spitze. Noch zu Beginn des 20. Jahrhunderts war die Situation ganz anders. Mit etwa 100.000 Hektar Anbaufläche haben Flachsfelder das Bild hierzulande lange Zeit geprägt. Doch weil die Baumwolle Lein als Faserpflanze ablöste und sie als Öl kaum eine Rolle spielte, veränderte sich ihre Wertschätzung. Heute lieben die Leute stattdessen Chia.

Leinöl in Gemüsesäften oder im Smoothie löst die Inhaltsstoffe nochmal besser. Auch im Salat oder zu Kartoffeln ein Gedicht. Bitte nicht anbraten. Das Öl ist nicht hitzetauglich. Geschrotete Leinsamen eignen sich vorrangig als Backzutat oder als Ei-Ersatz.

Check

Grande Dame

An sich ist die Klimabilanz von Lein hervorragend. Die Pflanze ist anspruchslos, einfach zu züchten und verlangt wenig Pflege. Warum ihr Anbau nicht mehr gefördert wird, ist ein Rätsel. Bleibt mal wieder der eigene Versuch. Wer einen Garten hat, sollte die hübsch blühende Pflanze unbedingt mal aussäen und schauen, ob Samen für die Klimafreundlich-Küche entstehen.

SESAM

INFOHÄPPCHEN

Das sprichwörtliche „Sesam öffne dich" aus „Ali Baba und die 40 Räuber" ist kein Zufall. Die jahrtausendealte Speiseölpflanze öffnet ihre Fruchtkapseln und gibt ihre Samen frei, so wie das Felsentor, hinter dem sich die Räuber des Märchens versteckt haben. Sie wächst in tropischen und subtropischen Gebieten, allen voran Tansania, Indien oder China.

KÜCHENFAKTOR

Enorm beliebt in allen Küchen der Welt.

Check

1001 Nacht

Leider kein hiesiges Gewächs. Wer ein Händchen für Tropen-Exoten hat, kann vielleicht mal einen Versuch im Wintergarten starten. Da, wo sich Hitze staut, gedeiht Sesam gut.

WEITERE PROTEINQUELLEN

Abschließend noch ein paar Worte zu weiteren Eiweiß-Lieferanten, die in Teilen der Welternährung neue Wege weisen und in Sachen Klimaschutz durchaus bedenkenswert sind.

INSEKTEN

Oh Schreck, ein Heuschreck. In der Tat durchzuckt es die meisten von uns beim Gedanken, ein eben noch zuckendes Käferbein zu verspeisen. Woanders auf der Welt völlig normal. Rund 2 Milliarden Menschen ernähren sich regelmäßig von mehr als 1.900 Varianten essbarer Insekten (Bundesamt für Risikobewertung).

Keine Frage, da ist sich die Fachwelt auch hierzulande einig. In puncto Protein gibt's kaum was Besseres. So enthalten 100 Gramm Heuschrecken deutlich weniger Fett, aber mit über 20 Gramm etwa ebenso viel Eiweiß wie dieselbe Menge Rinderhack. In Sachen Umwelt krabbeln sich die Tiere ebenfalls an die Spitze jeglicher Statistik. Schweine zum Beispiel produzieren laut FAO bis zu 100-mal mehr Treibhausgase pro Kilogramm Körpermasse als Mehlwürmer. Vom geringeren Flächen- und Wasserverbrauch ganz zu schweigen. Selbst die Medien schreiben in den letzten Jahren zunehmend positiv über Insekten als Lebensmittel. Es ist allein die kulturelle Prägung, die uns schaudern lässt, eine Prägung, die durchaus Stopfleber, Schnecken, Muscheln, Hirn und Nieren auf ihren Speiseplänen hat/te.

Ekel gehorcht keiner Logik. Tatsache ist, dass wir aus „Klimafreundlich"-Gründen künftig die Augen vor Insekten auf dem Teller nicht mehr verschließen dürfen. Ihre Öko- und Nährstoffbilanz ist jedem Burger überlegen. Und der besteht aus gestocktem Rinderblut.

MAN KANN 1.900 INSEKTENARTEN ESSEN.

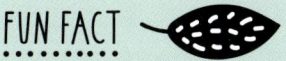

FUN FACT

Fleisch in Feigen

Feigen sind ein gefundenes Fressen zum Üben von Insektenverzehr. Die kleinen Kerne sind verpuppte Wespenlarven. Grund dafür ist der komplizierte Bestäubungsvorgang des Feigenbaums. Die Feige ist eine nach innen gekehrte Blüte. Um sich fortzupflanzen, kriechen die Feigenwespen hinein, legen ihre Eier. Weibliche Früchte sind enger. Hier verliert die Wespe dabei ihre Flügel. Sie stirbt nach der Bestäubung und wird von den Pflanzenenzymen verdaut. Essfeigen sind weiblich, daher essen wir mit jeder Feige eine verdaute Wespe mit.

ALGEN

Bislang haben wir unsere Blicke auf den Erdboden gerichtet. Doch auch im Wasser schlummern wertvolle Nahrungsquellen. Algen sind wichtige Sauerstoffproduzenten, denn keine andere Pflanze enthält so viel Chlorophyll, das für die berühmte Fotosynthese, die Umwandlung von CO_2 in Sauerstoff, nötig ist. Arten wie Chlorella wachsen schnell, bilden keine Wurzeln und kommen daher mit wenig Fläche aus. Ihr Anbau, so wohlmeinende Produzenten, funktioniere auch in der Wüste. Sie sind definitiv absolute Eiweißpakete und eignen sich etwa als „Thunfischpaste" als klimafreundliche und mikroplastikfreie Alternative, wenn einen die Fischlust überkommt.

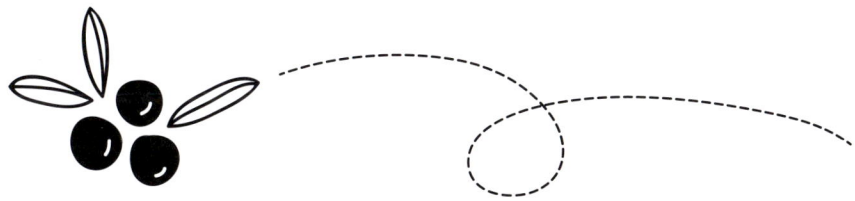

Nicht ins Netz

Nur der Vollständigkeit halber erwähnt sei der Fisch. Fisch isst man in Deutschland zumeist als Fertignahrung – als Fischstäbchen, an der Imbissbude, als Sushi. 75 % der Fische und Meeresfrüchte kommen aus dem Ausland. Die Welternährungsorganisation geht davon aus, dass die Hälfte der weltweiten Fischbestände gänzlich ausgebeutet ist und – vom Plastikmüll in den Tieren mal ganz zu schweigen. Außerdem gibt es immer noch das Problem mit dem Beifang. Kaum ein Fisch ist derzeit ökologisch oder sozialverträglich zu empfehlen. Auch **Aquakulturen schlagen Klimawellen**, weil zum Beispiel Zuchtlachse die drei- bis sechsfache Menge an Futterfischen benötigen und zusätzlich mit tierischen Proteinen in Form von Fischmehl gefüttert werden. Die Tiere haben oft zu wenig Platz und sind anfällig für Krankheiten. Daher landen Arzneimittel in großem Stil im Wasser(-system). So fischen wir also ziemlich im Trüben.

FLEISCH AUS DEM LABOR

Als Randnotiz erwähnt sei das „In-vitro"-Fleisch, an dem Forscher, unter anderem von Windows-Erfinder Bill Gates und Google-Mitbegründer Sergey Brin gesponsert, in Petrischalen und in Reinsträumen herumexperimentieren. Eine dem Tier entnommene Muskelstammzelle in einem Serum aus Kälberföten dient als Ausgangspunkt. Es klingt wie bei der wundersamen Brotvermehrung: Theoretisch können aus einer einzigen Zelle binnen 50 Tagen zehn Tonnen Muskelfleisch hervorgehen. Gefärbt mit Safran und Roter Bete erinnert das Produkt an einen saftigen Burger. Die ersten Versuche kosten derzeit eine Viertelmillion Euro. Pro Stück. Für Veganer und Vegetarier ein „No Go".

 *Check*

Fake-Fleisch

Hier ist viel – gute? – Luft nach oben. Zumindest die Gelehrten und manche Ess-Kulturen sind sich einig: Proteine hat nicht nur „echtes" Fleisch.

VERWANDLUNGSIDEEN

So leicht ziehen Klimafreundinnen/-freunde in deine Küche ein

KLIMA-FLOPS 🔴	KLIMA-TOPS 🟢
Fleisch	Lupine
	Seitan
	Tofu
	Getreide
	Hülsenfrüchte
	Nüsse und Saaten
Butter	Margarine und heimische Öle
Käse	Nuss-Schnittkäse
	Brottrunk-Camembert
Fisch	Algen
Milch	Hafermilch
Sahne	Nussmus
Eier	Tofu mit Schwefelsalz als „Frühstücksei /Rührei"
	Banane, Apfelmus zum Backen
	Leinsaat, Sojamehl zum Backen
	Kichererbsensud als „Eischnee"
Reis	Hirse, Amarant, Quinoa, Bulgur, Couscous
Joghurt	Sojavariante
Flaschenwasser	Leitungswasser
Kaffee	Getreidekaffee
	Löwenzahnwurzel-Kaffee
	Lupinen-Kaffee
Kakao	Carob
Zucker	Fruchtsüße
	Gerstenmalz, Honig
Eis	Nice Cream aus gefrorenen Bananen

ZWISCHENMAHLZEIT
ALTERNATIVE
VERSORGUNG

ZWISCHENMAHLZEIT
ALTERNATIVE VERSORGUNG

Es wäre wohl arg naiv zu glauben, dass die Mehrheit der Menschen auf Selbstversorgung umsteigt. Mini-Experimente wie Kartoffeltürme bauen, ja, aus Neugier vielleicht. Aber zum Massenphänomen wird es mutmaßlich nicht reichen. Dennoch erleben wir derzeit eine Auffächerung an Nischen, die sehr spannend sind. Und sie erhalten im wahrsten Wortsinn mehr Raum, je mehr sie wahrgenommen und genutzt werden.

Das zentrale Motto der neuen Ernährungsinitiativen lautet: **Do it together.** Ihr Hauptmerkmal: Erzeuger und Verbraucher arbeiten Hand in Hand. Aus Konsumentinnen/Konsumenten werden aktive und verantwortungsbewusste „Prosumentinnen/Prosumenten".

Daher seien hier die zarten Pflänzchen der Hoffnung für die Klimafreundlich-Küche gesät. Die Projekte lassen sich nach drei Kriterien einteilen. Regionale „Meta-Netzwerke", lokale Gemeinschaften und eigene Lebensmittelversorgung. Der Überblick:

REGIONALE NETZWERKE

- Ernährungsräte
- Ökodörfer
- Regionalmarken

Sie setzen auf der Meta-Ebene an und denken großräumiger. So mischen Ernährungsräte in der Kommunalpolitik mit. Sie wollen Foren sein, die sich stärker vor Ort, etwa in Berlin, Köln oder Frankfurt, an der Schaltzentrale örtlicher Macht einbringen. Sie setzen sich dafür ein, dass es in Städten wieder mehr lokale und nachhaltige Lebensmittel gibt. Dafür wird unter Beteiligung von möglichst vielen Gremien und Gruppen ein Masterplan entwickelt. Ziel ist es, möglichst variantenreich in Sachen Ernährung unabhängig von den globalen Großkonzernen zu werden und verschiedene Ausdrucksformen von Ernährungssouveränität als wesentliches Menschenrecht zu leben.

Ein anderes Modell ist die Regionalwert AG. Sie verkauft Aktien an Bürger und investiert das eingenommene Geld in ökologisch und sozial wirtschaftende Betriebe der Region – vom Bauernhof über die Molkerei oder die Brauerei bis zum Laden.

Für alternativ lebende und denkende Menschen sind Ökosiedlungen und Wohnprojekte Oasen des Andersseins inmitten der von Konsum beherrschten Zeit. Hier gibt es viel Freiraum, aber eins nicht: eine Alternative zum nachhaltigen Leben. Alle bekennen sich zum ökologisch-sozialen Experiment, in dem die Gemeinschaft an erster Stelle steht.

Check

Für Grundsatz-Freundinnen/-Freunde

LOKALE GEMEINSCHAFTEN

Hier stehen die Erzeugung in der Region und der direkte Austausch mit dem Verbrauchenden an erster Stelle. Die Kundin/der Kunde unterstützt durch eigenes Mitwirken die Initiativen. Das geht bei:

- Food Coops
- Abokisten
- Marktschwärmer
- Solidarischen Landwirtschaften (Solawis)

Einen Überblick über Initiativen, die den direkten Produkt-Kunden-Kontakt suchen, gibt es bei: **www.zerowastemap.org**

FOOD COOPS

Eine Gruppe Menschen bestellt gemeinsam große Mengen Lebensmittel auf direktem Weg bei einem (Groß-)Händler und umgeht damit den Einzelhandel. Auf diese Weise kann eine Food Coop die Lebensmittel zu niedrigeren Preisen an seine Mitwirkenden abgeben. Im besten Fall kommen so viele Bestellungen zusammen, dass sich die Kooperation mit einem Öko-Erzeuger vor Ort lohnt. Ein dritter wesentlicher Grundsatz der meisten Food Coops ist: Wo möglich, werden fair gehandelte Produkte im Sortiment gelistet.

Grundsätzlich wird in Food Coops ein gewisses Maß an Mitarbeit vorausgesetzt. Denn irgendwer muss die Lebensmittel ja schließlich organisieren, entgegennehmen, sortieren und verteilen. Damit die Mitglieder bequem vom heimischen PC aus bestellen können, bedarf es zudem findiger Menschen, die sich mit der Softwareentwicklung und -verwaltung auskennen. Wie viel jeder mitarbeiten muss, hängt letztlich von der Organisationsstruktur der Food Coop ab.

www.foodcoops.de

ABOKISTEN

Eine Kiste Grünfutter direkt nach Hause. Das ist das Prinzip der Abo/Ökokisten. Du kannst direkt beim Erzeuger bestellen und der liefert in definierten Abständen die Ware. Enorm praktisch, mittlerweile sehr variantenreich und absolut frisch. Zusatzprodukte stehen oft mit auf dem Einkaufszettel, auch die stammen häufig aus redlichen Quellen.

www.oekokiste.de

MARKTSCHWÄRMER

Die Marktschwärmer sind ein Netzwerk, das Verbraucher und regionale Erzeuger zusammenbringt. Anders als beim Besuch auf dem Markt kann man die Lebensmittel vorab (online) bestellen und dann beim gemeinsamen Treffen abholen. Der Vorteil: Die Lieferanten können genau planen, es bleiben keine Reste, dafür viel Zeit für Gespräche. In Deutschland gibt es derzeit 45 Schwärmereien, 60 weitere sind im Aufbau.

www.marktschwaermer.de

SOLIDARISCHE LANDWIRTSCHAFT/SOLAWI

Hier schließt sich ein landwirtschaftlicher Betrieb mit Privatleuten zusammen, die die Abnahme der Erzeugnisse garantieren und die Ernte vorfinanzieren. Die Verbrauchergemeinschaft zahlt die Löhne, die nötigen Gerätschaften und alles, was zum Unterhalt des Ackers nötig ist, sowie das – selbst bestimmte – Saatgut und teilt sich die Erträge. All das legt man einmal im Jahr fest.

Auf diese Weise haben kleinbäuerliche Strukturen im Bio-Anbau eine gute Chance, erhalten zu werden. Ein weiteres Ziel der Solawi ist es, Menschen miteinander und mit Feld und Pflanzen in Kontakt zu bringen. Wer mag, kann auch mal selbst mit Hand anlegen. So bekommt man ein Gefühl für Unkraut-jäten oder weiß, wie es ist, bei Frost Grünkohl zu schneiden oder in sengender Sonne zu bewässern. Es ist eine aktive Möglichkeit für Menschen, die sich gern einbringen und wo die Logistik der Ernteausgabe ins Wochenkonzept passt. Das Prinzip „Solawi" ist nichts für Leute, die ungern kochen, keine Lust auf Gemüse-Stoßzeiten („Zucchini-Schwemme") haben oder viel unterwegs sind. **www.ernte-teilen.org | www.solidarische-landwirtschaft.org**

AQUAPONIK

Für Tüftlerinnen/Tüftler und Technikfans sei noch das Kreislaufsystem „Aqua-ponik" erwähnt. Eine Fischzucht verbindet sich mit Gemüseanbau. Das ge-schlossene Kreislaufsystem verwendet die Exkremente aus der Fischzucht als Nährstoffe für Pflanzen und verschaltet eine Aquakultur mit einer Hydrokultur. Mittlerweile existieren weltweit aquaponische Systeme in Kleinstsystemen bis hin zu großen, kommerziell genutzten Anlagen. **www.bundesverband-aquaponik.de**

Check

Diese Initiativen sind allesamt tolle Möglichkeiten, direkt an frische, regionale Zutaten für die Klimaküche zu kommen, ohne selbst Kenntnisse vom Ökoland-bau zu haben. Derzeit im Aufwind.

EIGENE LEBENSMITTELVERSORGUNG

Verrückte Welt. Früher war der eigene Garten die Quelle für das, was auf den Tisch kam. Heute ist das entweder völlig vergessen oder – umgekehrt – es er-langt Kultstatus. Vor allem in Städten wächst der Wunsch, neben dem Balkon-kasten oder den Terrakotta-Töpfen auf der Terrasse eigene Nahrungsmittel anzubauen.

„Urban Gardening" ist schwer im Kommen. Im Rahmen von kommunalen Masterplänen in Sachen Klimaschutz entstehen kleine Inseln für die gemeinschaftliche Nutzung öffentlicher Flächen für die Erzeugung von Lebensmitteln, zum Beispiel in Hochbeeten, Blumenkästen, Kübeln oder Stadtparkbeeten.

ESSBARE STADT
Hier hat die Stadtverwaltung (etwa in Andernach) damit begonnen, alte Nutzpflanzenarten auf städtischen Grünflächen zu kultivieren und auch Hühner und Schafe in die Stadt zu holen.

SCHREBERGARTEN
Heiß umkämpft sind derzeit die guten alten Schrebergarten-Parzellen, das handtuchgroße eigene Stück Land unter Brücken oder eingeklemmt zwischen Hauptverkehrsachsen. Es gibt ewige Wartelisten für die Vision von Klappstuhl, eigener Möhre, Bier und Sonnenuntergang und ebenso strenge Regularien, die Disziplin von der Gemüsefreundin/vom Gemüsefreund verlangen. Hier geht längst nicht alles. Aber wenn's geht, dann ist es gut.

SELBSTERNTEGARTEN
Hilfe durch Profis: Ein/e Landwirt/in übernimmt die Basis des Säens – die Hobbygärtnerin/der Hobbygärtner übernimmt dafür die Parzelle, zahlt Pacht, pflegt die Fläche und: erntet am Ende. Jede/r hat es buchstäblich selbst in der Hacke, was später auf den Tisch kommt. Eine Kooperation, bei der der Experte oft genug auch mit Rat und Tat, Gerätschaften und Geschick zur Seite steht.
www.ackerhelden.de | www.meine-ernte.de

 Check

Hier ist der eigene grüne Daumen gefragt. Vom eigenen Geschick hängt es ab, was auf den Tisch kommt. Zeit und Lust zum Wühlen in Hochbeeten, im Schrebergarten oder im Ackeranteil sind Voraussetzung.

LEBENSMITTEL RETTEN

Schließlich kann man den Überfluss zum Prinzip erheben. Das, was von den Tischen abfällt, wird gesellschaftsfähig. Zunehmend organisieren sich Menschen, um der hanebüchenen Nahrungsmittelverschwendung Einhalt zu gebieten. Allerdings hat man nicht zwingend ein Abo auf verpackungsarme, vegane, ökologische, faire oder regionale Lebensmittel. Man verwertet, was gerade da ist.

FOODSHARING

Die größte Initiative derzeit ist die Internetplattform „Foodsharing.de". Man kann selbst zum „Foodsharer" werden und seine übrig gebliebenen Lebensmittel in sogenannte „Fairteiler" bringen oder online anderweitig an Interessierte verschenken. Oder man wird selbst zum „Foodsaver" und hilft mit, die überschüssige Ware an zentrale Knotenpunkte zu verteilen, wo sie dann von den Mitgliedern abgeholt wird.
www.foodsharing.de

WEITERE VERWERTUNGSPORTALE

- **www.toogoodtogo.de**
  Initiative der Bundesregierung
- **www.mundraub.org**
  Verzeichnet Erntebestände, die Besitzerinnen/Besitzer öffentlich zur Verfügung stellen
- **www.etepetete-bio.de**
  Vertreibt deutschlandweit krummes Bio-Gemüse in bunten Abokisten und rettet so tonnenweise Nahrungsmittel vor dem vorzeitigen Ende
- **www.sirplus.de**
  (Online-)Rettermarkt „SirPlus" mit großem Online-Angebot
- **www.bzfe.de**
  Gutes Portal mit Verlinkung

WEITERE INITIATIVEN

SLOW FOOD

Alte Nutztierrassen, vergessene Pflanzen, robuste Sämereien: Slow Food integriert Landwirtschaft, regionale Traditionen und kulturelle Errungenschaften. Das Credo lautet: Erhalten durch Aufessen.

www.slowfood.de

TRANSITION TOWN

Das „Einfach. Jetzt. Machen" ist Motto der Transition-Bewegung. Sie bietet ein Dach für lokale Netzwerke, wie die örtlichen Solawis oder Food Coops. Die Akteure bieten Unterstützung für Gemeinschaftsprojekte, fördern kreislauforientierte Wirtschaftssysteme wie die Permakultur und bieten einen Wissensspeicher für alternative Experimente.

www.transition-initiativen.org

ALTERNATIVES WIRTSCHAFTEN: ES TUT SICH JEDE MENGE

Vorteile: Region ist hier nicht eine Marketingmasche siehe | » ZWISCHEN-MAHLZEIT | EINKAUF |, sondern real gelebte Zusammenarbeit. Verbraucher und Erzeuger treten in den direkten Dialog und frischer, klimafreundlicher und authentischer gibt es in diesen Zeiten und bei uns keine Lebensmittel.

Nachteile: Es fliegen einem nicht die gebratenen Tauben in den Mund. Sprich: Ein dösiges Entlangflanieren im Supermarkt, wo abgepackte Leckerlis zur Mitnahme bereit liegen, gibt es nicht. Der Konsumierende ist gefragt, wobei der Grad des Selbsteinbringens von jedem selbst abhängt.

Nicht zuletzt und das ist neu und zukunftsträchtig: Die digitalen Pfade. Sie werden breiter, je häufiger sie begangen werden. Moderne Verbreitungswege, ansprechende Darstellungen in Form von Apps und Websites und Kommunikation via Social Media lassen hoffen auf „Eco & Local Kitchen Stories 4.0". Die Alternativen kommen aus dem Untergrund nach oben („bottom-up") und wecken vor allem das Interesse der nächsten Generation.

APERITIF

APERITIF
LUST AUF DIE KLIMAFREUNDLICH-KÜCHE

Wir haben gesehen: Wir leben in krassen Zeiten fürs Klima mit reichlich atmosphärischen (und gesellschaftlichen) Turbulenzen.

Wer sich nun gegenüber der Klimafreundlich-Küche aufgeschlossen zeigt, verbündet sich mit der Vorstellung, etwas für diesen Planeten zu tun. Frisch zu kochen, Kräuter und Regionales in den Topf zu packen und neugierig auf Alternativen zu Althergebrachtem zu sein – bei gleichzeitigem Wiederauflebenlassen von Traditionen, wo sie Sinn machen.

Die Klimafreundlich-Küche besteht aus drei Schätzen und drei Symbolen:
Sie schöpft erstens aus dem Schatz der Natur, ist ganz im Wortsinn natur-verbunden. Doch bist du ihr wertvollster Schatz, denn sie braucht zweitens deine Tatkraft und setzt drittens auf Wert-Schätzung: auf tradierte Kreisläufe in neuem Gewand. Optische Anker für eine schöne Merkfähigkeit des Ganzen sind neben dem Schatzbild: **Stern, Regenbogen und Blume.**

Auf den nächsten Seiten erfährst du mehr dazu.

DIE BLUMEN SIND DIE STERNE
DER ERDE UND DIE STERNE SIND
DIE BLUMEN DES HIMMELS.

PARACELSUS

DIE KLIMAFREUNDLICH-KÜCHEN-SCHÄTZE

SCHATZ: NATUR

Die Klimafreundlich-Küche entspringt ihrer natürlichen Umgebung. Sie ist in Bewegung wie das Leben. Sie orientiert sich am Jahreslauf, an der Saison, an der Tagesstruktur. Sie sieht Kreisläufe und doch gibt es Variationen, denn kein Jahr gleicht dem anderen. Mal schwelgen wir im Überfluss der Äpfel, mal bringt uns ihr Ausbleiben in die Bredouille. Mit Vorausschau können wir das ausgleichen, so wie wir vieles miteinander in Bezug setzen – Bevorratung und Resteverwertung, Zutatensysteme und gegenseitigen Austausch. **Alles ist verbunden.** Weil die Klimafreundlich-Küche verbindet und verbindend ist. Wir alle sind verbunden in einem kosmischen System, dem das Klima auf der Erde entspringt. Daher entspringt Energie nicht nur Kalorien. Nahrung nährt uns universeller. Je unverstellter, natur-belassener, desto besser.

Wir weben ein Netz aus Rohstoffen, die da herkommen, wo du auch herkommst. Die Klimaküche ist wild und ortsgebunden, einfach und gewöhnlich, den Jahreszeiten angepasst und abwechslungsreich – und voller Achtsamkeit. Wir lassen den Tieren ihren Frieden. Wir nehmen uns nur so viel, wie wir wirklich brauchen und lassen der Natur so viel wie möglich zurück. Vorschriften, besonders in Bezug aufs Essen, schränken unsere Ganzheitlichkeit ein. Daher geht es in der Klimafreundlich-Küche nicht um Verzicht, sondern um das Entdecken der immer noch reichen Schätze der Erde.

SCHATZ: DU

Tatsächlich setzt die Klimafreundlich-Küche eins voraus. Dich. Was du essen möchtest, ist deine Entscheidung. Du hast die Macht und du hast jede Menge in dir:

SINNE

Die fünf Sinne (Sehen, Hören, Riechen, Fühlen, Schmecken) sind deine ureigenen Komponenten zum Abwägen, was dich mit Nahrung (er)füllt. So kannst du sie für die Klimafreundlich-Küche nutzen:

Sinne sind sinnvoll

- **Augen auf:** Was wächst wo? Wo kommst du an Obst oder Gemüse?
- **Ohren auf:** Wer hat vielleicht im Bekanntenkreis einen Ernteüberschuss?
- **Nase rein:** Wir können prüfen, ob ein Nahrungsmittel noch gut für uns ist.
- **Hand drauf, Hand voll:** Die Hand ist ein wunderbares Maß für Zutaten. So viel, wie in deine Hand passt, kannst du zubereiten – ohne viele Reste zu produzieren.
- **Hand aufs Essen:** Klar, bei Brennnesseln dürfte das ziemlich eindeutig sein. Aber wie fühlt sich überhaupt eine schrumpelige Möhre an?
- **Schmeck's einfach:** Ich staune immer, wie wenig die Leute abschmecken. Es muss dir doch munden, nicht den Angaben im Rezeptbuch.

EXPERIMENTIERFREUDE

Klar, der erste selbst gemachte Tofu ist vielleicht noch nicht preisverdächtig. Aber aufregend. Es gibt so viel zu entdecken da draußen. In der Wiese, im zufällig ergatterten Gemüsekörbchen und auf dem Grund eines Schraubglases. Selbermachen lautet die Devise und dabei jede Menge neue Erfahrungen sammeln. Dass vieles total spielerisch ist und natürlich Spaß macht, kommt netterweise dazu. Selbstverständlich endet das Ganze auch nicht in deinen vier Wänden. Gerade im DIY-Bereich gibt es in der Nachbarschaft und im weltweiten Netz jede Menge Leute, die gerade genau die gleichen Ideen haben und Versuche fahren. Jeder Austausch befördert die Küchenalternativen. Also – her damit.

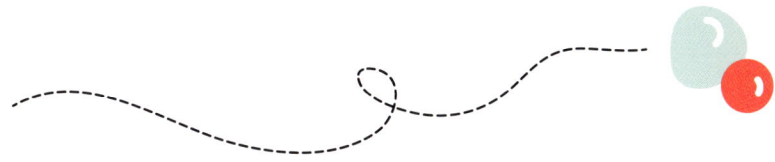

IMPROVISATIONSTALENT

In der Klimafreundlich-Küche siegt die Improvisation. Daher mag ich keine dogmatischen Rezepte. Es kommt auf deine Vorlieben und deinen Vorrat an. Bloß nicht für ein Rezept etwas extra einkaufen! Ausgangspunkt ist stets das Verfügbare. Du hast eine Möhre – bitte, hier ist ein Möhren-Rezept. Du kommst günstig an Rote Bete. Prima, finde ein paar Ideen dazu.

Wir arbeiten meist in Baukasten-Systemen, die du nach deinem Gutdünken zusammensetzt. Sie dienen eigentlich nur der Orientierung.

GEDULD

In der Küche, egal in welcher, ist noch kein/e Meister/in vom Himmel gefallen. Erst recht nicht in einer wenig angeleiteten. Das ist das eine. Das andere: Manche Dinge brauchen schlicht Zeit, machen sich aber von allein. Wie ein gutes Brot oder Kohl für den Vorrat. Das sind für sich genommen immer Mini-Arbeitsschritte, die wunderbar im Alltag stattfinden können. Aber es gibt nicht immer sofort ein Ergebnis. Das muss man einfach wissen und einkalkulieren. Pflanzen brauchen ja auch Zeit von der Saat bis zur Ernte.

OFFENHEIT

Beispiel: Kaffeepause im Büro. Die gesellige Runde unter Kolleginnen und Kollegen verliert nicht an Attraktivität, wenn der Kaffee aus gerösteter Gerste, Lupine oder Löwenzahn besteht. Wer sich bewusst ist, dass pro Kilo Röstkaffee 22.500 Liter Wasser benötigt werden, greift vielleicht auch schon mal zu heimischen Produkten. Wer dann noch eine selbst gequirlte Hafermilch in den „Ersatzkaffee" gibt, hat die Klimabilanz mit nur einer Tasse und mit nur einer neuen Routine ganz einfach enorm verbessert. Es geht nicht darum, unter allen Umständen auf Käse oder Quark zu verzichten. Es geht darum, neue Formen von Aufstrichen und „Milchprodukten" kennenzulernen. Und wer mag, greift (immer) häufig(er) dazu.

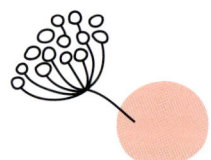

Deine Vorteile:

- **Selbsterfahrung**
  Du weißt, was du kannst, was du machst und erfährst, was es mit dir macht. Manche Tätigkeiten sind eine Meditation, etwa das mechanische Abribbeln von Brennnesselsamen. Manches verlangt Körpereinsatz. Manches liegt dir, manches nicht. Du weißt es erst, wenn du es ausprobierst.
- **Transparenz und Gesundheit**
  Du kennst alle deine Zutaten. Da gibt es keinen Zusatz, den du nicht im Essen haben möchtest. Die Zutaten sind gut für dich.
- **Aktiv für den Planeten**
  Deine Küche ist eine aktive Initiative gegen den Klimawandel.
- **Macht und Geld**
  Jede Konsumentscheidung ist eine Abstimmung. Meist gegen die Konzerne. Daher hast du oft schlicht mehr Bares im Geldbeutel.
- **Entspannung**
  Du entschlackst in vielerlei Hinsicht. Manche Haushaltsgegenstände sind unnötig, manche Gewohnheiten auch. Das führt zu Vereinfachung, zu mehr Frieden mit sich.

Die Klimafreundlich-Küchen-Varianten

- **Variante „Leichte Klimaküche"**
  Ersetze etwa die Hälfte deines Fleischkonsums und vermeide Lebensmittelabfälle.
- **Variante „Fortgeschritten"**
  Ersetze mehr Fleisch und verzichte dann und wann auf Milchprodukte. Taste dich an Nusskäse oder Lupinendip heran.
- **Variante „De Luxe"**
  Lebe vegan, mache möglichst viele Lebensmittel von Grund auf selbst und versuche, möglichst energiesmart und restefreundlich zu leben.

SCHATZ: WERTE

Sie begleiten uns ständig und liefern uns noch eine gehaltvolle Sättigungsbeilage am Schluss des Buches. Zutaten, wie neu aufgemischte Traditionen, ein Blick für alles, was man nutzen kann, Eigenenergie und eine clevere Ressourcennutzung bieten in der Klimafreundlich-Küche ein wohlkomponiertes Vier-Gänge-Menü.

Ein Hang zu **RETRO** ist dem Ganzen nicht abzusprechen. Daraus resultiert in erster Linie eine respektvolle Haltung gegenüber den Nahrungsmitteln: Sie zu nutzen und zu konservieren, wenn sie in der Erntezeit im Überfluss da sind, und sie so restefrei wie möglich zu verarbeiten (**LESS WASTE**).

Wir arbeiten an und mit den Wurzeln. Ganz wörtlich – mit allem, was noch verwertbar ist, dem Möhrengrün, dem Kohlrabi- oder Rote-Bete-Blatt. Aber auch die Wurzeln im Sinne von (Ur-)Omas Küche haben was für sich. Da wanderte aus Mangel fast alles in die Töpfe. Das Wissen um den achtsamen Umgang vererbte sich genauso wie die Rezepturen. Also: Retro ist nicht nur trendy in der Zimmereinrichtung. Zum Seventies-Sofa passt auch eine Seventies-Einmach-Orgie. Retro bedeutet aber natürlich nicht, unreflektiert Piefiges und Altbackenes zu übernehmen. Wir leben im 21. Jahrhundert. Dennoch: Die Schnippelküche kann spaßig werden, wenn alle mithelfen, die Beeren-Berge zu Mus oder Marmelade zu verarbeiten. Hinzu kommen so Lebensweisheiten, wie „Denk daran, schaff Vorrat an" oder „Gut vorbedacht – schon halb gemacht". Da steckt tatsächlich was Wahres drin.

Es ist ein Trugschluss zu glauben, dass „das alles" so viel Arbeit macht. Auch in die Klimaküche ziehen Routinen ein und der morgendliche Griff zum Pürierstab, um Hafermilch zu machen, ist einfacher, als abends nach dem Stress des Jobs noch mal schnell in den Supermarkt zu huschen und an der Kasse anzustehen. Also: **DIY**. Mach es besser selbst.

Außerdem bist du **ENERGIESMART** und weißt um so manchen Tipp und Kniff für einen klimafreundlichen Haushalt.

DIE SYMBOLE DER KLIMAFREUNDLICH-KÜCHE

Bilder vermögen mehr als viele Worte. Es gibt drei passende Symbole für die Klimafreundlich-Küche. Sie sind gut zu merken und gleichsam die Essenz des Ganzen, beschreiben sie doch Auswahl und Umgang mit unseren konkreten Koch-, Back- und Schnippel-Komponenten.

STERN – REZEPT-GRUNDLAGE

Die Erde ist Teil eines gigantischen Systems, das wir Kosmos nennen. Die Buchstaben im Wort STERN sortieren ein paar Merkbegriffe fürs Einkaufen und symbolisieren, dass unser Klima einem weitaus größeren Ganzen gehorcht.

REGENBOGEN – REZEPT-STRUKTUR

Der Rezeptaufbau orientiert sich an den fünf großen Farbenspektren im Regenbogen. Sie definieren die Grundzutaten. Nicht dogmatisch, aber das faszinierende Naturschauspiel harmoniert gut – und bringt einen Hauch Poesie in die Küche.

BLUME – REZEPT-AUSWAHL

Begeben wir uns mitten in die Natur. Die Rezeptauswahl gleicht einer Blume mit vier Blütenblättern. Wie jede Auswahl spiegelt sie die Vorlieben der Köchin/des Kochs wider. Doch nicht nur das. Was bei euch auf die Teller und in die Transportboxen kommt, gehorcht der Tatsache, dass wir alle viel um die Ohren haben und wenig Zeit für riesige Kocharien bleibt. Die Rezepte sparen Einkäufe und Energie, Abfälle und Verpackung und schöpfen in der jeweiligen Saison aus dem Vollen. Insgesamt, so die Hoffnung, sind sie mega-CO_2-sparend.

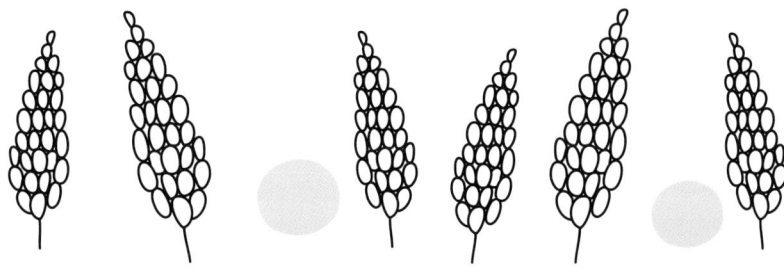

STERN

Die Klimafreudlich-Küche ist wie der STERN – fünf Zacken für fünf Grundlagen, nach denen wir einkaufen gehen. Daher findest du eine Portemonnaie-Variante in den | » *APP-ETITHÄPPCHEN* » ⊕ ONLINE |.

Unsere Einkaufskörbe füllen sich also mit regionalen und biologisch produzierten Lebensmitteln. Wer einfach das isst, was gerade vor Ort vorhanden ist, unterstützt regionale Erzeugergemeinschaften und stärkt die Identität der Landschaft. Es reichen wenige Zutaten. Gute Zutaten. Die brauchen dann keine Geschmacksverstärker. Ob man es „Clean Eating" nennen muss, sei dahingestellt. Aber Fakt ist, dass möglichst naturbelassene Rohstoffe dem Körper viel Gutes tun und die industriell hoch verarbeitete und energetisch für Körper und Klima miese Nahrung wenig Nährwert hat.

Merkwort **S T E R N**

S AISONAL UND SELBST GEMACHT
Den Jahreszeiten bzw. Naturkreisläufen und deiner Tatkraft erwachsend

N AH UND NATÜRLICH
Anbau ökologisch und von hier, wenig verarbeitete Gerichte

T IERFREI
Pflanzenbasiert

R EGIONAL UND ROHSTOFFORIENTIERT
Qualitätvolle, frische Grundstoffe voller Gesundheit und Geschmack

E INFACH UND EINFALLSREICH
Rezepte im Modulsystem und an Verwertungskreisläufen orientiert

REGENBOGEN

Die Zutaten des Klimafreundlich-Regenbogens überlieferte schon Ordensgründer Benedikt von Nursia in seiner Regel aus dem 6. Jahrhundert. Die Nahrung basierte auf Gemüse, Wildkräutern, Obst und Getreide, Nüssen und Hülsenfrüchten. Außerhalb von Fastentagen durften die Klosterbewohner/-innen die Kost durch Eier, Milch, Geflügel und Fisch ergänzen. Das Fleisch vierfüßiger Tiere (Schwein, Rind, Lamm, Ziege oder Wild) gehörte nicht zum Speiseplan der Mönche und Nonnen. Alles in allem eine regionale Kost, mit unseren Klima-Tops ganz oben, einem Kräutergarten im Mittelpunkt und in ziemlichen Maßen Tierisches, Gesüßtes oder Salziges.

Bis knapp vor die Schwelle des 20. Jahrhunderts sind diese Nahrungskomponenten, so sie überhaupt verfügbar waren, die Grundpfeiler der täglichen Kost. Auch woanders. Die Makrobiotiker in Japan zum Beispiel schöpfen aus den gleichen Töpfen. Die ayurvedische Ernährung speist sich aus den fünf Elementen Feuer, Erde, Wasser, Luft und Äther mit Tierischem im Seltenheitsmodus. Tages- und Jahreszeiten, Region und vor allem die eigene Konstitution spielen eine entscheidende Rolle bei dem, was da täglich nährt. Das Maß bist du. Maßhalten ist allen Konzepten gemein.

Oder nimm die neuesten Erkenntnisse aus der sogenannten „Planetendiät". Der Konsum von Obst und Gemüse, Hülsenfrüchten und Nüssen bräuchte ein Plus von 50 %, dagegen reicht die Hälfte beim Verzehr von Fleisch und Zucker, damit es nicht nur uns, sondern auch der Erde wohler ergeht. Also. An sich nicht besonders aufregend. Sogar bewährt. Gesund. An den Zyklen des Lebens und der Natur orientiert. Planetengerecht.

Schauen wir also nun auf die Komponenten der Klimafreundlich-Küche, die uns in den Farben des Regenbogens entgegenleuchten.

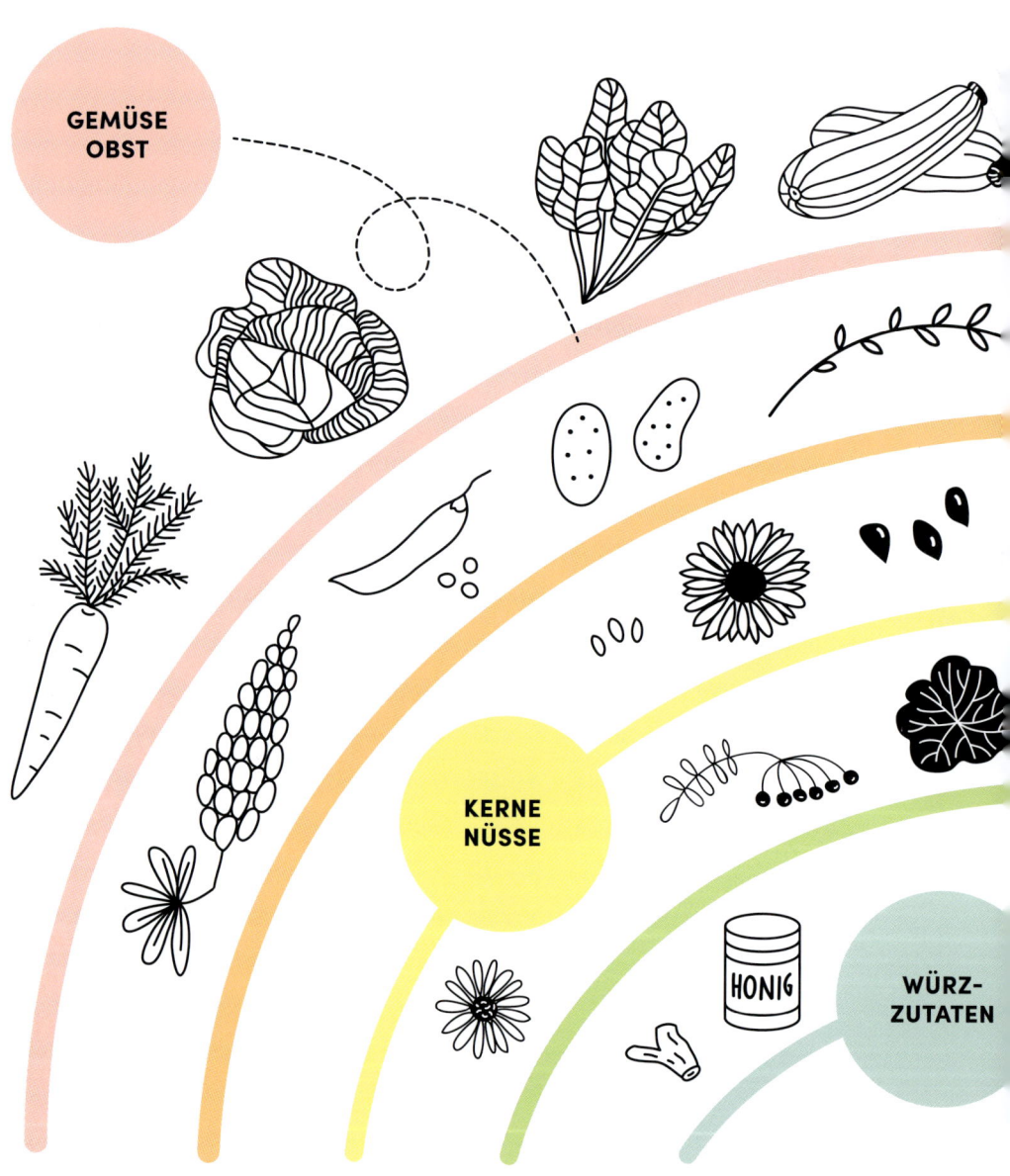

GEMÜSE
OBST

KERNE
NÜSSE

WÜRZ-
ZUTATEN

HONIG

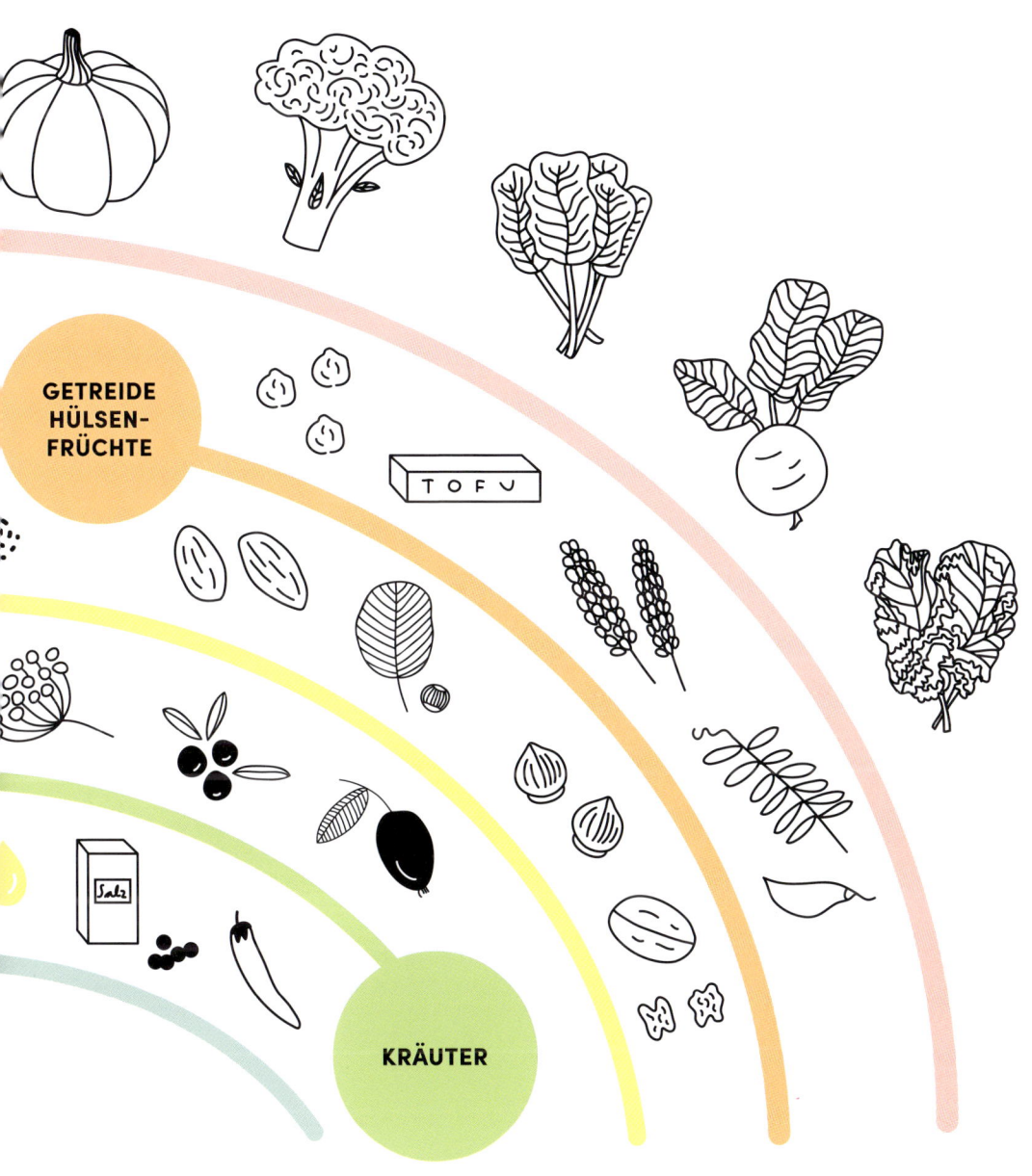

GETREIDE
HÜLSEN-
FRÜCHTE

TOFU

KRÄUTER

Salz

ROT

Der äußere Ring beinhaltet die Grundzutaten eines jeden Rezeptes. Wir gehen in erster Linie von Gemüse und Obst der Saison aus.

ORANGE

Nun folgt der orange Ring mit Getreide oder/und Hülsenfrüchten, der stets einen Bestandteil der Klimaküche liefert. Die Mengen sind hier variabel. Mal hast du mehr Lust auf Kohlenhydrate – dann gibt es mehr Getreide. Wenn du deine Eiweißreserven auffüllen möchtest, gut, dann mehr Linsen, Bohnen oder Soja.

GELB

Für wichtige Fettsäuren und weitere Proteinquellen folgt der gelbe Ring. Nüsse, Saaten und Kerne.

GRÜN

Der grüne Ring bringt den ersten Schwung Würze und jede Menge Regionales ins Essen. Grün, wie die vielen Kräuter, die jetzt zum Einsatz kommen | » **ZWISCHENMAHLZEIT | WILDES GRÜN** |. Gesammeltes und Getrocknetes von deinen Frühlings- und Sommerfeldzügen freuen sich auf die Weiterverarbeitung.

BLAU

Zuletzt schmeckst du mit Gewürzen deiner Wahl ab. Ganz dosiert laden wir den Globus in deine Küche ein. Hier spielen wir aber auch mit Zutaten wie Senf, Chutneys, Sojasauce oder wer mag, Hefeflocken. Die Dosierung hängt von der Gesamtzusammensetzung ab und an der Stelle ist einfach deine Intuition gefragt. Abschmecken hilft in jedem Fall. Du entscheidest, was du wie scharf, sauer, salzig, bitter oder süß haben möchtest.

DER KLIMAFREUNDLICH-KÜCHENHELFER

Den Regenbogen in der Hand: Werde Herr/in der Ringe und bastel dir den ultimativen Klimafreundlich-Küchenhelfer. Aufgebaut ist er wie der gerade beschriebene Regenbogen mit den gängigen Zutaten aus den bunten Lebensmittelkategorien.

Ein geheimnisvoller Zauberzirkel mit Millionen Möglichkeiten. Alles in einer Hand, alles in deiner Hand. Alles heimisch und klimafreundlich, alles nie langweilig. Das Beste: Es funktioniert immer. Du kannst alles miteinander mischen, so wie es dir und der Natur einfällt.

Beispiel. Kohlrabi-Zeit.
Dreh dir Kohlrabi rein. Schau, was dich bei den Beilagen inspiriert, etwa Couscous. Und dann ein Blick in den Küchenschrank. Rote Linsen und Sonnenblumenkerne vorrätig? Super, passt. Dreh weiter, was könnte als Gewürz harmonieren? Na klar, Sonne und Orient. Dazu ein paar Frischekicks vom Balkon-Kräuterkasten und fertig ist ein „Eins-A-aber-Null-CO_2-Essen", das du soeben selbst kreiert hast. Wozu also eigentlich noch Kochbücher...?

Den Klimafreundlich-Küchenhelfer gibt es als Freebie-Schnittbogen unter **www.klimafreundlich-kueche.de**.

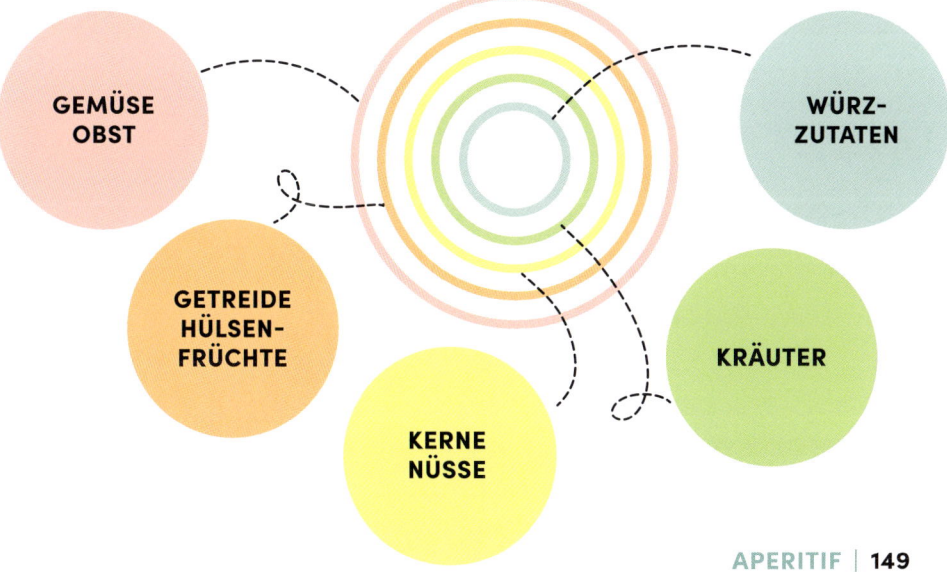

GEMÜSE
OBST

WÜRZ-
ZUTATEN

GETREIDE
HÜLSEN-
FRÜCHTE

KRÄUTER

KERNE
NÜSSE

BLUME

Ein hübsches Bild, das die Rezeptauswahl definiert. Eine Blume steht für eine Gemüsesorte. Das sind die Klassiker, die zu bestimmten Zeiten eigentlich immer in unseren Breiten verfügbar sind. Ich habe mich hier an „meiner" Solidarischen Landwirtschaft, **„Der Dorfacker"** im nordrhein-westfälischen Kalletal, orientiert. Daran docken wir vier Verarbeitungsweisen an, die je ein „Blütenblatt" ergeben:

- To go: „Meal Prep"-Ideen – gut und flott vorzubereiten
- Snack: Kleine Leckereien für zwischendurch
- Pot: Alles in einem Topf – Eintopf-Liebe
- Vorrat: Ernteschätze verarbeiten

Macht also insgesamt 40 Rezept-Ideen.

Die Rezepte gehorchen ganz praktisch dem Alltag vieler Menschen und sind daher weder komplexe, zeitaufwendige Menüs, noch folgen sie dem früher mal so beliebten Dreiklang von „Vorspeise", „Hauptgericht" oder „Nachspeise". Es geht vor allem um Kleinigkeiten, die sanft, aber bestimmt die tägliche Kost bereichern können. Erprobt sind sie übrigens in Klimafreundlich-Kochkursen an den Volkshochschulen Dortmund und Detmold-Lemgo.

DAS BISSCHEN HAUSHALT

Es ist kein Hexenwerk, obschon es manchmal magisch zugeht. Und es ist kein Tag mit 25 Stunden nötig, wenn viele über den ganzen Aufwand reden, ohne es je gemacht zu haben. Niemand erwartet ein Küchenrundum-Vollprogramm. Wobei es sich tatsächlich empfiehlt, manches gebündelt zu erledigen. Dann brauchst du nur einmal aufräumen.

Was dauert wie lange?

BLITZSCHNELL
- Brei
- Getränkezubereitungen
- Aus dem Vorrat naschen

15 MINUTEN
- Getreide gar kochen: Mit Wasser ca. 10 Min. köcheln und bei ausgeschaltetem Herd noch etwas quellen lassen.

- Rote Linsen
  Gehen auch flott und sind in 10 Min. gar. Anschließend: Kipp Dip drauf. Den Frischekick gibt es über die Gemüse und Salate der Saison. Als Topping noch ein paar Kerne oder Tofuwürfel. Fertig.

- Gemüse
  Wunderbar geht Gemüsegaren mit wenig Wasser und dem Luxus eines Dämpfeinsatzes. Dazu anschließend etwas Kräuteröl, unsere guten Kräuter, ein wenig Würzpaste und fertig ist das Gemüse. Alternativ in etwas Kräuterbrühe garen oder direkt in der Pfanne anbraten, mit Brühe/Würze auffüllen und dann mit Deckel garen.

- Teige, Energiebällchen sowie Wraps

30 MINUTEN

- Schwarze Linsen
- Kartoffeln
- Ofengemüse (mit Kräuteröl und Salz)
- Bratlinge

LUST AUF MEHR

- Seitan machen
- Eintöpfe

MACHT SICH VON ALLEIN, DAUERT ABER...

- Tofu (wobei die Arbeitsschritte für sich genommen kurz sind)
- Hülsenfrüchte, Nüsse oder Trockenfrüchte einweichen (über Nacht)
- Joghurtähnliches
- Brotansatz
- Fermentieren

TIPPS FÜR DEN VORRAT

Aus dem Unverpackt-Laden

- Getreide (Haferflocken, Hirse, Bulgur, Grünkern und Mehle ...)
- Alle (getrockneten) Hülsenfrüchte
- Nüsse und Saaten
- Trockenfrüchte (und Dörrobst)

(MEIST) SELBSTGEMACHTES

- Eingekochtes Obst
- Gemüsebrühe
- Dips und Chutneys im Glas
- Würzen (inkl. Essig und Öl)
- Kräuter- und Gewürzzusammenstellungen
- Knabbereien
- Knäcke
- Energiebällchen
- Kichererbsen/Sojabohnen geröstet

WAS IST NÜTZLICH?

- Siebe mit verschiedenen Maschenweiten und Materialien
- Guter Schneebesen
- Guter Pürierstab (oder gar Hochleistungsmixer)
- Flotte Lotte
- Messbecher mit Cups oder Deziliter-Maß und klassische Waage
- Schaumlöffel
- Kartoffelstampfer
- Thermometer für Joghurt/Tofu
- Mulltuch für Tofu/Quark
- Dämpfeinsatz
- Kaffeemühle zum Pulverisieren von Kräutern, Orangenschalen etc.
- Alte Flaschen zum Ausrollen

KLIMASMARTE HAUSHALTSGEGENSTÄNDE

Küchenhelfer 🔴	Alternative 🟢
Plastikschwamm	Holzbürste, DIY-Spülschwamm (Vorlage gibt's | » 🌐 ONLINE |
Küchenrolle	Geschirrhandtücher aus alten T-Shirts
Alufolie / Klarsichtfolie	Bee Wraps (siehe S. 242)
Spülmittel	DIY-Spüli (siehe S. 258)
Plastikdosen	Edelstahlbehältnisse/Glaskonserven
Gewürze in Plastik	nachfüllbare Gewürze im Glas
Plastik-Kochutensilien	lieber Holz
Plastikflaschen	Edelstahl-/Glasflaschen

7

HAPPY-KLIMA-SNACKS

DIE „BLUMEN" DER KLIMAFREUNDLICH-KÜCHE

Entdecke zehn Gemüseklassiker in alphabetischer Reihenfolge ganz neu. Zu jedem Gemüse findest du vier Rezepte in klimafreundlicher Darreichungsform: Einen **„Pot"**, einen **„Snack"**, eine **„To go-Idee"** und etwas für deine **„Vorräte"**. Du erkennst, wann das Gemüse üblicherweise wächst und welche Besonderheit es für Klimaköchinnen und -köche aufweist. Mit was es sich außerdem gut kombinieren lässt, erfährst du ebenfalls.

Die Rezepte gliedern sich nach dem oben beschriebenen Regenbogen-Prinzip und sind für 2–4 Personen, je nach Appetit, ausgelegt. Sie sind eigentlich nur als grobe Anleitungen gedacht und inspirieren dich – wie der Klimafreundlich-Küchenhelfer – zu ziemlich eigenständigen Kreationen in der Küche.

Daher: zum Beispiel nach eigenem Gutdünken Knoblauch und Zwiebeln hinzufügen. Und eben unbedingt abschmecken und nach deinem Empfinden würzen.

DIE „BLUMEN" DER KLIMAFREUNDLICH-KÜCHE:
VIER REZEPTIDEEN ALS „BLÜTENBLÄTTER" RUND UM EIN GEMÜSE

BROKKOLI

Juni/Juli

Was mit seinen zierlichen Röschen zart daherkommt, ist ein absolutes Kraftpaket an Vitaminen und Mineralstoffen. Brokkoli geht in allen Varianten. Im Suppentopf, püriert, gebacken, mariniert. Er lässt sich super mitnehmen, in handlichen Snack-Darreichungen wie „Pasties" oder auf Pizza oder als „Bällchen". Er lässt sich restlos verwerten!

POT
„BIRNEN-
BOHNEN-
SPECK"

VORRAT
PASTY MIT
„MINCED MEAT"

TO GO
PIZZA

SNACK
GRÜNTALER

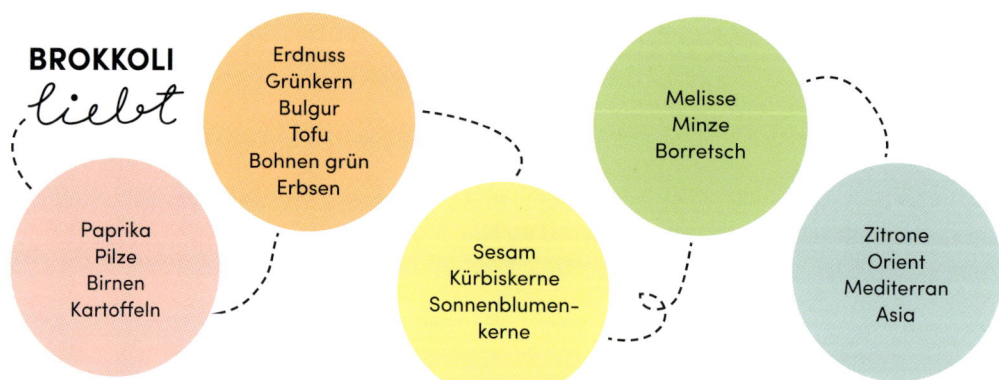

BROKKOLI *liebt*

Paprika
Pilze
Birnen
Kartoffeln

Erdnuss
Grünkern
Bulgur
Tofu
Bohnen grün
Erbsen

Sesam
Kürbiskerne
Sonnenblumen-
kerne

Melisse
Minze
Borretsch

Zitrone
Orient
Mediterran
Asia

„BIRNEN-BOHNEN-SPECK"

- 1 Brokkoli
- 1–2 Birnen
- Grüne Bohnen
- Tofu
- Sesam
- Bratöl, z. B. Sonnenblume/Raps
- Giersch, Brennnesseln

- Soja bzw. „Würzwunder"
- 1/2 TL Kreuzkümmel
- 1/2 TL Kardamom
- 1/2 TL Koriander
- Ingwer
- Salz
- Ca. 300 ml Wasser

POT

∟ 30 Min.

Birnen, Bohnen, Speck auf Pflanzenbasis – mit dem Allrounder Brokkoli als geschmacklich gut passendem Kraftspender – ein schneller Genuss ohne viel Aufwand. Ideal nach Feierabend. Die Reste lassen sich auch gut am nächsten Tag mitnehmen.

- Sesam in der Pfanne ohne Fett anrösten und beiseite stellen.
- Öl in der Pfanne erhitzen und Brokkoli zugeben. Gut anbraten.
- Birnen, Bohnen und Tofu hinzufügen und alles gut vermischen. Mit Sojasauce und Gewürzen nach Wahl abschmecken. Ggf. Flüssigkeit zufügen.

DAS WÜRZWUNDER-REZEPT GIBT ES | » ⊕ ONLINE WWW.KLIMAFREUNDLICH-KUECHE.DE

GRÜNTALER

SNACK

● 1 Handvoll Brokkoli
● 1 TL Natron
● 50 g Kichererbsenmehl
● 1 EL geschroteter Leinsamen
● Kürbiskerne oder Sesam
● Minze (Petersilie ...)

● 3 EL Hefeflocken
● 1 EL Zitronensaft
● 2 TL Apfelessig
● Salz, Pfeffer,
  Weitere Gewürze nach Belieben
● 2–3 EL Sesamöl zum Abbacken

⌐ 180 Grad, 25 Min.

Schnell gemacht und universell einsetzbar.

- Leinsamen mit 100 ml Wasser zum Quellen einige Minuten hinstellen.
  Brokkoli im Mixer schreddern.
- Alle Zutaten vermengen. Mit den Händen aus dem Teig Taler formen.
  Gut abschmecken. In den Saaten wälzen, mit Öl beträufeln und abbacken.

PASTY MIT „MINCED MEAT"

VORRAT

Teig

250 g Mehl
(was du gerade da hast, was du
magst, was du verträgst)
30 g Maismehl
80 g Margarine
80 g Wasser
Salz
Ein knapper TL Essig

Füllung

🔴 Brokkoli
   + (was da ist:)
🔴 Champignons
🔴 Lauch
🔴 Möhren
🟠 Sojaschnetzen
🟡 Nüsse, Saaten, Kerne
🟢 Kräuter (für Minzteeaufguss und
   weiteres „Wildes Grün")
🟢 Sojasauce
🟢 Ingwer
🟢 Süße wie Honig / Gerstenmalz

 180 Grad, 25 Min.

Traditionell bewährt als Resteversteck. Der dicke krustige Rand half den Berg-leuten in Cornwall, das kostbare Essen gut festzuhalten. Daher ist das Rezept vom englischen „Minced Meat" inspiriert. Die Pasty lässt sich gut einfrieren.

- Alle Teigzutaten zu einem geschmeidigen Mürbeteig verkneten. Etwas ruhen lassen und mit einer runden Form Kreise in beliebiger Größe ausstechen.
- Sojaschnetzen in Pfefferminztee auflösen und ziehen lassen. Gemüse mit Sojasauce, Gewürzen, Kräutern und etwas Süße mischen. Soja hinzufügen und alles abschmecken.
- Auf einer Kreishälfte das Gemüse platzieren. Platz zum Rand lassen. In der Mitte falten und den Rand mit dem Daumen eindrücken. So einige Pasties herstellen und ab damit in den Ofen.

PIZZA 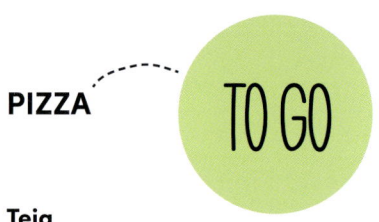TO GO

Teig

15 g frische Hefe

Ca. 200 ml lauwarmes Wasser

230 g helles Mehl + 40 g Polenta
oder Grieß

1/2 TL Salz

1 EL Olivenöl

Belag

Brokkoli

Zucchini

Pilze

Räuchertofu (optional)

Sonnenblumenkerne (geröstet)

Giersch, Brennnesseln

Oregano, Thymian

Tomaten-Sugo

„Käsesauce"

2 EL Hefeflocken

4 EL Pflanzenmilch

1/2 TL Salz

1 TL Zitronensaft

1/2 TL Senf

L 180 Grad, ca. 30 Min.

Der Pizza-Baukasten: Hier Brokkoli im Mittelpunkt. Sieht toll aus zum Rot der Tomatensauce und zum Gelb der „Käsesauce". Für den Appetit unterwegs.

- Vorteig herstellen, indem man in die Mitte des Mehls eine Kuhle macht, die Hefe dort hinein zerbröselt und mit rund 100 ml lauwarmem Wasser anmischt.
- 10–20 Min. stehen lassen.
- Die restlichen Zutaten hinzufügen (Wasser portionsweise und immer mal fühlen, wie viel nötig ist) und gut durchkneten.
- Mindestens eine Stunde in einer abgedeckten Teigschüssel ruhen lassen.
- Ausrollen und mit dem Tomatenbelag (nach Belieben vorgewürzt mit Kräutern und Salz) versehen.
- Gemüse putzen, würfeln und mit den Kernen (und dem Tofu) kurz mit etwas Öl anrösten. Dann auf der Teigplatte verteilen.
- Eine „Käsesauce" aus Hefeflocken rundet das Ganze ab. Sie ist klimafreundlicher als die verbreitetere Variante mit eingeweichten Cashews.

GRÜNKOHL

November bis Februar

Grünkohl ist ein Geselle der Kälte. Er liebt es frostig, ist daher auf der Nord-halbkugel heimisch. Er ist ein Winterkind und eines der vitaminreichsten Lebens-mittel überhaupt.

Regionale Sorten wie die „Lippische Palme" erinnern nicht nur optisch an ei-nen Hauch von Tropen, sondern erreichen auch ein Gardemaß von bis zu 1,80 Metern.

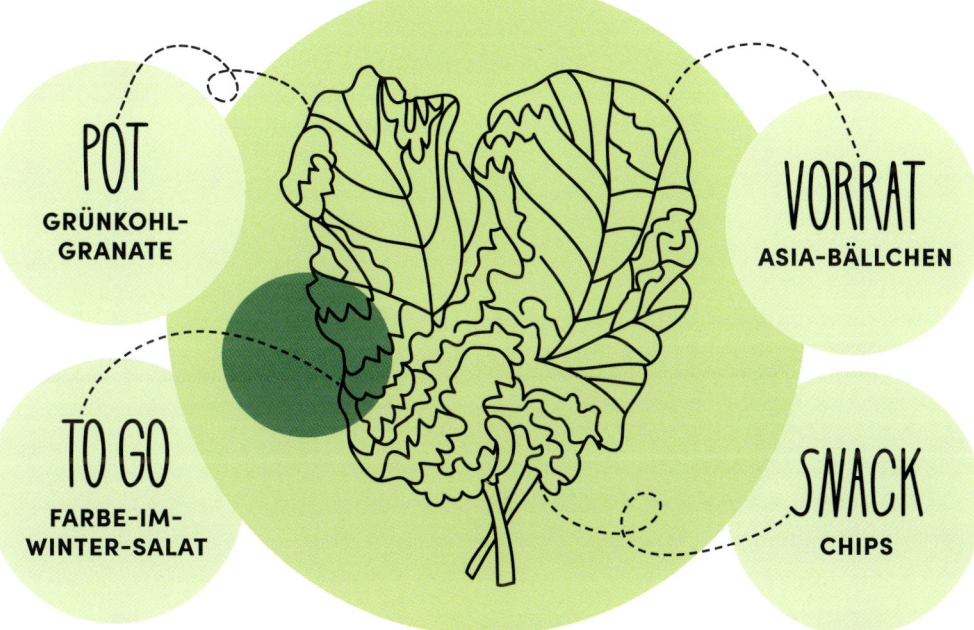

POT
GRÜNKOHL-GRANATE

VORRAT
ASIA-BÄLLCHEN

TO GO
FARBE-IM-WINTER-SALAT

SNACK
CHIPS

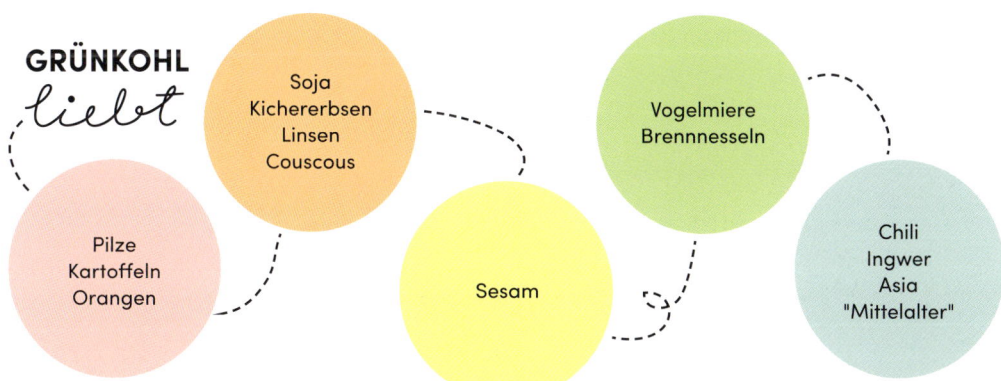

GRÜNKOHL *liebt*

Soja
Kichererbsen
Linsen
Couscous

Vogelmiere
Brennnesseln

Pilze
Kartoffeln
Orangen

Sesam

Chili
Ingwer
Asia
"Mittelalter"

GRÜNKOHL-GRANATE

- Ein paar Blätter Grünkohl
- Apfel, Banane
- falls da, Orange
- Ein paar Tropfen Leinöl
  (erhöht die Vitaminaufnahme)

- Vogelmiere, Brennnessel(-samen)
- Hagebuttenpulver
- Ingwer, Orangenschale
- Wasser, Kräutersirup
- 1 TL Süße (nach Belieben)

L 5 Min.

POT

Das Frische-Feuerwerk an dunklen Morgen.

- Die Zutaten vorschnippeln und in einen leistungsstarken Mixer geben. Kräftig durchpürieren.
- Merke: Grün braucht Gelb. Vor allem gemüselastige Smoothies vertragen gut etwas gelbes Fruchtfleisch. Flüssigkeit erst nach und nach zufügen – je nach gewünschter Konsistenz.
- Ein Smoothie funktioniert immer nach diesem Prinzip, daher kannst du das Gemüse auch durch Spinat, Salat, Resteblätter austauschen.
- Noch ein Hinweis zum Hagebuttenpulver:
  Hagebutten pflückst du ab Ende September, trocknest und pulverisierst sie. Anschließend noch die Kernreste absieben und fertig ist ein grandioses Superfood.

FALLS DU TOFU HERGESTELLT HAST, IST DAS EIN IDEALER ORT FÜR DIE RESTLICHE MOLKE. WIE DAS GEHT? | » ⊕ ONLINE WWW.KLIMAFREUNDLICH-KUECHE.DE

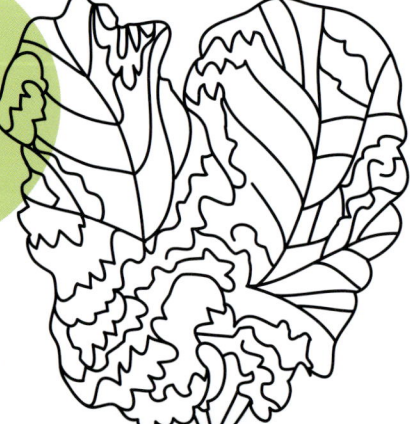

ASIA-BÄLLCHEN

- Eine gute Handvoll Grünkohl
- Zwiebel optional
- 80 g Mehl aus Hülsenfrüchten (z. B. Linse)
- 50 ml Hafermilch
- 1 EL geschroteter Leinsamen
- Sesam
- Ggf. Vogelmiere
- Oregano

- 1 EL Öl zum Anbraten
- 1 TL Salz
- 1/2 TL Paprika
- Ingwer
- Sojasauce
- Chili
- Orangenschale
- Curry

VORRAT

ᒪ 180 Grad, 25 Min. oder in die Pfanne damit

„Elegante" Grünkohlzubereitung, die sich super einfrieren lässt und sich gut in einem Wrap macht.

- Leinsamen mit 1 EL Wasser zum Quellen für einige Minuten beiseitestellen.
- Grünkohl fein hacken/häckseln und (mit Zwiebeln, wer mag) kurz anbraten. Mit den weiteren Zutaten vermengen und etwas stehen lassen.
- Wer mag, bereitet ein scharfes **Dressing** in der Zwischenzeit zu: Peperoni oder Chili mit Ingwer, Zitrone und Olivenöl vermischen und gut würzen.
- Dann die Masse zu Bällchen formen, in Sesam wälzen und in der Pfanne oder im Backofen mit reichlich (Sesam-)Öl garen.
- Mit dem Dressing servieren.

CHIPS

SNACK

● Grünkohl für ein Backblech
(er schrumpelt sehr, daher ruhig
üppig verteilen)

● 4 EL Olivenöl
● 1 Prise Salz
● Gewürze nach Belieben (s. u.)

↳ Bei 80 Grad 1–2 Stunden trocknen oder volle Power 30 Min., dann aber
Obacht. Die dünnen Blätter verbrennen leicht.

Soulfood für den winterlichen „Video"- oder Spiele-Abend.

- Den Grünkohl in kleine Stücke reißen, die dicken Strünke entfernen. Den
  Kohl waschen und sehr trocken schleudern. Je feuchter der Grünkohl ist, umso
  länger dauert später das Trocknen im Ofen.
- Olivenöl mit den Gewürzen mischen und gut mit den Händen in die Grün-
  kohlstücke einmassieren.
- Ein Backblech mit Backmatte auslegen oder fetten und den Grünkohl darauf
  so verteilen, dass er nicht übereinanderliegt. Nach Zeitbudget backen.

TYPISCHE GEWÜRZMISCHUNGEN
- Alpenküche – Pfeffer, Lorbeer, Fenchel, Anis, Kümmel, Majoran, Wacholder
- Asiatisch – Koriander, Kurkuma, Ingwer, Curry, Chili
- Brotgewürz – Kümmel, Anis, Fenchel, Koriander
- Mediterran – Oregano, Thymian, Rosmarin, Lavendel
- Mexikanisch – Kreuzkümmel, Paprika, Chili, Koriander,
  Cayennepfeffer, Zitrone (und Kakao)
- Mittelalter: Zimt, Muskat, Ingwer, Galgant, Safran, Nelken, Pfeffer,
  Kardamom, Bertram
- Nordisch – Dill, Fenchel, Anis, Kardamom
- Orientalisch – Kreuzkümmel, Bockshornkleesamen, Koriander, Chili
- X-Mas – Piment, Zimt, Nelke, Kardamom, Vanille

FARBE-IM-WINTER-SALAT

 TO GO

● Grünkohlblätter
● 1/2–1 Rote Bete
● 1 Tasse Quinoa (falls heimisch,
 sonst Hirse, Bulgur oder
 Couscous)
● Kichererbsen-Glas (Vorrat)
● Sesam
● Brennnesselsamen

Dressing:
● 1/4 Tasse Apfelessig
● 1/4 Tasse Olivenöl
● 2 TL Honig/Gerstenmalz
● Übrig gebliebene Orangenschalen
● 1 TL Salz
● 1/2 TL schwarzer Pfeffer
● Senf, Sojasauce, Curry, Koriander,
 Ingwer

🕐 20 Min.

Chic mit Trick: ihm durch asiatisch angehauchte Gewürze die „Schwere" nehmen.

- Grünkohl waschen und in kleine Stücke schneiden. In kochendem Wasser kurz abschwellen.
- (Pseudo-)Getreide, gewürfelte Rote Bete, Wasser und Salz gar kochen, zum Ende der Garzeit Grünkohl hinzufügen.
- Die Kichererbsen hast du vorgekocht | » SÄTTIGUNGSBEILAGE | RETRO | und kannst sie einfach nach Belieben hinzufügen.
- Für das Dressing die Zutaten gut verrühren, kräftig abschmecken und mit dem Grünkohl-Misch vermengen.

KOHL

Juli bis November

Reden wir hier vor allem von Spitz- und Chinakohl und von Wirsing. Kohl ist so vielfältig und so typisch für unsere Landstriche. Und so unterrepräsentiert. Dabei kann man ihn roh, fermentiert und (ein-)gekocht wunderbar variieren. Noch dazu ist Kohl sehr günstig und: enorm ergiebig.

POT
WIRSING-WINTER-WÄRME

VORRAT
SPITZKOHL SÜSS-SAUER

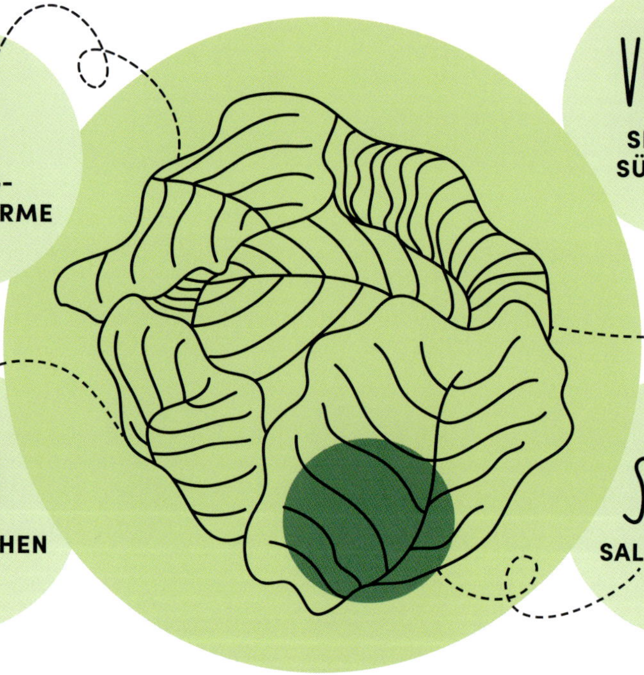

TO GO
FLAMMKUCHEN

SNACK
SALAT IM GLAS

KOHL *liebt*

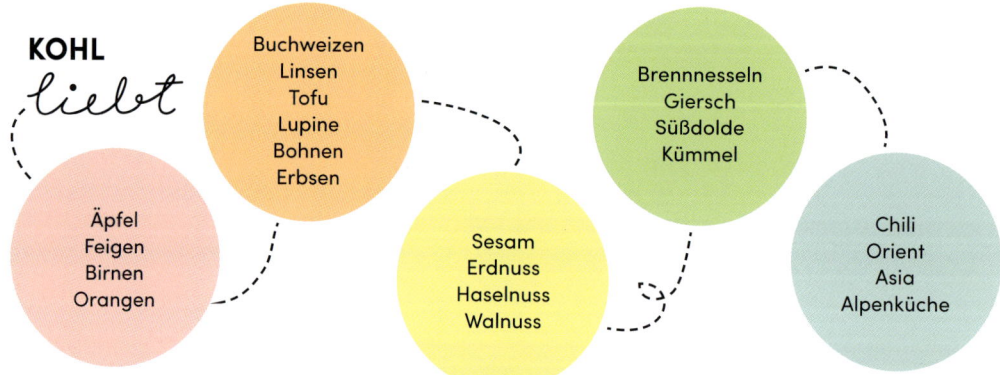

Buchweizen
Linsen
Tofu
Lupine
Bohnen
Erbsen

Brennnesseln
Giersch
Süßdolde
Kümmel

Äpfel
Feigen
Birnen
Orangen

Sesam
Erdnuss
Haselnuss
Walnuss

Chili
Orient
Asia
Alpenküche

SPITZKOHL SÜSS-SAUER FÜR „SALAT IM GLAS"

- 1 kg Spitzkohl
- 1 Zwiebel
- 1–2 Äpfel, geschält, entkernt, kleine Würfel
- 400 ml Gemüsefond, Schuss Apfelsaft (falls vorhanden)
- 2 EL Öl
- (Wild-)Kräuter! Hier geht alles. Toll etwa auch Melisse.

- 1 EL Senf
- 1 TL Honig
- 4 Gewürznelken
- 1 Lorbeerblatt
- 2 TL Kümmel, zermörsert
- 6 EL Essig
- 1 TL Salz
- Pfeffer

VORRAT

⌐ 30 Min. l plus Einkochzeit. Ca. 8 Gläser.

Wir kochen Spitzkohl zur Abwechslung mal ein. Dann können wir ihn als Salat-zutat wunderbar „to go" und in einem „Pot" „snacken".

- Spitzkohl putzen und in feine Streifen schneiden. Im Topf Zwiebeln in Öl anschwitzen. Den Spitzkohl und die Äpfel zufügen und kurz mit andünsten.
- Nelken, Kümmel, Essig, Honig, Lorbeerblätter, Salz, Pfeffer und Gemüsefond zufügen und alles unter gelegentlichem Rühren 30 Min. köcheln lassen.
- Spitzkohl mit dem Sud in vorbereitete saubere Gläser verteilen und ent-weder „heiß einfüllen" oder richtig einkochen | » SÄTTIGUNGSBEILAGE RETRO |.

WIRSING-WINTER-WÄRME

POT

- 1/2 Wirsing
- 1/2 Pastinake
- Lupinenschrot
- 2 Kartoffeln
- Nüsse, Saaten, Kerne
- Bratöl
- Brennnesselblätter
- Thymian

- 2 TL (Reste-)Brühe oder Würzpaste | » **SÄTTIGUNGSBEILAGE: LESS WASTE** |
- 1 TL Senf
- 1 TL Süße
- 1 TL Hefeflocken
- 1 EL Tomatenmark
- Brotgewürz, Kreuzkümmel, Chili, Orangenschale
- Pfeffer und Salz

🕐 30 Min.

Kohl und Eintopf. Man riecht förmlich ein Treppenhaus der 1970er-Jahre. Aber die beiden gehören einfach zusammen und haben ganz viel Wärmendes für Leib und Seele.

- Gemüse in Öl anbraten. Lupinen (meist als „Kernies" oder Schrot erhältlich) einfach mit dazugeben. Sie brauchen etwas Flüssigkeit und garen jetzt mit. Flüssigkeit hinzufügen. 30 Min. „leise" köcheln.
- Würze hinzufügen. Evtl. mit Senf, „Würzwunder" oder einfach nur mit reichlich Kräutern abschmecken und ggf. mit einem Schuss Pflanzenmilch verfeinern.

FLAMMKUCHEN

Teig

2 TL Trockenhefe oder 10 g „echte"
Hefe

250 g Mehl

1 TL Salz

1/2 TL Zucker

2 EL (Sesam-)Öl

200 ml lauwarmes Wasser

Belag

● Ein paar Blätter Chinakohl

● Apfel

● Champignons

● Räuchertofu

● Sojaghurt

● Sesam, Sesammus

● Wildkräuter, Brennnesselsamen

● Curry

● Chili

● Süße

 45 Min.

Prima Resteverwertung und zünftig-leichte To go-Variante der Pizza.

- Hefeteig anrühren, gehen lassen.
- Gemüse pfannenfertig vorbereiten und in Sesamöl anbraten.
- Einen Guss aus Sojaghurt, Sesammus, Sojasauce, Curry, Chili und Süße mixen, gespickt mit Wildkräutern deiner Wahl. Gut geht hier auch ein Senfaroma, vielleicht Kapuzinerkresse, ein Hauch eingelegter Meerrettich oder Knoblauchsrauke.
- Teig dünn ausrollen, mit dem Guss bestreichen und das Gemüse auftragen.
- Im Ofen kross abbacken, 25 Min., ca. 180 Grad.

„SALAT IM GLAS"

- Salat der Saison, gern auch Gurke, Tomate, Pilze, Sellerie, Sprossen, „Spitzkohl süß-sauer" (siehe S. 167)
- Eine Portion Hülsenfrüchte
- Bulgur, Couscous, Hirse, Amarant
- Die gute alte Kartoffel

- Nüsse und Kerne
- (Wild-)Kräuter wie Giersch, Knoblauchsrauke, Schnittlauch, Kerbel, Majoran, Basilikum, Rosmarin, Oregano oder Petersilie
- Dressing nach Wahl

REZEPTE VERRATE ICH | » ⊕ ONLINE WWW.KLIMAFREUNDLICH-KUECHE.DE

◔ 15 Min.

Der „Salat im Glas" ist der ideale Mitnahme-Snack für Klimafreundinnen und Klimafreunde. Daher an der Stelle ein Rezept, das du mit dem Spitzkohl oder mit jeder Menge anderer Varianten ausprobieren kannst. Wunderbar sind natürlich auch die angesagten Gemüsenudeln, die man mithilfe eines Spiralschneiders herstellt. Gut geeignet: Zucchini, Kohlrabi.

So schichtest du das Ganze:
- Ein Schraubglas nehmen und zuerst die Hülsenfrüchte einfüllen. Anschließend folgen die Kräuter, dann die vorgekochten Beilagen. Obendrauf kommen die „fluffigen" Blätter, wie Spinat, Salat und Sprossen.
- Das Dressing nach Wahl (im extra Schraubglas) zum späteren Übergießen.

Pikante Streusel als „Topping"
- Ein paar Oliven (klein gehackt) mit 100 g Mehl, 50 g Brotmehl | » SÄTTI-GUNGSBEILAGE | LESS WASTE | und 1 EL Hefeflocken und Kräutern sowie Pfeffer würzen und mit Margarine so lange mit den Händen verarbeiten, bis Streusel entstanden sind (2 EL ungefähr). Ca. 25 Min. bei 180 Grad knusprig backen.

KÜRBIS

September bis Januar

Er wächst selbst auf Kompost. Dabei ist er dankbar zu nutzen und es werden alle gern satt: Suppe, Püree, Dip, Mus, gebacken, gefüllt ... ein unfassbarer Heimvorteil für das lange vergessene Gewächs. Meist essen wir den einfach zu verarbeitenden leuchtend-orangen Hokkaido, weil hier die Schale beim Verarbeiten so schön weich wird. Da braucht keine/r Süßkartoffeln aus Übersee.

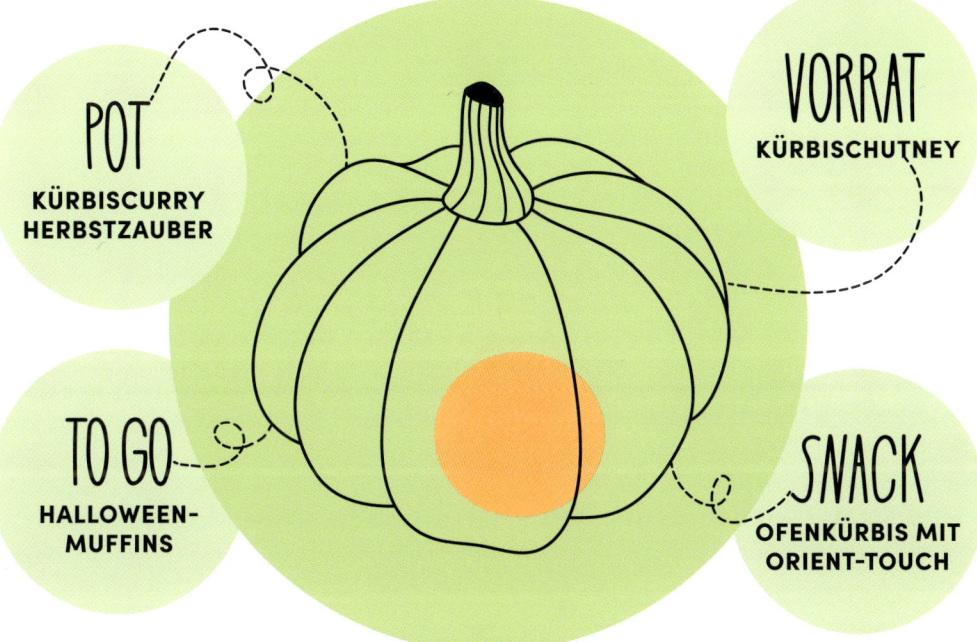

POT
KÜRBISCURRY HERBSTZAUBER

VORRAT
KÜRBISCHUTNEY

TO GO
HALLOWEEN-MUFFINS

SNACK
OFENKÜRBIS MIT ORIENT-TOUCH

KÜRBIS *liebt*

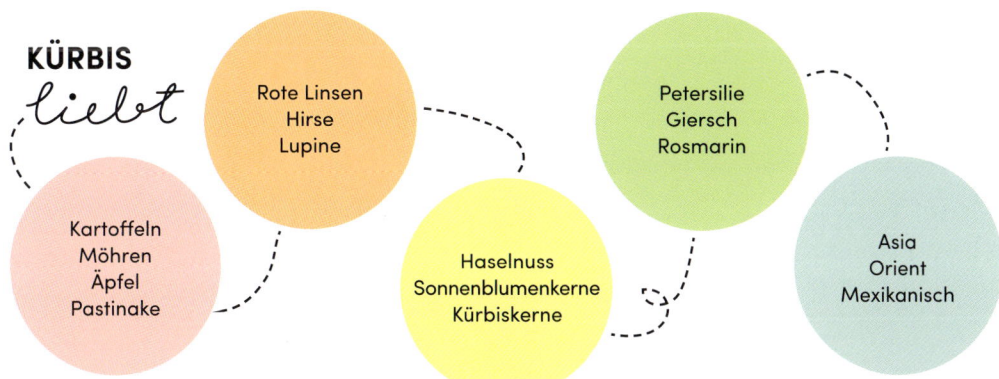

Rote Linsen
Hirse
Lupine

Petersilie
Giersch
Rosmarin

Kartoffeln
Möhren
Äpfel
Pastinake

Haselnuss
Sonnenblumenkerne
Kürbiskerne

Asia
Orient
Mexikanisch

KÜRBISCURRY HERBSTZAUBER

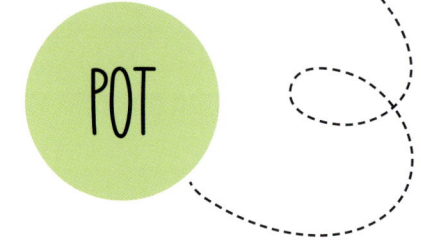

POT

- Kürbis (meist: Hokkaido)
- (Zwiebeln)
- 3–4 Möhren
- 2 Äpfel
- Rote Linsen
- Tofu oder Sojafleisch nach Belieben
- Kürbiskerne (geröstet) und ggf. Kürbiskernöl nach Geschmack und zur Verzierung

Je 1 TL
- Kreuzkümmel, Bockshornklee, Muskat, Zimt, Chili
- Salz und Pfeffer
- 1 EL Öl
- Gemüsebrühe
- 1 EL Süße
- 1 kleines Stück Ingwer

🕐 30 Min.

Der leuchtend-orange Herbstklassiker. Hält auch tiefgefroren fast „ewig". Schön, wenn er dann auch antizyklisch mal zu den ersten Frühlingsstrahlen aus dem Frost kommt und an die Nebelnächte im Herbst erinnert.

- Gemüse in Würfel schneiden.
- Ingwer und Zwiebeln fein würfeln und alles mit den Gewürzen anbraten.
- Mit Brühe auffüllen und gar kochen.
- Pürieren, abschmecken, fertig!

OFENKÜRBIS MIT ORIENT-TOUCH

SNACK

Kürbis (meist: Hokkaido,
hier geht aber auch zum Beispiel
ein Spaghetti-Kürbis gut)

2 Feigen (optional)

Salat der Saison,
mutmaßlich Feldsalat

Marinade

Kürbiskerne

Thymian, Rosmarin, Oregano

Vogelmiere

3 EL Bratöl

1 EL Apfelsüße

Chiliflocken

Orient-Gewürze

Salz und Pfeffer

Zutaten für die Tahini-Sauce

1 EL Olivenöl

1 EL Zitronensaft

4 EL Sojaghurt

2 EL Tahini hell

Ca. 3 EL Wasser (je nach Konsistenz)

Orientalische Gewürzmischung

1 EL geröstete Sesamkörner

Salz

Umluft, 180 Grad, 25 Min. oder Pfanne

Klingt aufwendiger als es ist und funktioniert sogar mit einer großen Pfanne
(statt Ofen) in einem Büro ...

- Kürbis entkernen und in Spalten schneiden.
- Eine Marinade aus dem Öl, der Süße, Salz, Chili, Orient-Gewürzen anrühren
  und die Kürbis-Stücke darin marinieren und anschließend auf ein Backblech
  in den Ofen geben. Wer mag, kann noch geröstete Zwiebeln einige Zeit
  später zum Kürbis in den Ofen geben.
- Die Tahini-Sauce zubereiten.
- Feigen in kleine Würfel schneiden. Kürbiskerne anrösten.
- Salat waschen, Kürbisspalten darauf anrichten, die Toppings (Feigen, Kürbiskerne) darüberstreuen und mit der Tahini-Sauce beträufeln.

KÜRBISCHUTNEY

- 1/2 Kürbis (entkernt)
- 1 Apfel
- 2 getrocknete Feigen
- 2 Schalotten oder Zwiebeln
- 200 ml Wasser (Apfelsaft)
- Zitrone nach Belieben
- 1–2 TL Öl
- Optional: Kürbiskerne
- Wildkräuter

- Orangenschalen
- 100 ml Apfelessig
- 1 Stück Ingwer
- 1 Chilischote
- 1 TL Zimt
- 1 TL Curry
- 1/2 TL Kreuzkümmel
- 2 EL Apfelsüße
- Salz, Pfeffer

L 25 Min. + Einkochzeit

Geht flott und man hat lange Freude daran. Passt zu allem, was als „Mitnahmeartikel" geht und natürlich zu Kartoffeln und Wurzelgemüse.

- Kürbis waschen, entkernen und in feine Würfel schneiden. Ingwer schälen und reiben, Zitrone auspressen. Schale reiben und für spätere Zwecke trocknen und konservieren.
- Apfel entkernen und würfeln, ebenso die Schalotten und den Chili.
- Zwiebeln mit Ingwer und Gewürzen in 1–2 TL Öl andünsten.
- Kürbis- und Apfelstücke hinzugeben und mit den Feigen bei mittlerer Hitze 5 Min. anbraten lassen. 100 ml Apfelessig sowie 2 EL Apfelsüße angießen, die Zitronenzesten sowie Wildkräuter, falls da, dazugeben und die Zutaten weitere ca. 8–10 Min. köcheln lassen. Mit 200 ml Wasser (Apfelsaft) aufgießen. Nochmals 10–15 Min. köcheln lassen. Ab und zu umrühren. Bei Bedarf noch etwas mehr Wasser dazugeben.
- Nochmals abschmecken, in ausgekochte Twist-Off-Gläser füllen, luftdicht verschließen und kopfüber auskühlen lassen.

HALLOWEEN-MUFFINS

TO GO

- 1/2 kleiner Hokkaido
- 200 g Mehl
- 50 g Gerstenmalz, Bio-Rübenzucker oder Zuckerrüben-Sirup
- 80 ml Öl
- 2 EL Apfelmus und 3 EL Leinsaat als Verdickungsmittel
- Ggf. etwas Sprudel (Apfelsaft zum Verfeinern)

- Brennnesselsamen
- 1 TL Backpulver
- 1/2 TL Natron
- 1 TL Essig
- Zimt, Ingwer, Kardamom, Salz
- Kürbiskerne als Deko

⌙ 180 Grad, ca. 25 Min.

Kürbis versteckt, gut, wenn Kinder mitessen ...

- Hokkaido mit Schale in Stücke schneiden, die Kerne entfernen (ggf. zum anschließenden Wiederverwerten sichern), gar dämpfen und mit den flüssigen Zutaten, wie Zucker/Sirup, Fett, Mus/Leinsaat (in etwas Wasser vorher 10 Min. quellen lassen), vermengen.
- Mehl und Backtriebmittel (+ Essig) sowie Gewürze mit Kürbismasse zu einem geschmeidigen Teig rühren. Ggf. noch Sprudel (oder Apfelsaft) hinzufügen. Abschmecken!
- In Muffinsförmchen geben und bei ca. 180 Grad 25 Min. backen.
- Ausnahmsweise: Puderzucker in Zitronensaft auflösen (ggf. mit Ingwer verschärfen), etwas andicken lassen und aus Kürbiskernen Gruselgrimassen gestalten und damit dekorieren.

MANGOLD

Juni bis November

Seine formschön gerippten Blätter lassen sich nahezu unendlich kombinieren. Die stattliche Gemüsesorte tritt in die Fußstapfen von Spinat, wenn der weitgehend abgeerntet ist. Und bleibt uns bis zum Advent erhalten.
Im feuchten Geschirrhandtuch hält er bis zu einer Woche im Kühlschrank frisch.

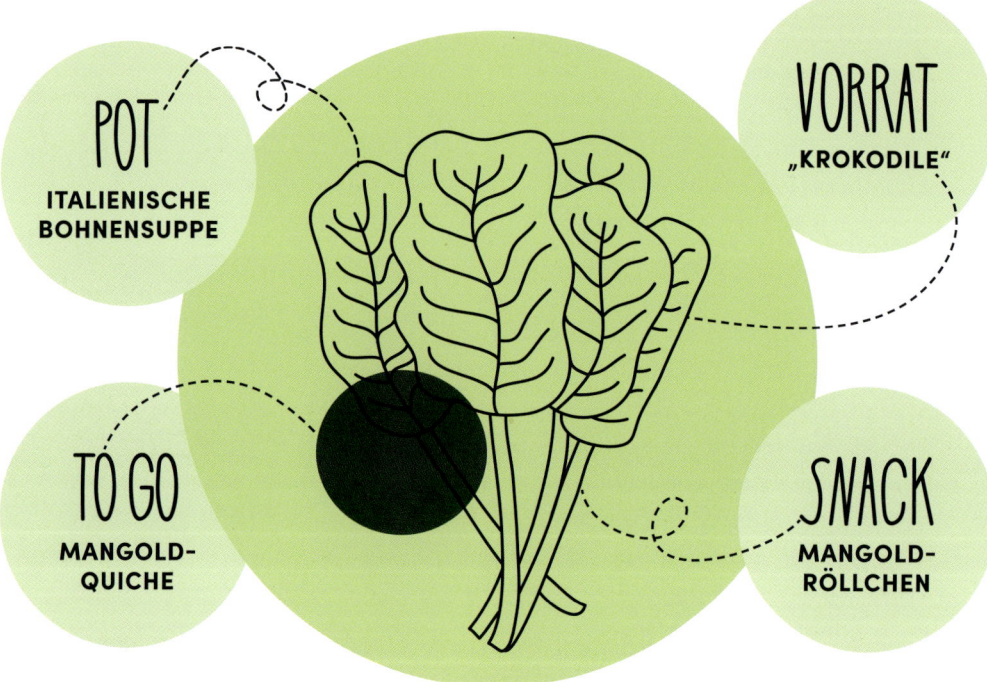

POT
ITALIENISCHE
BOHNENSUPPE

VORRAT
„KROKODILE"

TO GO
MANGOLD-
QUICHE

SNACK
MANGOLD-
RÖLLCHEN

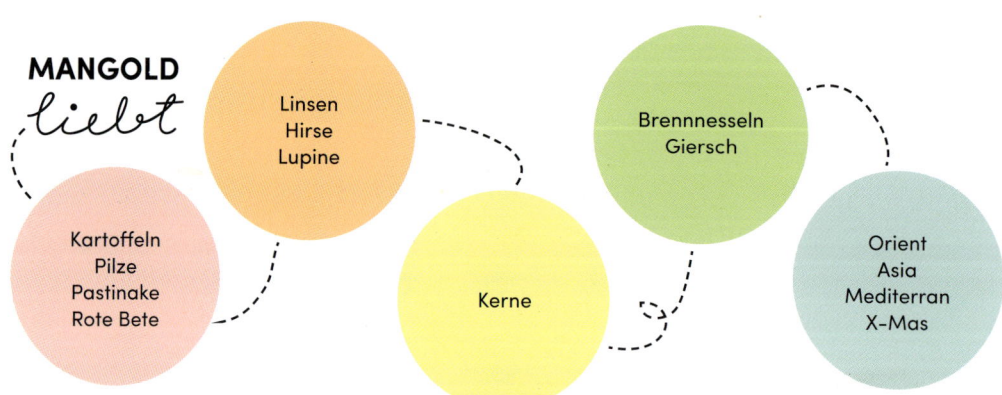

MANGOLD
liebt

Kartoffeln
Pilze
Pastinake
Rote Bete

Linsen
Hirse
Lupine

Kerne

Brennnesseln
Giersch

Orient
Asia
Mediterran
X-Mas

ITALIENISCHE BOHNENSUPPE

- Mangold
- Suppengemüse
- Helle Bohnen (über Nacht eingeweicht und vorgekocht)
- Tomatensugo
- Kartoffeln oder Getreide, gut: Bulgur
- Räuchertofu (optional) Kürbiskerne (optional)
- Oregano, Thymian, Giersch, Brennnesseln

- Tomatenmark
- Senf
- Würzsauce
- Ggf. Schuss Essig
- Ggf. etwas Süße
- Ggf. Möhrengrün-Pesto (= Möhrengrün mit Öl, Salz und Würze püriert)
- (Kräuter-)Salz, Pfeffer
- Bratöl zum Anbraten

∟ 30 Min.

Wunderbare Seelen-Suppe

- Gemüse in Würfel schneiden und mit den Gewürzen anbraten.
- Mit Wasser auffüllen und gar kochen.
- Abschmecken, fertig!

Eignet sich auch super zum Einfrieren.

TIPP:

Setze die Suppe morgens vor der Arbeit auf und köchle sie einmal gut durch. Dann lass sie auf dem Herd durchziehen bis zum Abend.
Weil wir keine tierischen Produkte verwenden, geht das gut und die Zutaten haben Zeit, ihre wundervollen Aromen zu entfalten.

MANGOLD-RÖLLCHEN MIT LUPINENFÜLLE

- 4 Mangoldblätter
- 2 kleine Möhren
- 1 Apfel
- 1/2 Pastinake
- Eine Handvoll rote Linsen
- Eine Handvoll Lupinen-Kernies
- Petersilie, Selleriegrün, Brennnesselsamen

- 1 EL Leinsaat zum Verdicken
- 1 TL Curry, 1 gute Prise Kreuzkümmel, 1 EL Senf
- 1 EL Sojasauce
- Je nach Wunsch: Süße über Trockenfrüchte
- Zimt oder Ingwer
- 300 ml Apfelsaft/Wasser

L 20 Min.

Die rotgeäderten Blätter eignen sich prima als kurzzeitiger Regenschutz. Oder als köstliche Umhüllung für spannend gefüllte Gemüseröllchen.

- Mangoldblätter kurz dünsten.
- Für die Füllung:
  Möhren, Apfel und Pastinake putzen und in kleine Würfel schneiden.
- Mit den Lupinen und Linsen ca. 15 Min. in Apfelsaft/Wassermisch gar kochen.
- Übrige Zutaten hinzufügen und gut abschmecken. Pürieren.
- Die weich gekochte Linsen-Lupinen-Masse auf die Mangoldblätter geben, einrollen und fertig ist das perfekte Party-Fingerfood.

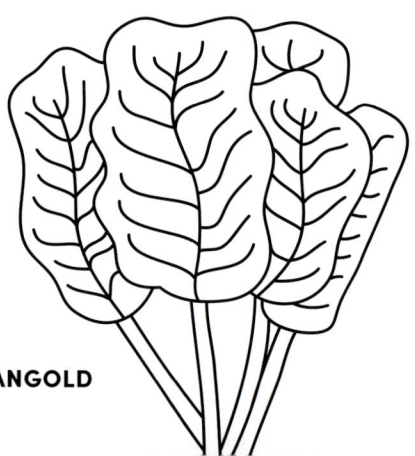

„KROKODILE" – GRÜNE GRISSINI

- 1 Handvoll Mangoldblätter
- 200 g Mehl
- 50 g Hartweizengrieß
- 15 g Hefe oder 1 TL Trockenhefe
- 1 TL Bio-Rübenzucker
- Sesam/Haferflocken
- Petersilie oder alles, was grün färbt

- 1 knapper TL Salz
- Bis 2 EL Olivenöl
- 80 ml Wasser (hängt von der Flüssigkeit im Gemüse ab)

L Insg. 1,5 Stunden. Backzeit: 20-25 Min.

Die Ergänzung zum „Feueratem" (siehe Möhre S. 185). Wunderbar zum Einfrieren und perfekt für den Kindergeburtstag. Können Kinder auch gut selbst machen.

- Vorteig machen: Dazu etwas lauwarmes Wasser und Hefe mit etwas Bio-Rübenzucker mischen und eine Viertelstunde vorgehen lassen.
- In der Zwischenzeit Mehlmischung vorbereiten, Gemüse kurz zerkleinern und blanchieren.
- Vorteig, Mehlmischung und Gemüse zusammenmischen, gut durchkneten und ca. 45 Min. gehen lassen.
- Anschließend in Stangenform (Krokodile) bringen und in Sesam/Haferflocken wälzen.
- Zu „gefährlich" aussehenden „Krokodilen" formen und kross abbacken.

MANGOLD-QUICHE

TO GO

Teig
200 g Mehl
50 g Grieß
1/2 TL Salz
50 ml Hafermilch
2 EL Sojaghurt
2 TL Backpulver
1 TL Essig
50 g Margarine
Salz

Guss
Sojaghurt, Zitroniges und ggf. etwas
angedickte Leinsamen oder Kicher-
erbsenmehl zum Andicken.
Abschmecken mit Salz, Pfeffer und
Hefeflocken.

Füllung
● 1 paar Mangoldblätter
● Optional: 1 Pastinake
● 250 g Pilze
● Hauch Lauch-/Selleriegrün

● Optional: Kichererbsen
● 1 guter EL Nussmus
● Brennnesseln
● Kapuzinerkresse
● Salz
● Apfelsüße
● 1–2 TL X-Mas-Gewürze
  (siehe Kasten, S. 164)
● Zitronensaft
● 2 EL Sojasauce

🕐 30 Min., 180 Grad

Gehaltvolle Quiche, super saftig und schön kombiniert. Mangold mag Leb-
kuchen :-).

- Teigzutaten verkneten und etwas ruhen lassen.
- Guss verquirlen.
- Mangoldblätter waschen, trocken schleudern. Alle Gemüse in Streifen
  schneiden und sie mit Öl in einer großen Pfanne mit Zitronensaft und Soja-
  soße ablöschen. Mit Gewürzen und Salz leicht süßlich abschmecken.
- Teig ausrollen, mit der Gabel einstechen, Gemüse auftragen, mit Guss
  überziehen und abbacken.

MÖHRE
September bis Februar

Die Kombinierfreudigste unter den Klimafreundinnen. Und automatisch ein „To go", weil es auch roh prima funktioniert. Und süß und herzhaft.

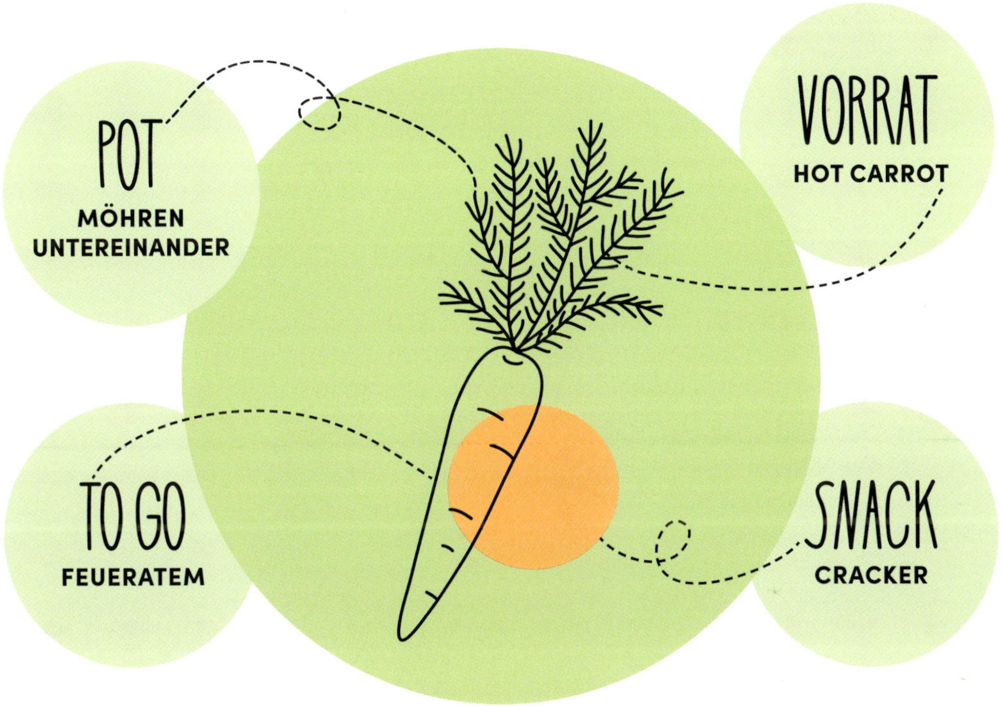

POT
MÖHREN UNTEREINANDER

VORRAT
HOT CARROT

TO GO
FEUERATEM

SNACK
CRACKER

MÖHRE
liebt

Äpfel
Sellerie
Zwiebeln
Kartoffeln
Lauch

Rote Linsen
Couscous
Hafer
Kichererbsen

Walnuss
Sesam

Estragon
Minze
Petersilie
Koriander
Kresse
Giersch

Honig
Chili, Curry
X-Mas
Ingwer
Orient
Nordisch

MÖHREN UNTEREINANDER

POT

- 3–4 Möhren
- Sellerie/Pastinake
- 1 Apfel
- Zwiebeln/Lauch nach Belieben
- 2–3 Kartoffeln
- Räuchertofu
- Petersilie
- Giersch

- Brennnesseln
- Ggf. Gundermann
- Tomatenmark
- Würzsauce
- 1 TL Senf
- Curry
- Salz, Pfeffer

⌐ 30 Min.

Im Rheinland nennen wir das „Murre durschereen" und das war das Gericht meiner Kindheit. Geht auch ganz leicht und vollkommen pflanzenbasiert.

- Gemüse in Würfel schneiden und mit den Gewürzen anbraten.
- Mit Wasser auffüllen und gar kochen.
- Ggf. leicht pürieren, abschmecken, fertig!

CRACKER

- 2 Möhren
- 1/2 Pastinake
  (oder ein Stück Sellerie)
- 100 g Saatenmisch (z. B.: Kürbis,
  Leinsamen, Sonnenblumen)
- 30 g Sesamsamen
- Einige Brennnesselsamen

- 1/2 TL Kreuzkümmelsamen
- 1/2 TL Bockshornkleesamen
- 1/2 TL Chili
- 3/4 TL Salz
- 100 ml Wasser
- Eine Idee Orangenschale

Ⓛ Mehrere Stunden bei ca. 100 Grad oder etwas flotter bei 160 Grad ca.
60 Min.

Die Cracker-Qualität kommt durchs lange Backen bei niedriger Temperatur.

- Kerne fein mahlen. Das Gemüse reiben. Die Zutaten miteinander vermischen.
- Das bindet erst mal relativ wenig, nötigenfalls noch etwas Wasser hinzufügen.
- Die Masse dünn auf Backpapier ausstreichen.
- Abbacken. Wird kross und unglaublich gut.

HOT CARROT

 4–5 Möhren
(je nach Topfgröße)

1 EL Grüner Tee

Optional: Räucherwerk, das du
gesammelt hast

VORRAT

└ 45 Min.

Großartiger Würstchen-Ersatz, raffiniert im Topf geräuchert. Mit „Burger Bun",
Ketchup, Senf und Grünzeug ein perfekter „Hot Dog".

Nötig ist ein Topf mit Dämpfeinsatz. Auf den Topfboden 1 EL Grünen Tee und
vielleicht, wenn du hast, etwas Räucherwerk nach Wahl legen.

- Dämpfeinsatz mit Möhren bestücken, den Topf mit Backpapier am Topfboden auslegen und zusätzlich am Deckel mit Backpapier fest verschließen.
- Ca. 30 Min. auf kleiner Hitze einfach vor sich hin garen lassen. Kein Wasser
hinzufügen. Einfach nur das Kraut und die Möhren!
- Anschließend vielleicht ohne Hitze noch etwas nachgaren – und fertig!

KROKODILE MIT FEUERATEM

TO GO

- 2–3 Möhren
- 50 g rote Linsen
- 50 g Sonnenblumenkerne
- 6–8 Blätter Salbei
- 150 ml Gemüsebrühe

- 1 EL Zitronensaft
- 1 EL Olivenöl
- Meersalz
- Chiliflocken
- Kardamom

L 20 Min.

Schöner Kindergeburtstagsspaß für kleine Klimafreundinnen und -freunde. Ein toller und vielseitiger Dip. Die Krokodile findest du beim „Mangold".

- Sonnenblumenkerne in Wasser einweichen, Wasser abgießen.
- Linsen mit den Möhren in einem Topf mit 150 ml Gemüsebrühe auf mittlerer Stufe etwa 15 Minuten gar kochen bis die Flüssigkeit vollständig aufgesogen ist. Überschüssiges Wasser abgießen.
- Gemüse, die eingeweichten Sonnenblumenkerne, Olivenöl, ein paar Blätter Salbei, 1 EL Zitronensaft, etwas grobe Chiliflocken und eine Prise Kardamom zu einem leckeren Aufstrich mixen und mit Salz und Zitronensaft abschmecken.

ROTE BETE

Juli bis Oktober

Der Klimaküchen-Klassiker. Süß und erdig, exotisch zu würzen und stets parat dank fantastischer Konservierungseigenschaften. Gehen roh und geraspelt, ofengeröstet, gekocht, fermentiert. Dazu ein pinker Hingucker, wenn man Kinder verköstigt. Nicht vergessen: Blätter auch nutzen.

POT
BORRETSCH

VORRAT
BAUCHWOHL-HAPPEN

TO GO
PINKELLA-STREICH

SNACK
BURGER

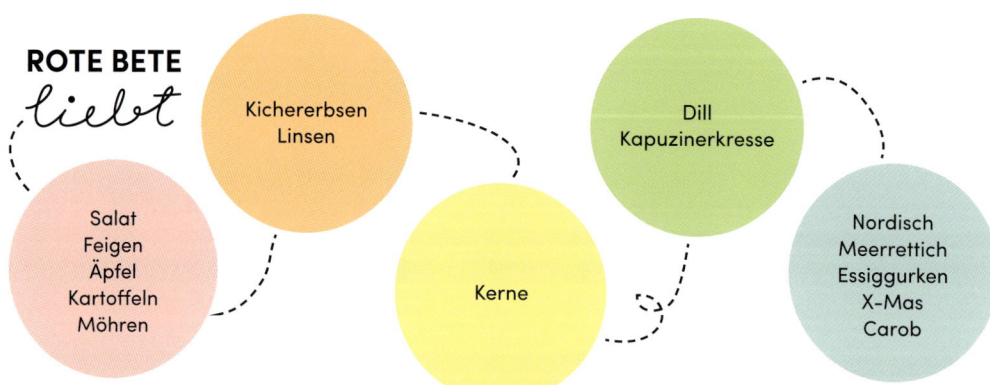

ROTE BETE *liebt*

Kichererbsen
Linsen

Dill
Kapuzinerkresse

Salat
Feigen
Äpfel
Kartoffeln
Möhren

Kerne

Nordisch
Meerrettich
Essiggurken
X-Mas
Carob

BORRETSCH

POT

- 1 Rote Bete
- 1 Stück Kohl (Sorte beliebig)
- Suppengemüse, wie Lauch, Sellerie und Möhre
- 2 Essiggurken
- Tomaten
- Kartoffeln optional
- Räuchertofu
- Wer mag: ein paar Haselnüsse

- Dill
- Petersilie
- Giersch
- Kapuzinerkresse
- Hafermilch
- Meerrettich
- Senf!
- Würzwunder
- Salz, Pfeffer

30 Min., allerdings je länger, je besser

Der Suppenklassiker mit Roter Bete. Oft verbinden vegane Rezepte die Rote Bete vor allem mit Kokos. Aber das kennst du ja, und weil wir klimafreundlicher handeln wollen, bauen wir die Suppe rund um die hiesigen Zutaten.

- Gemüse und Tofu in Würfel schneiden und mit den Gewürzen anbraten.
- Mit Wasser auffüllen. Gewürze hinzufügen. Hier dominiert die säuerliche Dill-Senf-Komponente, abgesoftet durch Hafermilch. Gar kochen.
- Abschmecken, fertig!

Eignet sich auch super zum Einfrieren.

BURGER

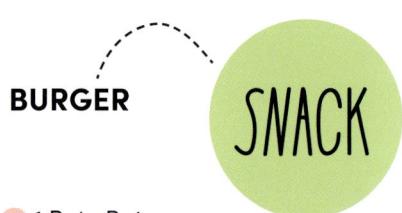

SNACK

- 1 Rote Bete
- 1 Möhre
- 1 Handvoll gegarte Kichererbsen
- 50 g Haferflocken
- 2 EL Sojamehl
- Optional: Sonnenblumenkerne
- „Wurstkräuter" wie Liebstöckel/ Majoran/Oregano

- Giersch
- Brennnesseln
- Etwas Würzwunder
- Tomatenmark
- Kreuzkümmel, Bockshornklee, Koriander
- Paprika/Chili
- Salz, Zitronensaft

L 180 Grad, 20 Min.
(oder auf mittlerer Flamme von 2 Seiten einige Minuten braten)

Die machen Gute-Laune-Klima. Die pinken Patties machen im Vergleich zum Bruder „Rinderburger" einen absolut schlanken Fuß in der Öko-Bilanz. Flott, lecker und mit einem „Burger Bun" und einem Salatblatt, Tomate, Ketchup und Senf ein absolut klimatauglicher Snack.

- Die Bete kochen, die Möhre reiben. Bete, Kichererbsen und alle übrigen Zutaten pürieren und gut abschmecken. Zu Bällchen formen. Im Ofen oder in der Pfanne garen.

Ergänzende Zutaten, wie Senf, Ketchup oder das Burger-Brötchen, findest du unter **www.klimafreundlich-kueche.de**.

BAUCHWOHL-HAPPEN

- 1–2 Möhren
- 1/2 Rote Bete
- Ggf. noch ein Stück Sellerie
- 100 g Haferflocken
- 50 g Haselnusskerne
- 50 g Sonnenblumenkerne
- 50 g Leinsamen
- (Wild-)Kräuter

- 1 TL Salz
- Optional: 2 EL Kräutersirup oder 1 TL Honig
- 1 EL Bratöl
- 300 ml Wasser
- Zum Würzen: eher herzhaft mit Hefeflocken, 1/2 TL Kreuzkümmel, Chili, Curry, Brotgewürz, Koriander, oder süßlicher mit Weihnachtsgewürzen. Die Masse verträgt einiges.

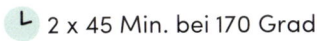

🕐 2 x 45 Min. bei 170 Grad

Geht vielleicht nicht ganz so flott, aber man hat lange Freude daran. Eine wunderbar sättigende Sache, gerade für unterwegs. Mit allem drin, was gut tut.

- Gemüse schälen.
- Kerne vermengen.
- Gemüse und Kerne fein raspeln.
- Wasser, Öl und ggf. Süße mit den Flocken, den Kernen und dem Gemüse vermengen bis eine teigartige Masse entstanden ist. Den Teig in eine Backform füllen und die Oberfläche mit angefeuchteten Händen glatt streichen. Den Teig zugedeckt bei Raumtemperatur 1 Stunde quellen lassen.
- Anschließend bei ca. 170 Grad 45 Min. backen. Aus der Form nehmen und weitere 45 Min. backen.
- In Scheiben schneiden und je nach Festigkeit nochmals 10–15 Min. aufbacken oder – als Vorrat – jetzt einfrieren und bei Bedarf nach dem Auftauen noch einmal backen.

PINKELLA-STREICH

TO GO

- 1 Rote Bete
- 5 Trocken-/Softfrüchte
- 1 EL Hirseflocken
- 50 g Haselnüsse
- 2 EL Nussmus

- Wildkräuter, gern auch Minze
- 1 guter EL Carob-Pulver, Orangenschale, Zimt, Vanille, Salz und – crazy, aber gut: Chili

L 30 Min.

Für Prinzessinnen und Prinzen. Eine „gesunde" Süßigkeit, vor allem im Winter. Saftig, kräftig, erdend. Wunderbar auf dem Pausenbrot oder im Pfannkuchen (S. 194).

- Rote Bete gar kochen.
- Haselnüsse mit Gewürzen anrösten und mahlen.
- Fett und Softobst mit Pürierstab/starkem Mixer zerkleinern. Haselnüsse und Carob sowie restliche Gewürze hinzufügen.

SPINAT

April bis Juni

Spinat ist auch so einer, den man eigentlich früher nur mit Spiegelei oder Fischstäbchen kannte. Weit gefehlt! Der Frühlingsbote geht in ähnliche Richtung wie sein Pflanzenbruder Mangold, der später im Jahr auftaucht. Toll zu allen „Blütenblättern", gut asiatisch, gut orientalisch, gut klassisch im Brot. Und nicht vergessen: Natürlich auch im Smoothie.

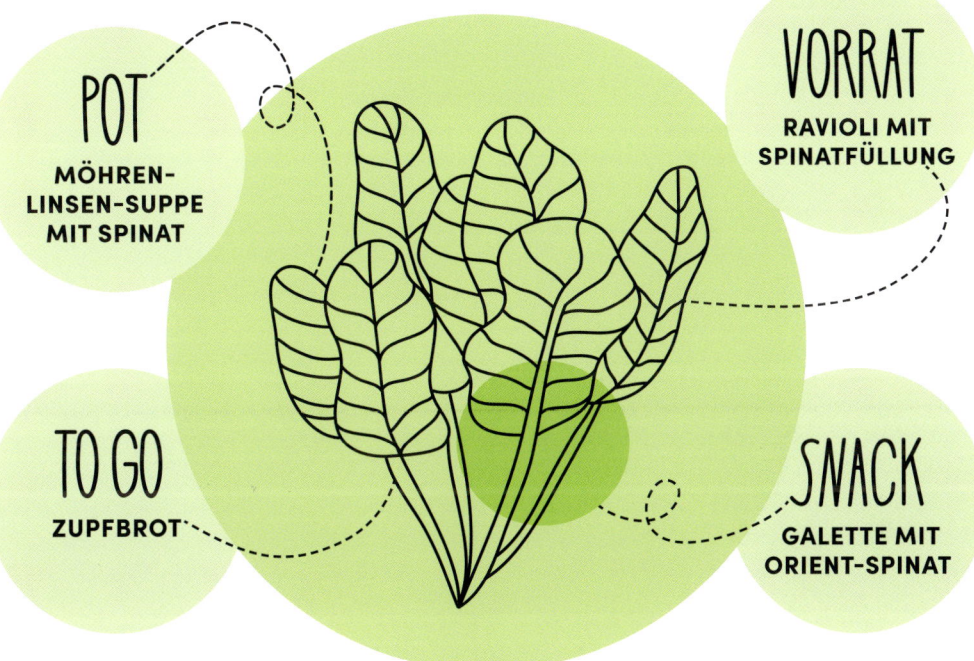

POT
MÖHREN-
LINSEN-SUPPE
MIT SPINAT

VORRAT
RAVIOLI MIT
SPINATFÜLLUNG

TO GO
ZUPFBROT

SNACK
GALETTE MIT
ORIENT-SPINAT

SPINAT *liebt*

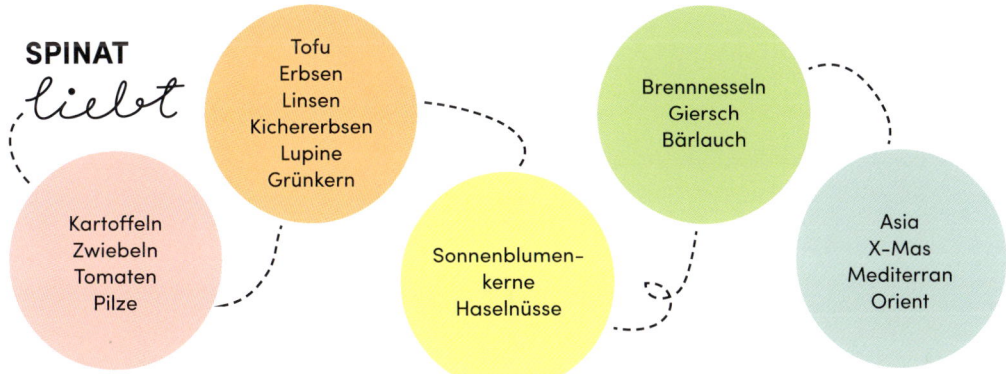

Tofu
Erbsen
Linsen
Kichererbsen
Lupine
Grünkern

Brennnesseln
Giersch
Bärlauch

Kartoffeln
Zwiebeln
Tomaten
Pilze

Sonnenblumen-
kerne
Haselnüsse

Asia
X-Mas
Mediterran
Orient

MÖHREN-LINSEN-SUPPE MIT SPINAT

POT

- 3–4 Möhren
- 2 Handvoll junger Spinat
- Suppengemüse
- Falls zur Hand und gerade im Frühjahr toll: Sprossen
- 1 EL Sojaghurt/-quark
- 200 g rote Linsen
- 1 EL Nussmus
- Alles aus der Wiese: Brennnesseln, Giersch, 1 Blatt Gundermann, Löwenzahn, Vogelmiere, Sauerampfer ...

- 1 EL Olivenöl
- 1 Scheibe Ingwer
- 1 Schuss Apfelsüße (alternativ: Feige mitkochen)
- Curry, Kurkuma, Galgant, Orangenschale
- Salz
- Ca. 600 ml Wasser (gern mit einem TL Gemüsebrühe)

L 30 Min.

Kraftsuppe im Frühling und frühen Sommer mit allem, was die Natur uns dann schenkt.

- Wurzelgemüse klein schneiden.
- Spinat abbrausen und trocknen.
- Mit den Gewürzen in heißem Öl anschwitzen und Linsen zugeben.
- Mit Brühe angießen, würzen und ca. 15 Min. köcheln lassen.
- Wer's püriert mag, tue solches.
- Mit 1 EL Nussmus und Sojaghurt, Salz und Curry etc. nach Belieben abschmecken.
- Wer mag, kann die Suppe noch mit gerösteten Nüssen oder Räuchertofu und natürlich mit jeder Menge Kräutern garnieren.

RAVIOLI MIT SPINATFÜLLUNG

Ravioli/Nudelteig
100 g Weizenmehl
100 g Hartweizengrieß
110 ml kaltes Wasser
1 EL Olivenöl und Salz

Füllung
● 1 Handvoll Spinat, blanchiert

● Ca. 100 g Bio-Tomatenmark bzw. getrocknete Tomaten
● Optional ein paar rote Linsen
● 1 Handvoll Walnusskerne
● Minze, Petersilie, Oregano
● 1/2 TL Kreuzkümmel
● Je ca. 1/2 TL Pfeffer und Salz
● Olivenöl

🕐 5 Min. + 1 Std. Ruhezeit + 10 Min.

Grüne Überraschung im Nudelpaket: prima zum Einfrieren.

- Mehl und Hartweizengrieß in eine Schüssel sieben. Wasser dazugeben. Alles zu einem geschmeidigen Kloß formen. Ist er zu feucht, etwas Mehl hinzugeben. Ist er zu trocken, etwas kaltes Wasser/Öl hinzufügen. Für ca. 1 Std. in den Kühlschrank legen.
- So dünn es geht ausrollen. Wenn der Teig am Nudelholz klebt, immer mal wieder etwas bemehlen.
- Mit einem Glas Kreise ausstechen.
- Jeweils 1 TL Füllung aufbringen.

Füllung:
- Walnusskerne grob hacken.
- Kräuter zupfen und hacken. Spinat lesen und (ggf. mit Linsen) blanchieren.
- Tomatenmark mit den übrigen Zutaten vermengen und mit Salz abschmecken. Mit Öl die Konsistenz steuern.
- Jeweils 1 TL auf die zu füllenden Ravioli aufbringen.
- Die Ravioli zuklappen, ggf. mit einer Gabel die Ränder andrücken und ein paar Minuten gar kochen.

GALETTE MIT ORIENT-SPINAT

SNACK

Teig
150 g Buchweizenmehl
300 ml Sprudel (ggf. noch Schuss Hafermilch)
2 EL Sojamehl
1 TL Backpulver
Salz (Süße)

Füllung
● Spinat
● Zwiebeln (optional)
● (Kicher-)Erbsen
● Nussmus
● Kräuter
● 1/2 TL Kreuzkümmel, Koriander
● Hauch Zitrone
● Hefeflocken
● Sojaghurt
● Salz und Pfeffer

🕐 30 Min. (ohne Einweichzeit)

Ein klassischer Pfannkuchenteig darf auch nicht fehlen. Geht auch für süße Füllungen, zum Beispiel mit der Pinkella-Streich (siehe S. 190). Oder hier: klassisch mit Spinat-Fülle, raffiniert durch die wunderbaren Hülsenfrüchte.

- Pfannkuchenteig anrühren und etwas stehen lassen.
- (Kicher-)Erbsen aus dem Vorrat holen oder frisch zubereiten.
- Spinat blanchieren.
- Zwiebeln klein schneiden und in Öl glasig dünsten. Das Gemüse hinzufügen und mit Nussmus, Kräutern und Gewürzen abschmecken. Der Sojaghurt sorgt für eine frische Sämigkeit des Ganzen. Mit Wildkräutern garnieren, hier passen Brennnesseln und Vogelmiere gut.
- In die Pfannkuchen rollen und zu hübschen Scheiben schneiden.

ZUPFBROT

TO GO

Teig

470 g Mehl-Mix

20 g frische Hefe

1 TL Bio-Rübenzucker

Bis zu 400 ml warmes Wasser

1 TL Essig oder Brottrunk

2 EL Olivenöl

Spinat-Pesto als Füllung

2 Handvoll Spinat, blanchiert

Sonnenblumenkerne

Zitronensaft

1 dl Olivenöl

Tomatenmark

Brennnesseln, Giersch, Vogelmiere Bärlauch

Je ca. 1/2 TL Pfeffer und Salz

L 2 Std. - macht sich fast von allein und wunderbar mit Kräutern im Teig. Dazu Dips und kleine Gemüsereste – ein immer wieder anderer „To go"-Moment. Hier: Spinat-Pesto.

- Vorteig machen, indem man in die Mitte des Mehls eine Kuhle macht, die Hefe zerbröselt und mit lauwarmem Wasser und Zucker anmischt.
- 10–20 Min. stehen lassen.
- Die restlichen Zutaten hinzufügen (Wasser portionsweise und immer mal fühlen, wie viel nötig ist) und gut durchkneten.
- Mindestens eine Stunde in einer abgedeckten Teigschüssel ruhen lassen.
- Für das Pesto den blanchierten Spinat mit den Kernen, dem Zitronensaft, Öl, Tomatenmark und Kräutern abschmecken.
- Ausrollen und mit der Füllung bestreichen.
- In Streifen schneiden, diese vorsichtig aufrollen und in eine Springform setzen.
- 30 Min. bei 180 Grad garen.

WEISSKOHL
Oktober bis Januar

Absolut typisch, regional, billig, ergiebig und so gut zu konservieren, dass er immer verfügbar ist. Die Deutschen wurden früher nicht umsonst „Krauts" genannt. Weißkohl ist „das" heimische Gemüse und der heimliche Star in der Klimafreundlich-Küche.

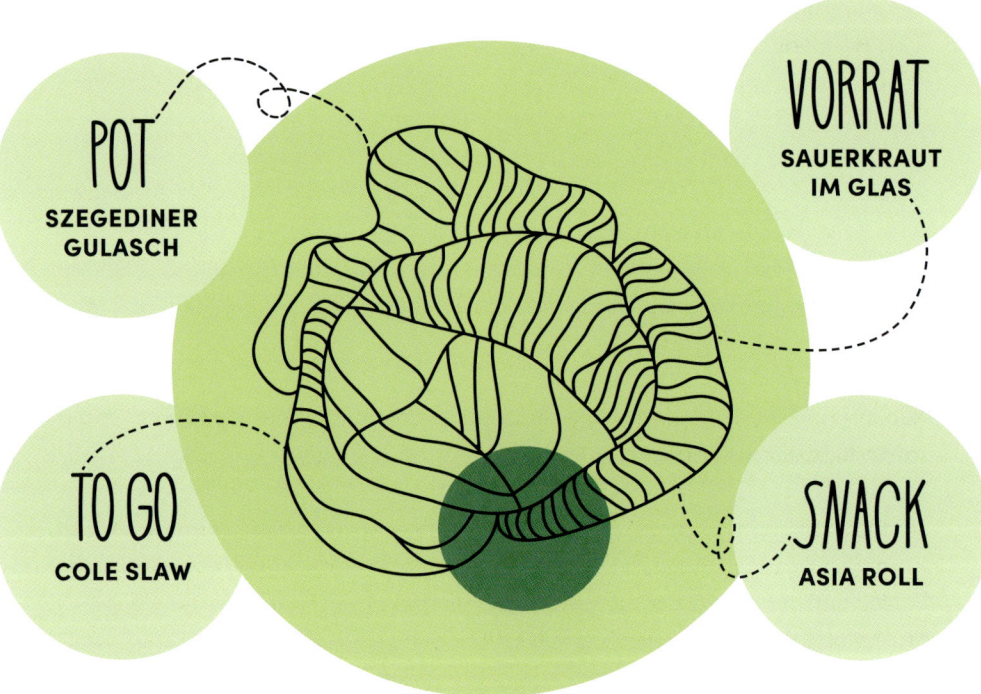

POT
SZEGEDINER GULASCH

VORRAT
SAUERKRAUT IM GLAS

TO GO
COLE SLAW

SNACK
ASIA ROLL

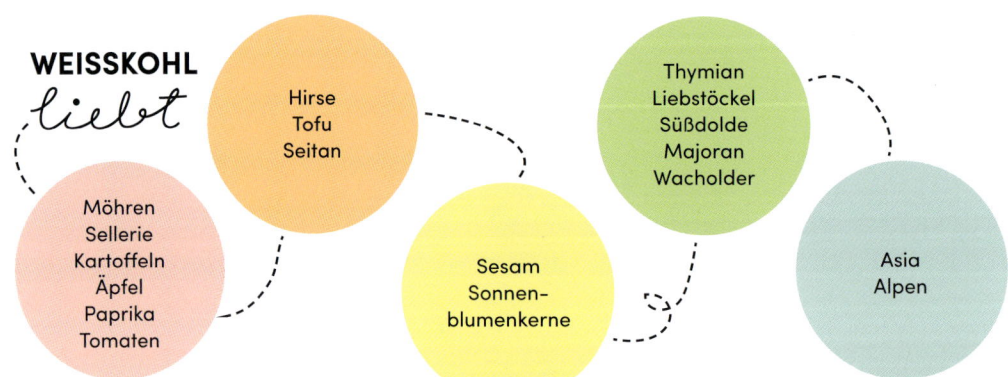

WEISSKOHL *liebt*

Hirse
Tofu
Seitan

Möhren
Sellerie
Kartoffeln
Äpfel
Paprika
Tomaten

Sesam
Sonnen-
blumenkerne

Thymian
Liebstöckel
Süßdolde
Majoran
Wacholder

Asia
Alpen

COLE SLAW

TO GO

- 1 Stück Weißkohl, ca. 350–400 g
- 2 Möhren
- 1 Apfel
- 2 Feigen
- 5 EL Sonnenblumenkerne
- 1 Handvoll frische Petersilie, Giersch, Kapuzinerkresse, falls noch im Garten oder auf dem Balkon

- 2 EL Essig

Dressing
- 2 EL Nussmus
- 50 ml Hafermilch
- 2 TL Senf
- 2 EL Sojaghurt
- 1 TL Sojasauce
- 3 EL Olivenöl
- 2–3 EL Apfelessig
- Salz, Pfeffer, Petersilie, evtl. Curry

L Schnell gemacht, muss aber durchziehen

Ein internationaler Klassiker. Regional. Super zum Mitnehmen im Glas. Super auch für mehrere Tage.

- Das Gemüse waschen und fein aufschneiden oder hobeln. Gern vorher mit etwas Salz, Essig und Kräutern verkneten und ziehen lassen. Kohl liebt ja die freundliche Knetmassage, dann wird er schön weich und geschmeidig.
- Sonnenblumenkerne ohne Fett in einer Pfanne ein wenig anrösten und bereitstellen.
- Für das Dressing alles gut vermischen und gut abschmecken. Eine Kräuterrunde im Garten oder im Balkonkasten drehen und mit frischem Grün garnieren.

SZEGEDINER GULASCH

POT

- 1 Pfund Sauerkraut
- 2 Paprika (!)
- 3 saure Gurken
- 4 Kartoffeln
- 1 Handvoll Sojaschnetzen oder Seitan
- Brennnesselsamen
- Majoran

- Kräutersalz
- Brotgewürz
- Chili (reichlich)
- Koriander und Kreuzkümmel
- 250 ml Tomatenmark
- 1 EL Senf
- Würzwunder
- Apfelsüße

L Je länger es kocht, desto besser

Der Klassiker für trübe Wintertage macht lustig, weil sauer und froh, weil bunt. Und vor allem ein Gericht, das auch eingefleischte Fleischfans von den Vorzügen der Pflanzenwelt überzeugen dürfte.

Kleiner Extra-Klimacheck:

Saisonal, aber im Winter wachsen nicht zeitgleich zum frischen Sauerkraut auch noch frische Paprika. Die Tomaten hast du bestenfalls im Sommer konserviert. Ein kräftiger Schuss Rotwein (statt Wasser) ist super dazu, aber mit 1.000 Liter Wasserverbrauch pro Liter Wein kein Klimaleichtgewicht.

- Mit Wasser auffüllen, dass alle Zutaten gut bedeckt sind und mindestens eine Stunde durchkochen lassen.
- Abschmecken (ggf. mit Hafermilch, falls zu sauer). Fertig.

ASIA ROLL

SNACK

- 1 Tasse frisches Sauerkraut
- 2 Tassen Sprossen
- Kohlblätter
- Ggf. mit Räuchertofu „aufpimpen"
- 1 EL Sesamöl
- 2 EL Sesamsamen
- 2 EL Sojasauce

L 15 Min.

Hippe „Roll" mit fast null CO_2.

- Das Sauerkraut mit den selbst gezogenen Sprossen | » SÄTTIGUNGSBEILAGE | DIY | in eine Schüssel geben. Mit der Würze, dem Sesam und dem Sesamöl mit den Händen gut vermengen.
- Wer mag, schneidet noch dünne Räuchertofustreifen. Das Ganze wickeln wir stilecht in Kohlblätter (ggf. vorher blanchieren, nicht nötig bei Chinakohl) und nehmen es wohin auch immer mit.

SAUERKRAUT IM GLAS

- 2–3 Einmachgläser à 1 Liter
- 2 kg Weißkohl
- Bei Bedarf 1/2 l Apfelsaft
- 5 Lorbeerblätter

- 10 Wacholderbeeren
- 40 g Salz

VORRAT

Ⅼ 30 Min. + Fermentationszeit

Diese Variante kommt ohne den klassischen Fermentier-Bottich aus. Easy going, lange haltbar. Denn auch im Glas fermentiert Kohl prima.

- Kraut putzen, ein paar große Blätter zur Seite legen und (mit Krauthobel) in feine Streifen schneiden.
- In einer großen Schüssel mit Salz vermengen, gut mischen und mit den Händen kneten und „massieren". Kohl liebt das. Aus Dankbarkeit tritt Saft aus.
- Danach die Krautstreifen bis 2 cm unter den Rand in die heiß ausgespülten Gläser füllen und dabei fest andrücken.
- In jedem Glas 2 Lorbeerblätter und 5 Wacholderbeeren verteilen und anschließend mit der ausgepressten Flüssigkeit begießen, bis das gehobelte Kraut komplett bedeckt ist. Falls das nicht reicht, etwas Apfelsaft (das ist milder) zugeben.
- Die beiseitegelegten Kohlblätter in passend große Stücke zerteilen und das Kraut damit bedecken. Dann die Glasränder säubern und die Gläser mit Glasdeckeln und im Wasser ausgekochten Gummiringen verschließen.
- Bei Zimmertemperatur 5 Tage gären lassen. Dabei kann Flüssigkeit durch den Gummi austreten, daher besser auf einen Teller stellen.
- Danach können die Gläser kühl und dunkel gelagert werden.

ZUCCHINI

Juli bis September

Manchmal gibt es eine regelrechte Zucchini-Schwemme und man weiß kaum, wohin mit dem Kürbisgewächs. Gut, dass es so vielseitig ist. Und in der Saison so gut zu nutzen, dass man den Rest des Jahres keine zu besorgen braucht.

POT
DAL

VORRAT
RELISH

TO GO
ZUCCHINI-KUCHEN
„SURPRISE"

SNACK
FOCACCIA

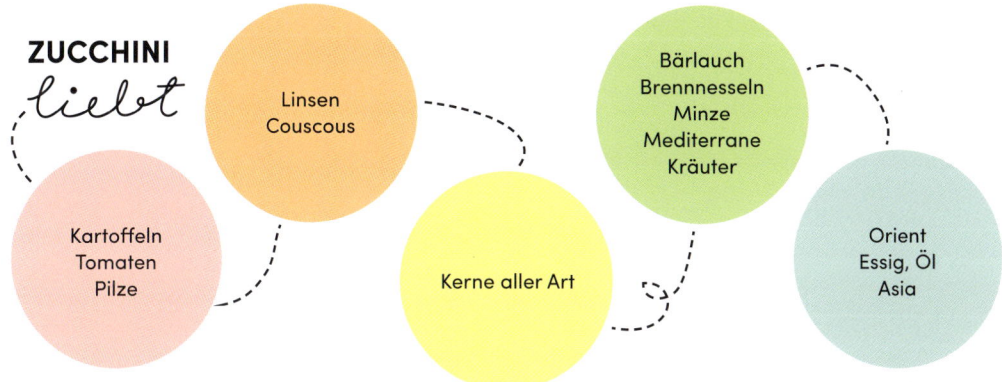

ZUCCHINI *liebt*

Linsen
Couscous

Bärlauch
Brennnesseln
Minze
Mediterrane
Kräuter

Kartoffeln
Tomaten
Pilze

Kerne aller Art

Orient
Essig, Öl
Asia

DAL

POT

- 1 Zucchini
- 1 Möhre
- Optional: Sojafleisch, Tofu oder Lupine
- 1 Handvoll dunkle (Beluga-)Linsen
  Wer noch möchte: Getreide, etwa Hirse, hinzufügen
- Giersch, Brennnesseln

- Senf
- 1/2 TL Kreuzkümmel
- 1/2 TL Kardamom
- 1/2 TL Koriander
- Ingwer
- Salz
- Ca. 400 ml Wasser

⌐ 30 Min.

Zucchini meets India. Toller Eintopf, der schnell gemacht ist, weil die Zutaten nicht lange garen müssen. Leicht für den Bauch, leicht zu machen.

- Linsen und Gewürze im Öl anschwitzen. Möhre, Ingwer (fein gewürfelt) mit dazugeben. Zucchini schneiden und unterheben. Mit Wasser aufgießen. Ggf. „Fleisch" zufügen.
- Wer es „suppiger" mag, gibt mehr dazu, wer es mit Brot tunken möchte, nimmt weniger Wasser.
- Gut abschmecken.

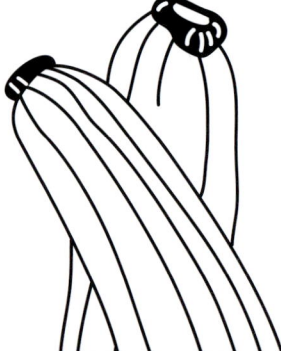

RELISH

VORRAT

- 1 kg Zucchini
- 300 g Lauch oder Zwiebeln
- 1 Chili
- Kräuter!
- Ingwer
- 1 EL Öl
- 2 TL gemahlener Koriander

- 1 TL Curry
- 2 TL Senfsaat
- Honig als Süße,
  ggf. noch Apfelsüße
- 150 ml Apfelessig
- 150 ml Wasser/Apfelsaft
- 1 guter TL Salz

⌐ 1 Std.

Hält sich im Schraubglas übers Jahr und passt super zum „Salat to go".

- Zucchini in feine Würfel schneiden, Lauch oder Zwiebeln ebenfalls putzen und fein schneiden.
- Ingwer und Chili würfeln.
- Öl erhitzen und Koriander, Senfsamen und Ingwer anrösten. Lauch und Zwiebeln hinzufügen und andünsten. Zucchini, Chili, Honig/Süße, Essig und Salz unterrühren und zugedeckt ca. 1 Std. köcheln lassen. Ggf. Wasser nachgießen.
- In sterilisierte Gläser füllen und sofort verschließen. Umdrehen. Das sorgt für noch besseres „Dichtmachen" der Gläser. Später natürlich wieder umdrehen.

FOCACCIA

- 1 Zucchini
- 2,5 dl Mehl
- 2,5 dl Buchweizenmehl
- 3 TL Backpulver
- 1 dl Kerne
- Kräuter wie Thymian, Oregano, Knoblauchsrauke, Brennnesseln

- Plus: Eingelegtes (Oliven, Schlehen, Gänseblümchen, Gurke, ggf. getrocknete Tomaten)
- Kräutersalz und Pfeffer
- Ca. 300 ml Wasser

Ⓛ 20 Minuten bei 200 Grad

SNACK

Schnelles Mitbring-Brot für die Party. Die Deziliter-Abmaße sorgen für eine blitzschnelle Zubereitung ohne Abwiegen.

- Zucchini reiben und mit den Zutaten vermengen. So viel Wasser hinzufügen, dass eine „typische" Teigmasse entsteht. Gut abschmecken. In eine Springform geben. Mit Olivenöl und Kürbiskernen versehen und im Ofen abbacken.

ZUCCHINI-KUCHEN „SURPRISE"

- 1 kleine Zucchini, schön zerkleinert
- 200 g Mehl
- 100 g Bio-Rübenzucker
- 1 TL Natron
- 50 g Margarine
- 1 EL Öl
- Minze, Gundermann

- 150 ml Sprudel (je nach Mehl auch mehr)
- 1–2 TL Essig
- Salz
- 1 EL Carob
- Hauch Zitrone

TO GO

⏲ 180 Grad, ca. 30 Min.

Stellt euch vor, es ist Sommer und ihr ihr feiert das mit dem Kuchen draußen beim Picknick. Oder der Duft von Unbeschwertheit zieht in eure Büropause ein. Die Zucchini machen den Kuchen ganz saftig.

- Verrühre das Ganze, schön abschmecken und fülle es in Muffinsförmchen oder eine Springform und lass es bei ca. 180 Grad 35 Minuten (Muffins natürlich kürzer) backen.
- Mit essbaren Blüten verzieren und es sich schmecken lassen.

. . . .

ZWISCHENMAHLZEIT
WILDES GRÜN

ZWISCHENMAHLZEIT: WILDES GRÜN
KLIMASMARTES VOR DER HAUSTÜR

Öffne deine Tür: Da sind unsere tapferen, oft missachteten und mit Füßen getretenen Pflanzenschwestern, die darauf warten, gesehen und gewürdigt zu werden. Auch in der Stadt. Auch und gerade in Zeiten, wo wir Nahrungsmittel um die halbe Welt karren und den Blick von dem, was vor unserer Nase wächst, abwenden. Mit dem Siegeszug der Pharmazie ab Ende des 19. Jahrhunderts verschwanden die grünen Gesellinnen. Die Klimafreundlich-Küche bekennt sich zu ihren heimlichen Verbündeten: zur heimischen Wildnis auf Wiesen und in Wäldern, vielleicht auch im Balkonkasten.

Ich habe mich auf Klassiker unter dem Aspekt ihrer Tauglichkeit für unser Thema konzentriert (es gibt in Europa 1.500 essbare Pflanzen, von daher: eine homöopathische Auswahl!). Es handelt sich um auch für Laien gut erkennbare Pflanzen, die fast überall wachsen. Sie sind außerdem mehr oder weniger universell in der Wildkräuterküche einsetzbar und zeichnen sich durch eine recht lange Saison aus.

Das Beste in unserem Kontext: Das Schlaraffenland wächst plastikfrei und ohne Transportwege bis in unsere Küchen. Einen kleineren grünen Kreislauf gibt es nicht. Noch dazu: Völlig kostenlos. Und dabei bleibt es längst nicht: Wild-pflanzen stecken voller magischer Ingredienzen. Ihre Wirkungsweise ist kom-plex, kaum erschlossen. Sie stecken bis in die Blattspitzen voll mit Vitaminen, essenziellen Spurenelementen, Enzymen und Mineralstoffen – bis zu 100 % mehr als im konventionellen Obst und Gemüse. Jedes Kraut hat seinen unver-wechselbaren Geschmack und: Heilwirkung. Für manche Zeitgenossen (noch/eher) ungewohnt. Doch die Komponenten aus sinnlicher (Neu-)Erfahrung, ge-sundheitlichem Nutzen und Gratis-Dreingabe der Natur vor unserer Haustür sorgt für den ultimativen Kick in der Klimafreundlich-Küche.

Manche riechen fantastisch, das sind die **ätherischen Öle**. Andere enthalten **Bitterstoffe** zur Anregung von Galle und Leber oder **Flavonoide**, die auf die Gefäße wirken und Kreislaufbeschwerden entgegenwirken.

Als Antioxidantien sind sie das heimische „Superfood", ganz simpel in Äpfeln, Zwiebeln, Brokkoli oder Heidelbeeren. Wild kommen sie unter anderem in der Linde, im Holunder, in der Kamille oder der Ringelblume vor.

Schleimstoffe beherbergt der Apfel, die Himbeere oder der Spitzwegerich. Sie schützen unser Immunsystem, lindern oder täuschen uns Süßes vor.

Die eher bitter schmeckenden **Saponine** sind wassertreibend und entschlacken. Sie kommen zum Beispiel in der Sojabohne vor. Gerbstoffe, etwa im Salbei, sind entzündungshemmend und antibakteriell.

Die **Senföle** wärmen uns, fördern die Durchblutung und unterstützen das Immunsystem. Wir finden sie in allen Kohlgewächsen, in der Kapuzinerkresse, im Rettich oder natürlich im Senf selbst.

Cumarinhaltige Pflanzen enthalten intensive Küchenaromen, die nur sehr dosiert verwendet werden sollten. Ein Blättchen Waldmeister oder eine Idee von Liebstöckel veredeln unsere Speisen und lassen sie zu absolutem Power- -Grün werden.

Eine spannende Auswahl an Kräuterliteratur findest du unter www.freya.at.

PFLÜCKREGELN

- Sammle nur, was du kennst. Als Gefäße eignen sich die Dinge, die du sowieso dabei hast: eine Papiertüte, eine Stofftasche.
- Sammle trockene Pflanzen.
- Nutze den Morgen, wenn die meiste Pflanzenkraft da ist.
- Sammle Pflanzen dort, wo sie ihre Heimat haben und üppig und gesund wachsen.
- Sammle nur saubere Pflanzen, es versteht sich von selbst, dass Hundewiesen und viel befahrene Straßen(-ränder) eher nicht so geeignet sind.
- Sammle nur so viel, wie du wirklich brauchst.
- Sammle in einem Zustand der Achtsamkeit und nimm Kontakt zu der Pflanze auf.
- Es ist selbstverständlich, dass wir auch Besitztümer wie „Nachbars Garten" oder Naturschutzgebiete achten.
- Bedanke dich beim Pflanzenwesen.

HINWEIS

Wer im Erkennen der Pflanzen unsicher ist, möge bitte ein Bestimmungsbuch mitnehmen, oder: weniger klimafreundlich, weil digitale Applikation mit ressourcenreichen Serverabfragen, aber schlicht großartig: die App **„flora incognita"** von der Technischen Universität Ilmenau – und noch besser: sich mit örtlichen Kräuterkundigen kurzschließen und eine Führung mitmachen. Unvergesslich, unersetzlich.

Und weil in jeder der hier vorgestellten Pflanzen jede Menge Wirkung steckt: Bitte mit deinem gesundheitlichen Empfinden abgleichen.

TIPP:

Wer keine Kräuter sammeln kann oder will, bedient sich der getrockneten Varianten. Es gibt fantastische Kräuter-Versender oder „in echt" die gute alte Apotheke, wo man sie meist in Papiertüten verpackt kaufen kann.

HEIMISCHE WILDKRÄUTER

Die meisten Kräuter sammelst du von März bis September.

BRENNNESSEL

KLIMAFREUNDLICH-KÜCHE

Die Königin des „Superfoods" – ihre Vitamin- und Mineralstoffwerte sind spitze wie ihre Blätter. Die Brennnessel ist ein Detox-Kraut par excellence und prall gefüllt mit Schutzzauber vor zahlreichen Krankheiten. In den Blättern steckt zum Beispiel 50-mal mehr Eisen als im Kopfsalat. Wir nutzen sie als Gemüse (Spinat), in der Suppe, im Bratling, im Pesto, im Smoothie oder als entschlackenden Frühjahrstee. Die Samen schmecken leicht nussig und passen zu allem. Abgesehen davon sind sie ein großartiges Proteinpulver, enthalten sie doch mehr Eiweiß in der Trockenmasse als etwa in Sojabohnen steckt.

BEACHTE

Brennnesseln – nun ja – brennen. Beim Pflücken Handschuhe tragen oder besonders beherzt zugreifen. Oder von der Unterseite aus zwischen den Fingern rollen. Durch Erhitzen oder Überrollen (mit einer Flasche) erlischt die Funktion der Brennhaare. Du kannst sie dann gefahrlos weiterverarbeiten.
Schau genau – möglicherweise entdeckst du aber Ampfer oder Spitzwegerich als das Brennen lindernde Pflanzenschwestern in unmittelbarer Nähe. Die Natur liefert ihr Gegengift häufig genug gleich mit.

GÄNSEBLÜMCHEN

KLIMAFREUNDLICH-KÜCHE

Allseits beliebt, allseits heilkräftig. Die jungen Blätter schmecken wie Feldsalat. Die Blüten sind süßlich-mild. Die Knospen können wir einlegen oder im Chutney verarbeiten. Als Deko, in Salaten, Suppen, Joghurt, pur aufs Brot.

Ein Liebchen. Weil es so ein positives Pflänzchen ist, macht es Hoffnung, dem Klimawandel doch noch zu begegnen.

GIERSCH

KLIMAFREUNDLICH-KÜCHE

Der Unbeugsame, oft verhasst von Gartenfreundinnen und Gartenfreunden. Dabei ist Giersch ein pflegefreies Dauergemüse voller Eisen, Vitamin C und Karotin. Die ersten Blätter schmecken zart möhrig, später kräftig petersilien-artig. Daher passend zu Kartoffelgerichten, Suppen und Pesto. Ein Klassiker im „Almdudler" (Kräuterlimo). Als Wildsalat oder Wildspinat prima. Samen wie Kümmel verwenden.

BEACHTE

Seine kleinen Wurzeln verzweigen sich zu einem feinen Netz. Wer ihn lässt, kann von seiner Kraft profitieren. Er ist einer der Ersten im Frühjahr und einer der Letzten im Herbst, der uns frisches Grün liefert.

GUNDELREBE/GUNDERMANN

KLIMAFREUNDLICH-KÜCHE

Gering dosieren, weil sehr markant, dann aber gut im Salat, im Aufstrich und im Smoothie, Bestandteil der „Auferstehungssuppe". Um Öl zu aromatisieren sehr apart. Auch eine gute Kräutersalzzutat.

BEACHTE

Die alte Heil- und Zauberpflanze mit ihren herzförmigen Blättern und den lila Blüten ist ein Hingucker, daher gut zu finden. Weit verbreitet aromatisiert er unsere Klimaküche, ähnlich wie früher die Feldküchen der Soldaten. Die bit-terstoffreiche Gundelrebe war außerdem eine beliebte Bierzutat. Weil sie die brauenden Mönche zu stark anregte, verlagerte sich die Kirche aufs Promoten von Hopfen. Der stellt ruhig.

KNOBLAUCHSRAUKE

KLIMAFREUNDLICH-KÜCHE

Knoblauchgeschmack ohne Mundgeruch, prima für Salat, Aufstrich oder Senfzutat. Achtung: Gekocht verliert sie ihr Aroma, daher nur frisch und roh nutzen. Die Samen ab Juli sammeln, trocknen und mahlen. Wie Senfkörner verwenden. Die Wurzel ist leicht scharf und gut für Gemüsepfannen und Eintöpfe geeignet.

BEACHTE

Ein Strauß Knoblauchsrauke auf der Fensterbank ist hübsch und liefert eine wunderbare Nahrungsergänzung. Die Senfölglycoside sorgen für den leicht scharfen Geschmack.

LÖWENZAHN

KLIMAFREUNDLICH-KÜCHE

Der anspruchslose Geselle mit dem leuchtend gelben Köpfchen wächst wirklich überall. Er ist so markant, dass ihn auch Kräuterunkundige erkennen. Und: Man kann ihn von „Kopf bis Fuß" verwenden. Je jünger, desto zarter.
- Blätter im Frühjahr für Salat, in der Suppe, im Smoothie oder als Tee
- Blüten als Honig oder Wein
- Knospen als „Kapern" in Öl eingelegt
- Wurzeln als „Kaffee- oder Chai-Teeersatz"

BEACHTE

Er ist ein Nitratanzeiger. Wächst auf einer Wiese nur Löwenzahn, ist der Stickstoffgehalt sehr hoch. An den Stellen besser nicht pflücken.

ROTKLEE

KLIMAFREUNDLICH-KÜCHE

„Im Dessert, auf Salat oder im Tee – vielseitig verwendbar ist der Rotklee", sagen die Südtiroler Frauen. Die jungen Blätter sind geeignet als Smoothie- und Suppenzutat. Sie schmecken ein bisschen nach Erbsen. Die Blütenköpfchen sind ebenfalls toll für Salat, Aufstrich und zum Aromatisieren von Süßspeisen (und Likören). Auch die Samen haben's in sich: Sammle sie und ziehe sie im Winter zu Sprossen | » SÄTTIGUNGSBEILAGE | DIY |.

BEACHTE

Rotklee gehört zu unseren Leguminosen-Freundinnen. Noch dazu ist der Glücksbote sehr ansehnlich, gut zu erkennen und steckt voller wunderbarer Inhaltsstoffe, zum Beispiel wirkt Rotklee regulierend auf den Hormonhaushalt. Gute Laune inklusive.

SPITZWEGERICH

KLIMAFREUNDLICH-KÜCHE

Das herb-würzige, markante Kraut mit seinen schmalen Blättern, die wie Lanzen aus dem Boden schießen, wächst in Rosetten. Eigentlich bekannt als „Erste Hilfe-Pflanze" für allerlei Wehwechen unterwegs, eignet er sich für alle Gerichte der Klimafreundlich-Küche. Die Knospen schmecken wie Champignons. Die Wurzel passt prima in unsere „Pots".

BEACHTE

Der Wegerich möge uns begleiten, er wächst, wie der Name sagt, an Wegesrändern – auch in der Stadt – und sollte möglichst frisch verwendet werden.

VOGELMIERE

KLIMAFREUNDLICH-KÜCHE

Universalpflanze mit sternförmiger Blüte. Nicht nur hübsch anzuschauen, sondern eine Augenweide für Salat, im Aufstrich, im Smoothie.

BEACHTE

Wächst oft in ganzen Teppichen. Morgens öffnen sich die kleinen Blütensterne, vorausgesetzt es gibt keinen Regen. Wird der Stängel auseinandergezogen, kommt ein dünner Faden zum Vorschein. Weil sie auch frostbeständig ist, lässt sie sich auch im Winter noch frisch ernten. Sie gedeiht sogar auf dem Balkon.

Klassische Küchenkräuter, wie Basilikum, Rosmarin, Salbei, Liebstöckel, Majoran, Oregano, Minze oder Melisse, hast du sicher im Balkonkasten, auf der Terrasse oder auf der Fensterbank griffbereit. Sie brauchen ja nicht viel zum Wachsen, doch ihre Würzkraft ersetzt beim Kochen so manches Salzkorn.

BÄUME UND STRÄUCHER

BIRKE

KLIMAFREUNDLICH-KÜCHE

- Die Helle, die Lichtbringerin im Frühjahr, der „Maibaum".
- Das Symbol des Lebens – und ihre Blätter als Tee für die Frühjahrskur.

BEACHTE

Kombiniert mit jungen Brennnessel-Blättern perfekt für den Entschlackungs-Kick.

BROMBEERE

KLIMAFREUNDLICH-KÜCHE

- Eine der ältesten Heilpflanzen, Blätter für Mehl und Tee. Ihre Früchte lassen sich gut einfrieren, zu Likör verarbeiten oder zu Marmelade, Chutney – oder im Winter-Smoothie.
- Hervorragend in Kombination mit Basilikum oder Rosmarin.

BEACHTE

Wer im leichten Sommerkleidchen am Wegesrand Brombeeren pflückt, sollte wissen: Sie haben dornige Ruten und – wachsen gern in Gemeinschaft mit Brennnesseln ...

Fermentierte Blätter können Schwarztee ersetzen. Die Blätter werden dazu kräftig zerdrückt, mit Wasser besprengt, in ein Tuch gerollt und einige Tage an einem warmen Ort zum Gären gebracht. Danach müssen sie getrocknet werden.

EBERESCHE

KLIMAFREUNDLICH-KÜCHE

- Wieder eine Vitaminbombe vor der Nase. Im Frühjahr schmecken die jungen Blättchen nach Marzipan und ab August leuchten uns die orangen Beeren, genannt Vogelbeeren, entgegen. Wir kochen sie zur Verwendung ab. Sie schmecken krass herb.
- Für Würze, Marmelade und Liköre – in Kombination mit anderen zeitgleich reifen Ernteschätzen, wie Pflaumen, Äpfeln oder Holunderbeeren.

BEACHTE

Vogelbeeren, ja, die kann man essen. Aber: Erst das Abkochen verwandelt den leicht giftigen Stoff Parasorbinsäure in Sorbinsäure um, was ein natürlicher Konservierungsstoff ist.

FELSENBIRNE

KLIMAFREUNDLICH-KÜCHE

- Mini-Äpfelchen mit Marzipanaroma, fantastisch für Marmeladen bzw. Liköre.

BEACHTE

Beinhaltet in geringen Mengen Blausäure, also nicht in irrsinnigen Mengen verzehren.

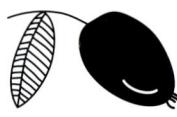

HAGEBUTTE

KLIMAFREUNDLICH-KÜCHE

- Die „Heckenrose" hat 25-mal mehr Vitamin C als Orangen: perfekt als pulverisierte Pflanzenkraft, gut etwa im Pesto.
- Gute Salzzutat.
- Ganz Eifrige pulen die Kerne raus und nutzen sie als Teeaufguss bei Rheumabeschwerden oder zur Entwässerung.

BEACHTE

Hagebutten verarbeiten ist etwas mühsamer. Ich trockne sie daher und mahle sie so klein es geht zu Pulver als Speisezutat. Die Restkerne bleiben am Schluss beim finalen Durchsieben hängen.

HASEL

KLIMAFREUNDLICH-KÜCHE

- Wenn sie Nüsse hat – ein Traum. Wenn die Eichhörnchen nicht schneller sind.
- Junge Blätter sind prima als Mehl, die Knospen als heilsame Tinktur zu verwenden.

BEACHTE

Eine Schutzpflanze für den Hof, heute eine wertvolle Klimafreundin. Ein wunderbarer Aufstrich, schlicht püriert und gewürzt mit Carob und Weihnachtsaromen, kombiniert mit Roter Bete, natürlich im Kuchen und vor allem zu Kohl sehr schmackhaft.

HOLUNDER

KLIMAFREUNDLICH-KÜCHE

- Blüten vor allem als Sirup, im Essig oder in der Limo.
- Blüten als Tee stark entwässernd, super bei Grippe.
- Beeren als Gelee, Saft.

Holunder ist eine mächtige Schutzpflanze für Haus und Hof und lässt sich zweimal im Jahr beernten, bei ganz unterschiedlichen Geschmacksrichtungen. Beeren enthalten Glycoside (Sambunigrin, was Übelkeit auslöst). Daher unbedingt abkochen!

LINDE

KLIMAFREUNDLICH-KÜCHE

- Junge Blätter und Blüten als Tee.
- Lindenblätter schlicht aufs „Butterbrot".
- Blütenknospen als Salatzutat.
- Zusatz für Limo.

BEACHTE

Was ist sie in vielen Liedern vertont und besungen: Allein ihre Form und ihre Blätter erinnern an Herzen. Freya, die Göttin der Liebe, wohnt in ihr. Sie ist Kraft und Stärke und das Symbol für Frieden, Gerechtigkeit und Gemeinschaft. Eine Linde ist verbindend.

SCHLEHE

KLIMAFREUNDLICH-KÜCHE

- Ernten ab Mitte August, wenn die markanten blauen Beeren sichtbar sind. Vor ihrer Verwendung einfrieren.
- Nicht roh verwenden, da der Blausäuregehalt zu hoch ist, was sich beim Kochen aber verflüchtigt.
- Als „Oliven" oder als Likör ein Träumchen.

BEACHTE

Ihre Blüten sind hell wie das Licht, ihre Rinde schwarz wie die Nacht. Der „Schwarzdorn" ist allerdings ein dorniger Gesell, daher ist die Ernte etwas mühsam.

EIN PAAR LIEBLINGSREZEPTE ZU EINZELNEN PFLANZEN

BLÜTENHONIG

2 große Handvoll Löwenzahn (oder Linden-, oder Holunder-)Blüten gut aus-
schütteln, 1 l Wasser hinzugeben und mit Süße (Honig, Feigen – oder klassisch
eben 500 g Zucker, etwas Zitronensaft) langsam zum Kochen bringen. Über
Nacht stehen lassen. Blüten absieben und auf kleiner Flamme etwa 30 Min.
einkochen lassen. Wunderbare Süße.

TIPP: Das funktioniert auch mit den Maitrieben der Fichte oder Lärche,
hier evtl. noch etwas Bio-Rübenzucker zufügen.

CHIPS UND BIER

Brennnesseln sind übrigens genial als Abendsnack zum Feierabend: Chips
und Bier. Dazu Brennnesselblätter im Ofen oder in der Pfanne mit etwas Fett
vorsichtig rösten und nach Belieben würzen.

Das Bier ist etwas für Experimentierfreudige. Ein Hinweis dazu und weitere
Ideen für die Verwendung von Wildkräutern findest du | » ⊕ ONLINE.

LÖWENZAHNWURZEL

Wurzeln gründlich waschen, in kleine Stücke schneiden, trocknen und ohne
Fett in der Pfanne gut anrösten, bis sie „kaffeebraun" sind. Mit einer Kaffeemühle mahlen und mit 1 TL auf eine Tasse aufbrühen. Absolut großartig.

EICHELN

Eicheln gut trocknen (das dauert einige Tage, besser Wochen). Die Schalen
mit dem Nussknacker entfernen und die Früchte eine Woche wässern, um die
Gerbstoffe zu entfernen. Dabei täglich das Wasser wechseln. Wieder trocknen
lassen. Achtung: Hier besteht die Gefahr der Schimmelbildung, daher nötigenfalls im Backofen nachhelfen. In der Pfanne rösten und in der Kaffeemühle
vermahlen. Schmeckt sehr nussig und ist ein gehaltvoller „Kaffee-Ersatz".
Mit Zimt, Kardamom und Pflanzenmilch verfeinern.

BEINWELL-FILETS UND SALBEI-MÄUSE

Entweder richtig draußen über offenem Feuer oder zu Hause in der Pfanne: Mit Beinwell oder Salbei, ausgebacken in Bierteig, lässt sich rustikal schmausen.

Für die Filets große Beinwellblätter sammeln, waschen, trocken tupfen und gern auf einer Seite mit Pesto (siehe S. 223) einstreichen, ein weiteres Blatt darüberlegen und im Teig wälzen. Anschließend mit Öl goldbraun ausbacken. Für die Salbeimäuse Salbeiblätter, gern auch versehen mit Rotkleeblüten, im Teig ausbacken.

Bierteig:

1 Tasse Mehl mit Bier (ca. 125 ml) zu einem flüssigen Teig verarbeiten, wer mag, fügt noch etwas Hafermilch, Backpulver und einen Schuss Essig hinzu und würzt den Teig mit Salz und Pfeffer. Etwas ruhen lassen.

VOGELBEER-KETCHUP

Toll zur Pflaumenzeit

Für 1 Glas

1 paar Dolden Vogelbeeren (nicht zu viele, das ist schon ein krasser, herb-bitterer Geschmack)

3 Hände voll Pflaumen, gern auch gemixt mit frischen Birnen

2 Zwiebeln oder etwas Suppengrün

1 Chili

Senfkörner

Orangenschalen (getrocknete und pulverisierte Reste)

1 EL Bio-Rübenzucker (ggf. plus 1 TL Honig oder Trockenfrucht-Süße)

Zimt, Kardamom, Nelken, ggf. ein Hauch Kreuzkümmel

5 EL Essig

1 TL Salz

Die Beeren waschen und von den Stielen zupfen. Die Pflaumen waschen, halbieren und entsteinen. Die Zwiebeln und die Chili fein hacken. Anschwitzen in 1 EL Bratöl.

Alle übrigen Zutaten in einen Topf geben und mit recht wenig Wasser ca. 25 Min. köcheln lassen. Durchpürieren, absieben und abfüllen.

„Grüne-Baum-Mehle"

Diese Mehle haben es in sich. Lindenmehl wirkt beruhigend, Birke ausleitend, Walnuss entschlackend, Weide fiebersenkend und Hasel – ist gut für die Liebe. Dazu die jungen Pflanzenteile im Frühjahr – Triebspitzen, Knospen, Rinde, Kätzchen, Blüten, Blätter oder Nadeln – luftig trocknen lassen und während des Trocknungsprozesses immer wieder wenden. Im Mixer pulverisieren. Im Glas aufbewahren und als Gewürzpulver, Tee oder Mehl verwenden.

- Als Mehl im Verhältnis 1 : 20 beimengen.
- Als Nahrungsergänzung eine Messerspitze morgens und abends über mehrere Tage einnehmen.

TIPP:

Das geht gut mit Birke, Weißdorn, Linde, Weide, Beerensträuchern und Hasel.

KRÄUTER-BASICS IN DER KLIMAFREUNDLICH-KÜCHE

In gebotener Kürze folgen hier ein paar Hinweise zur Kräuterverwendung mit einer echt grünen Ökobilanz für die Klimafreundlich-Küche.

Wir können Kräuter frisch oder getrocknet nutzen oder damit würzen. Man kann mit einem Blättchen hier und da nicht viel verkehrt machen. Die Mischungen ergeben sich oft aus der puren Verfügbarkeit.

FRISCHE VERWENDUNG

Frisch gesammelt und in einem feuchten Geschirrhandtuch im Gemüsefach des Kühlschranks halten Kräuter locker ein paar Tage!

IN LEITUNGSWASSER

Melisse, Verbene oder Minze verleihen dem heimischen Nass eine wunderbar frische Note.

SALAT

Gut eignen sich Brennnesseln, Knoblauchsrauke, Beinwell, Kapuzinerkresse, Giersch, Löwenzahn, Spitzwegerich, Borretsch, Selleriegrün und Franzosenkraut.

Würzkräuter

Bitter – Löwenzahn, Beifuß

Scharf – Kapuzinerkresse, Knoblauchsrauke

Sauer – Sauerampfer

Aromatisch – Gundelrebe, Giersch

Süß – Löwenzahnblüten, Gänseblümchenblüten

TROCKNEN

VORRÄTE

Zum Trocknen eignen sich dunkle, relativ warme Räume. Es gibt Pflanzen wie die Brennnessel, die sehr schnell trocknen. Ich lege sie in alte Obstkisten. Manches trockne ich auch zu Kräatersträußen gebunden kopfüber. Wer mag, probiert eine Dörrmethode ohne Strom | » SÄTTIGUNGSBEILAGE: ENERGIE-SMART | und lässt sie bequem mit Luft und Sonne trocknen.

Samen werden in trockenen Samenständen abgerebelt und gesammelt. Anschließend portionieren, wahlweise pulverisieren und in Schraubgläsern (Teedosen, Pappschachteln, die aber mäusesicher verpacken!) aufbewahren. Für ausnahmslos alle Gerichte der Klimafreundlich-Küche zu verwenden.

TIEFKÜHLUNG

Vor allem zerhackte Kräuter sind prima, um sie in kleinen Schraubgläsern tiefzufrosten. Zwar verbraucht die Tiefkühlung viel Energie, aber die Vitalstoffe bleiben lange erhalten. Vor allem bei den Beeren, die in der obstarmen Zeit ab März hervorgeholt werden und die Vorfreude auf den Sommer steigern.

Blütenmeer

Du kannst auch tolle Blüten sammeln und essen, zum Beispiel: Rose, Kapuzi-nerkresse, Nachtkerze, Borretsch, Zucchiniblüte, Kürbisblüte. Sie fühlen sich ganz unterschiedlich an und schmecken mal säuerlich, mal süß, mal „fleischig".

NOCH MEHR KRÄUTER-KÜCHE

KRÄUTERÖL

Rosmarin, Minze, Liebstöckel, Basilikum, Bärlauch, Estragon, Oregano oder Salbei mögen's gern in Öl.

Wer experimentieren möchte: Wacholderbeeren, Pfefferkörner, Senfsaat, Mus-katnuss oder Nelken in Variationen hinzufügen.

Getrocknet funktionieren gut Oregano, Majoran, Bohnenkraut, Liebstöckel, Thymian oder Rosmarin.

Als Basisöl ist Olivenöl ein Klassiker. In Bio-Qualität eine gute Wahl. Aber auch Sonnenblumenöl ist aufgrund seines „Allzweck-Charakters" gut geeignet.

2 Tassen angetrocknetes Kraut und 4 Tassen Öl vermengen und in Flaschen füllen. Dunkel einige Wochen stehen lassen. Nötigenfalls vor Gebrauch ab-sieben.

KRÄUTERESSIG

Estragon, Basilikum oder Beeren sind „Klassiker" für Essig. Würzessig sollte mit frischem (nicht getrocknetem) Kraut angesetzt werden.

Das Kraut in die Flasche geben und mit dem Essig deiner Wahl auffüllen.

14 Tage lang ziehen lassen. Dann ist dieser Kaltansatz küchenfertig.

KRÄUTERSALZ

Nenn es „Grüner Zauberglitter" und die Kinder lieben es. Toll als Geschenk aus der Klimafreundlich-Küche.

Frische Kräuter pulverisieren und mit Salz im Backofen bei 40 Grad trocknen, oder getrocknete Kräuter mit Salz mörsern.

PESTO

Frische Würzkräuter, wie Bärlauch, junge Brennnesseln, Oregano, Spitzwegerich, Liebstöckel, Selleriegrün, Minze, Gundelrebe, Zitronenmelisse, und Kerne, Olivenöl, Salz und Pfeffer pürieren. Bei Bedarf noch Hefeflocken hinzufügen, um den sonst üblichen Käse zu ersetzen. Wer's flüssiger mag, setzt mehr Öl zu, gut für Nudelsauce. Als Aufstrich dominieren die festen Zutaten.

LIMO

2 Handvoll Kräuter der Saison zerquetschen und mit 1/2 Liter (regionalem) Apfelsaft einige Stunden ziehen lassen. Nach Belieben Zitrone hinzufügen.

Abseihen und mit 1 Liter Wasser auffüllen.

TIPP:

Pflanzenwässer für die Küche

Man kann auch mit Pflanzenwässern, also Hydrolaten, kochen. Das Kondensat von Rosmarin, Lavendel, Salbei oder Minze kann das Tüpfelchen auf dem „i" in Speisen der Klimafreundlich-Küche sein.

Wie man mit Topf, Sieb und Schüssel, 1,5 Stunden Zeit und vielleicht einer guten Freundin ganz leicht destilliert, verrate ich | » ⊕ ONLINE.

 Check

Superfood gratis und voller Power, dafür ohne CO_2-Miese. Besser geht keine Klimafreundlich-Küchenzutat.

8

SÄTTIGUNGS-
BEILAGE

SÄTTIGUNGSBEILAGE
RUND UMS KÜCHENGESCHEHEN

Falls dir die Buffet-Häppchen Appetit gemacht haben, folgen hier noch vier Abschnitte zu den Lieblings-Wertschätzungen der Klimafreundlich-Küche **„RETRO"**, **„LESS WASTE"**, **„DIY"** und **„ENERGIESMART"**.

RETRO - BACK TO THE ROOTS

Check

Mittlerer Aufwand, hoher Entdeckungsfaktor, große Wirkung

Eines der Geheimnisse der Klimafreundlich-Küche liegt in ihrer Verarbeitung saisonaler Produkte zu haltbaren Konserven – altes Wissen neu entdeckt.

Vorrat macht dich vom Marktangebot unabhängig. Vorrat versorgt dich, so dass deine eigenen Schränke zum Supermarkt werden. Vorrat ist der Puffer, der entsteht, wenn der Überfluss der Leere weicht. Vorrat ermöglicht einen Kreativ-Spielraum für spontane Koch-Ideen, denn – ich habe die Zutaten parat. Für uns bedeutet das allerdings: Einen Zeitraum in der Erntezeit freischaufeln und ihn mit Küchenzeit füllen. Hilft dann nix, hilft aber in anderen Zeiten.

Die Klimafreundlich-Küche bedient sich also (Ur-)Omas Ideen und klappert munter mit den Einmachgläsern oder hängt Apfelringe in Bäume. Wer Spaß am Backen und Brauen, am Mahlen und Mörsern hat, findet in der Nahrungsverarbeitung eine schier unerschöpfliche Fülle.

VERFAHREN	ART DER KONSERVIERUNG	LEBENSMITTEL	LAGERDAUER
Kühlen	Der Klassiker seit Mitte des 20. Jh. Lebensmittel lagern bei ca. +8 Grad, was Bakterien wenig Chancen gibt.	Pflanzenmilch, Margarine, Aufstriche, Gemüse	Ein Tag bis mehrere Monate
Gefrieren	Konservieren durch Kälte. Bei rund –18 Grad halten Speisereste ziemlich lange, weil alle Stoffwechselaktivitäten möglicher Schadlebensformen unterbrochen sind. Einfrieren können wir Plastikdosen oder Gläser. Letztere bitte nur bis zu 3/4 füllen, sonst platzen sie vielleicht.	Gemüse, Obst, Backwaren, selbst hergestellte Speisen	Einige Monate bis ein Jahr
Einkochen	Ab ins Glas, ab ins Wasserbad. Bei bis zu 100 Grad bilden sich Bläschen, die Mikroorganismen zum Absterben bringen. Statt im Topf mit Wasser können wir Einmachgut in Schraubgläsern gut im Backofen erhitzen.	Frucht- und Gemüsesäfte, Marmeladen, Konfitüre, Gelee, Chutneys	Bis zu einem Jahr
Trocknen (Dörren)	Die archaischste Methode. Durch Wärme entzieht man der Frucht oder dem Gemüse Wasser und hemmt so das Wachstum von Mikroorganismen. Geht im Backofen, auf der Heizung, kopfüber auf der Wäscheleine, in der Sonne, im Dörrgerät und: sogar im Auto ...	Trockenobst, Hülsenfrüchte, Kräuter, Getreide	Bis zu einem Jahr
In Essig einlegen	Hier wird das Gemüse in eine Essig- und / oder Öl-Mischung, gewürzt mit Allerlei, eingelegt. Im Unterschied zum Einsäuern wird das Gemüse vorher gekocht. Der Essig hemmt ebenfalls die Entstehung von Bakterien.	Festes Gemüse, wie Rote Bete, Möhren, Paprika oder Gurken	Einige Monate

VERFAHREN	ART DER KONSERVIERUNG	LEBENSMITTEL	LAGERDAUER
Einsäuern/ Milchsäure- Gärung (Fermentation)	Stärke und Zucker des Gemüses verwandeln sich durch das magische Treiben der Mikroorganismen in Milchsäure. Das schmeckt säuerlich und verhindert das Wachsen anderer Mikroorganismen. Die Zutaten bleiben roh, werden aber über die Zeit der Gärung schön weich.	Alle festen Gemüse, wie Kohl und Wurzelgemüse	Einige Monate
Räuchern	In unserem Fall im Topf unter Luftabschluss und im Rauch von Kräutern oder/und grünem Tee mit einstündiger Wärmezufuhr. Der Rauch killt ebenfalls Bakterien.	Gemüse, Tofu	Wochen bis Monate
Salzen/ Pökeln	Das Nitrit des Kochsalzes geht effektiv gegen Schadmikroben vor.	Fisch, Fleisch	Wochen bis Monate
Zuckern	Zucker und Hitze sowie Wasserentzug vermiesen Bakterien die Freude am Wachstum.	Marmelade, Konfitüre, Gelee, Fruchtsirup, kandierte Früchte	Einige Monate bis ein Jahr
Einlegen in Alkohol	Heilkräuter und Obst in ordentlich prozentigen Alkohol eingelegt.	Likör	„ewig"
Vakuumieren	Haltbarmachung unter Luftabschluss. Machte meine Oma mit dem „Frauenstolz", einer umgekehrten Luftpumpe.	Alles, was in die entsprechenden Beutel passt	Wochen bis Monate

Existenzielle Erfindungen

Es waren existenzielle Errungenschaften des Haltbarmachens, die nicht nur den Grundstein für das legen, was wir heute „Convenience Food" nennen. Sie sicherten große Teile der Bevölkerung erstmalig in der Geschichte mit einer konstanten Grundversorgung an Nahrung überhaupt ab. Die Rede ist von der Erfindung von Konservendosen mit Gemüse, Trockenkonserven wie Suppen- und Milchpulver oder ursprünglich fürs Militär gedachte Feldnahrung wie Erbswurst oder Schmelzkäse.

Das Konservenzeitalter beginnt 1804 mit der Erfindung von Nicolas-Francois Appert, Nahrungsmittel durch Erhitzen und in luftdicht verschlossene Gläser verpackt haltbar zu machen. Klempnermeister Philipp Wilhelm Daubert aus Braunschweig erfand eine (fest mit Blei verplombte) Blechdose zum Haltbarmachung des weißen Goldes: Spargel. Ab den 1850er-Jahren gab es schon die durch Einkochen haltbar gemachte Fleischbrühe, den Fleischextrakt, und bald darauf die Flaschenmilch. Wissenschaftliche Entdeckungen lieferten weitere wichtige Zutaten, etwa durch Louis Pasteur, der ein Verfahren zur Haltbarmachung flüssiger Lebensmittel, die Pasteurisierung, erfand.

Anfang des 20. Jahrhunderts griff die Hausfrau zum just neuen Weck-Glas nebst Zubehör: Einkochtopf, Gummiring und Verschlussklammern, was das wertvolle Einmachgut recht einfach verschließen konnte. Es ersetzte die vorher nötige Schweinsblase zum Abdichten und sorgte für ein wesentlich sichereres Verfahren in hygienischen und transparenten Gefäßen.

Ein ausgebautes Stromnetz war vor 100 Jahren noch purer Luxus. Elektrisch betriebene Kühlschränke zogen erst seit den 1960er-Jahren zögerlich in die Haushalte ein.

DAS KANNST DU TUN

EINSÄUERN

Fermentieren oder Einsäuern ist praktisch kontrolliertes Vergammelnlassen mit unschlagbarer CO_2-Bilanz. Das Faszinierende: Die Energie wandelt sich vollkommen ohne Hitze, Kälte oder Strom um, man braucht nichts weiter zu tun – außer abzuwarten. Das Beste: Die Lebensmittel konservieren durch den Gärungsprozess und verwandeln sich obendrein in kleine Gesundbrunnen.

So geht's
- Du kannst für kleine Mengen ein Schraubglas oder den guten alten Steinguttopf von Oma als Gefäß verwenden.
- Gemüse raspeln und mit Salz bestreuen. Pro kg = 20 g Salz.
- Gut im Gefäß mischen und stampfen (ein Vierkantholz oder ein Dachlattenrest leistet hier gute Dienste), damit möglichst keine Zwischenräume mit Luft entstehen. Flüssigkeit soll hier austreten.
- Beschweren mit ausgekochtem Stein (zum Gemüse) oder einem mit Wasser gefüllten Beutel.
- Abschließend kommt ein Baumwolltuch oder ein lockerer Deckel drauf. Luft muss noch entweichen können. Wichtig ist aber, dass das Gemüse vollkommen mit Wasser bedeckt ist, sonst droht Schimmelgefahr. Notfalls nachjustieren.
- Die nächsten Tage sind spannend. Luft entweicht, Blasen steigen hoch. Wenn sich keine Bläschen mehr bilden, ist die Gärung abgeschlossen. Dann in luftdicht verschließbare Gläser umfüllen.

TIPP:

So experimentierst du mit Gewürzen und Gemüsen:

- Gib Ingwer und andere Gewürze direkt mit dazu.
- Mische Gemüse wild und gib Wildkräuter hinzu.

EINLEGEN

So geht's

- Gemüse, wie Schmorgurken, Rote Bete oder Meerrettich, putzen, in Portionsgröße schneiden und gar kochen.
- Nun den Sud kochen: Auf einen Liter Wasser kommt 1/2 Liter Essig. Hinzu kommen Gewürze, wie Zwiebeln, Lorbeer, Salz, Senfkörner, Honig. Das Ganze auf die vorbereiteten Gemüse geben und in Gläser füllen. Muss mindestens 2 Tage durchziehen, hält dann aber einige Monate.

HEISS EINFÜLLEN

Ist nicht gleich Einkochen! Mir reicht zumeist die weniger aufwendige Methode des Heißeinfüllens, etwa von gekochtem Obst, Kichererbsen oder Linsen.

So geht's

- Hierbei gieße ich den kochenden Sud mit den Lebensmitteln in die Gläser und lasse sie im Backofen noch für 30 Minuten bei 130 Grad vor sich hin garen.

Wichtig bei allem: Gläser sterilisieren

- Leere Gläser ohne Deckel auf einem Backblech bei rund 130 Grad ca. 15 Min. erhitzen.
- Schraubdeckel in der Zwischenzeit auskochen.
- Nicht mehr berühren, sondern mit einer Zange anfassen.

RÄUCHERN

Eine urige Methode auf dem Herd.

So geht's

- (Alten) Topf mit 1 EL grünem Tee und/oder eigenem Räucherwerk (getrocknete und gesammelte Kräuterreste, z. B. von Salbei, Rosmarin, Lavendel, Thymian) befüllen.
- Dämpfeinsatz mit Räuchergut (Tofu, Champignons, Möhren) bestücken und Topfdeckel fest verschließen. Bei ganz kleiner Hitze je nach gewünschter Intensität ca. 30–60 Min. im eigenen Rauch garen.

DAS MACHT SPASS

Brottrunk besteht aus Wasser und Sauerteigbrot, das vergoren wird – eine rustikale Art des Fermentierens und ein Frischegetränk, das vollkommen unterschätzt wird. Er ist enorm gut für den Darm, regulieren doch die im Brottrunk lebenden Bakterien wohltuend das Verdauungssystem. Man kann ihn nicht nur als geschützte Marke von Bäckermeister Kanne aus Selm bei Dortmund europaweit kaufen. Man kann ihn auch selbst machen.

TiPP: 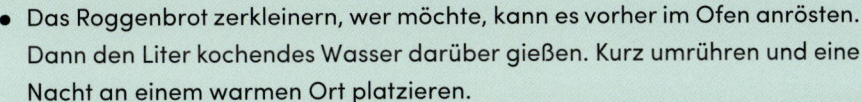 Die Flaschen von „Kannes Brottrunk" sind hervorragend zur Aufbewahrung der eigenen Pflanzenmilch geeignet.

Brottrunk
200 g altes Sauerteig-/Roggenbrot (ohne Körner)
1 EL Sauerteig oder 1/2 Würfel frische Hefe
1 Liter heißes Wasser
1 EL Honig
1 TL Rosinen
Würze optional, zum Beispiel Minze, Zitronenschale, Frühlingskräuter, Ingwer

- Das Roggenbrot zerkleinern, wer möchte, kann es vorher im Ofen anrösten. Dann den Liter kochendes Wasser darüber gießen. Kurz umrühren und eine Nacht an einem warmen Ort platzieren.
- Das Brot durch ein feines Sieb/Mulltuch ausdrücken, je mehr, desto besser. Übrig bleibt unsere Brottrunk-Basis.
- Hefe bzw. Sauerteig mit Honig und Gewürzen hinzufügen und abfüllen – zum Beispiel in alte Bügelflaschen, die nicht verschlossen werden. Noch ein Zaubertrick: Rosinen in die Flaschen füllen. Ist das Ganze ausgegoren, sollten sie oben schwimmen. Wenn das passiert (nach ca. 3 Tagen), ist das Getränk fertig.
- Dann noch einmal durchsieben und in fest verschlossenen Flaschen im Kühlschrank aufbewahren. Der Brottrunk ist zwei Wochen haltbar.

VORSCHLÄGE FÜRS HÜBSCHE ETIKETTIEREN

Selbstgemachtes aus dem Vorrat eignet sich hervorragend als Mitbringsel. Damit sparst du nicht nur die hektische Suche nach einer netten Kleinigkeit, sondern schenkst die Klimafreundlich-Küchenidee gleich weiter. Eine Vorlage für Geschenkanhänger gibt's in den | » *APP*-ETITHÄPPCHEN » ⊕ ONLINE |.

ETIKETTIEREN

Klebeetiketten sind immer so eine Sache für sich. Entweder kleben sie dermaßen, dass auch Hausmittel, wie etwa das Ablösen mit Öl, keine Chance haben. Oder sie kleben überhaupt nicht, sobald sie mit Wasser (im Gefrierer) in Berührung kommen.

Daher hier ein paar alternative Methoden:

- **Tafellack und Lackstift:**
  Deckel lackieren und beschriften: Dazu eignet sich ein Lackstift, nicht ganz umweltfreundlich, aber definitiv von Nutzen.
- **Permanentmarker:**
  Direkt auf die Glasfläche. Lässt sich wieder abbürsten.
- **Fensterfolie:**
  Auf Wunsch zuschneiden und mit wasserfesten Folienstiften beschriften. Der Text lässt sich mit Alkohol entfernen.
- **Von innen nach außen**
  Auf ein Blatt Papier Wunschzeilen/Verzierungen schreiben oder malen. Ausschneiden und mit einem Klebeband von innen gegen das gereinigte Glas kleben. Mit einem Glasmalstift/spülmaschinenfest das Motiv von außen nachzeichnen. Papier aus dem Glas entfernen und Farbe trocknen lassen.

TIPP: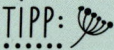

Gut und sicher beschriften
Das gehört drauf: Was ist drin? Wann hast du es gemacht?

Geschenke aus der Klimafreundlich-Küche
Als Mitbringsel eignen sich gut: Würzmittel, Kräutersalz, Teemischungen und Eingemachtes.

LESS WASTE –
NICHTS KOMMT UM UND WENIG IST VERPACKT

 *Check*

Geringer Aufwand, hoher Spürnasenfaktor, große Wirkung

Eigentlich heißt es ja Zero Waste, die „Nullnummer" mit großer Wirkung. Es handelt sich um ein ganzheitliches Konzept, das darauf abzielt, Abfall komplett zu vermeiden. Die Müll-Diät umfasst die Bereiche Design, Produktion, Konsum und Recycling. Es gibt im ZERO WASTE die schönen 5 Rs:

Die Prinzipien von ZERO WASTE
1. Refuse – ablehnen, gar nicht erst mitnehmen
2. Reduce – reduzieren
3. Reuse – wiederverwenden
4. Recycle – dem Wertstoffkreislauf zufügen
5. Rot – kompostieren

Alles über ZERO WASTE weiß zum Beispiel Shia Su, deren Buch du auch im Freya-Verlag erhältst: **www.wastelandrebel.com.**

Zur Klimafreundlich-Küche gibt es einige Berührungspunkte. Weil ich sie aber nicht ganz so konsequent und streng anwende wie Shia, möchte ich lieber hier von „Less Waste" sprechen. Wie die Zero-Waste-Bewegung nutzen wir schlicht Vorhandenes:

- Fast alle Teile von Nahrungsmitteln
- Reste aller Art und sei es ein Getränkekarton zum Anbau von Kresse
- Fragen nach Sinn und Unsinn von Verpackungen

Ähnlich ist auch, dass du dich vollkommen einbringen kannst.

Die wichtigsten Zutaten:

- **Vorausschau**

  Ein Schraubglas oder ein Einkaufsnetz zur Vermeidung von Plastik und Papierabfällen dabeihaben.

- **Kreativität**

  Aus alten Handtüchern oder Laken zum Beispiel Brotbeutel nähen oder ein Einkaufsnetz häkeln. Selbst für Ungeübte machbar.

- **Zauber**

  Wir alle sind kleine Hexen und Magier. Wir haben die Fähigkeit und den Weitblick, Dinge umzunutzen, sie weiterzuverwenden statt sie zu verschwenden. Das ist wunderbar.

DAS KANNST DU TUN

✓ EINKAUF

- So spießig es ist. Am Anfang jedes Einkaufs steht die Frage: „Was brauche ich WIRKLICH?" Daher: Liste schreiben (ja, Briefumschlag aus dem Altpapier und ein Stift tun's auch).
- Lieber gut gesättigt losziehen. Hilft gegen Impulskäufe, deren Resultate später im Müll landen könnten.

✓ VERPACKUNGEN

- So verpackungsarm wie möglich einkaufen.
- Plastikverpacktes fröhlich ignorieren.
- Eigene Verpackungen ins Geschäft mitbringen.

MIT DEM AUFKOMMEN VON SELBSTBEDIENUNGSLÄDEN IN DEN 1950ER-JAHREN TRAT DIE VERPACKTE MASSENWARE IHREN SIEGESZUG AN.

„KIT" FÜR DEINE DRAUSSEN-STREIFZÜGE

- Einkaufsnetz
- Kleine Jutetasche
- Polyesterbeutel
- Brotdose
- Stofftaschentuch
- Reisebesteck
- Trinkflasche
- Schraubglas, geht auch für Getränke
- Ggf. Edelstahlbecher für Heißgetränke

TAKE-AWAY

Take-Away ist ein alter Hut, genauer gesagt: eine alte Röhre aus Bambus. In Japan gibt es das Prinzip der Mitnahme von Essen „Bentō" schon seit dem 5. Jahrhundert. Ob Jagd, Feldarbeit oder Schlacht – die praktischen Holzdosen transportierten die Wegzehrung. Und nicht nur das: Sie gaben der mühevoll zubereiteten und ästhetischen Darbietung der Häppchen ihre schützende und dem Schatz im Inneren eine entsprechend kunstvoll verzierte Hülle. Wer sie öffnet/e, blickt/e auf Gemälde aus Gemüse, Reis und Fisch.

Heute ist die Bento-Box ein unverzichtbarer Alltagsgegenstand. Die Inhalte lassen sich, im Unterschied zur „Bowl", wo alles ineinanderfließt, voneinander abgrenzen. Die Bento-Box verbindet ein zyklisches, kosmisches System mit Strenge und Effizienz. Zum Tragen kommen Proportion, Harmonie und Farben kombiniert mit jahreszeitlichen Zutaten in einer Box, die sich im durchgetakteten Alltag behauptet und viel über die Werthaftigkeit von Vorrat, Zubereitung und Verzehr verrät.

Es zeugt davon und zeigt zugleich, wie unterschiedlich Kulturen mit Mitnahme-Essen (und Resten) umgehen. In Japan zelebrieren (meist) Mütter den „Take-Away" beim Gestalten mit Gemüse für die Bento-Box. In Zentraleuropa matschte im Henkelmann „auffe Schicht" alles zusammen und im walisischen Bergwerk sorgte der dicke Rand der Cornish Pasty für ein praktisches Festhalten und schützte so das ordentlich verpackte Essen in der Teighülle.

✓ TO GO

- Mitnehmen der von uns zubereiteten Speisen in entsprechenden Behältnissen, zum Beispiel in Schraubgläsern oder Brotdosen aus Edelstahl, wenngleich sie energie- und wasseraufwendig in der Herstellung sind. Daher bitte: Wer jede Menge Plastikboxen im Haushalt hat, nutzt sie auch weiter. Wer Margarine oder Joghurtbecher kauft, sammelt die Behältnisse. Die halten auch noch eine weitere Verwendung aus. Die halten nämlich ewig. Jede Neuanschaffung kostet schließlich Planeteneinsatz und die Ökobilanz von Plastikboxen optimiert sich, je länger sie in Gebrauch sind.

- Und wer dem Abrieb von Plastik in der Spülmaschine Einhalt gebieten möchte, spült sie einfach seltener, wischt sie natürlich gut aus oder wickelt den Inhalt noch einmal im „BeeWrap" (Anleitung weiter unten) oder in das gute alte Butterbrotpapier ein. Das führt immer noch die Hitliste der Umverpackungen gut an.

- Wer ein Heißgetränk zum Mitnehmen trinken möchte, greift am besten zum Becher aus Edelstahl. Denn die Bambus-Mehrweg-Becher enthalten auch zu viel Plastik. Die Variante aus Stahl ist nicht nur robust und gesundheitlich unbedenklich, sondern auch recycelbar. Du musst den Edelstahlbecher übrigens 40-mal befüllen, damit seine Ökobilanz besser ist als der klassische „To go-Becher", was man allerdings im Lauf des Lebens locker schaffen sollte.

✅ LAGERUNG

Sachen halten länger, wenn man sie korrekt lagert. Das wusste schon die Großmutter und es war wirklich krass existenzbedrohend, wenn Lebensmittel durch eigene Unachtsamkeit verdorben sind. Daher leisten uns die guten alten Tugenden von Struktur und Ordnung gute Dienste für die Vorratshaltung. Ob Kühlschrank oder Küchenregal: Wer alles wohl verstaut hat, hat den Überblick und kauft nicht auf Verdacht – noch mehr.

Insgesamt schätze ich die pflanzenbasierte Kost haltbarer ein als ihre tierischen Freunde.

RICHTIG KÜHLEN

Wir müssen kein Dogma daraus machen, aber ein paar Grundregeln zum Einräumen von Kühlschränken:

- Gemüse gehört ganz nach unten, Joghurtähnliches, Dips, unsere „Aufs Brot"-Geschichten kommen in die Mitte und den obersten Platz ergattern Speisereste und Marmeladen.
- Gewürzzutaten, Margarine und Getränke haben ihren Platz in der Tür.

Alles schön und plastikfrei bzw. kreativ umgenutzt verpacken (ein Tofu-Rest hält sich z. B. in einer Margarine-Umverpackung). Das bewahrt das Aroma und hält's hygienisch.

TIEFKÜHLUNG

Verbraucht zwar Energie, ist aber einfach super praktisch: Der Gefrierer. Hier bleiben vor allem Gemüsezubereitungen über Monate hinweg prima haltbar. Ich friere vor allem Eintöpfe und Brot bzw. Backwaren, Energiebällchen, Dips, „Fleischersatz", wie Seitan, Tofu-Eier oder Bratlinge ein. Sogar Brottrunk funktioniert gut. Auch im Schraubglas.

Im Gefriergerät landen nicht: wasserhaltige Gemüse, wie Salate, Gurken, Tomaten, Melonen, Radieschen.

NICHT IM KÜHLSCHRANK

- Brot, Speiseöle, Tomaten und die meisten Südfrüchte | » KLIMA-FLOPS | sollten wir sie überhaupt im Haus haben, gehören auf die Anrichte. Kartoffeln und Zwiebeln brauchen einen trockenen, dunklen Ort.

- Brot bleibt in einer Brotbox oder in einem Steinguttopf sowie als unge-schnittener Laib länger frisch. Auch die Kombination einer Papiertüte (die man bestimmt von einem Bäcker-Einkauf noch aufbewahrt hat) plus 1–2 Stoffbeutel sind prima.
- Angebrochene Packungen – Mehl, Getreideprodukte oder Nüsse – gern in Schraubgläser umfüllen, das schützt vor Schädlingsbefall.
- Obstsorten trennen: Äpfel und Tomaten strömen das Reifegas Ethylen aus. Das kann man gezielt ausnutzen oder aber: sie separiert aufbewahren.

✓ ESSENSRESTE

Es gibt in jedem Vorrat ein paar „Ladenhüter" und manchmal haben wir ein-fach viel zu viel von irgendwas. Hier hilft die kreative Resteküche. Hierzu gibt es zahlreiche gute Anleitungen und Kochbücher. Daher nur ein paar Grund-sätze, was du mit Überbleibseln alles anstellen kannst.

AB IN DEN TOPF

Eine gute Suppe wärmt Leib und Seele und verträgt fast alles an Resten.

AB IN DEN OFEN

Mach einen Quicheteig oder eine Pizzavariante und belege sie mit dem, was du gerade zur Hand hast.

PYTTIPANNA

Wie der Schwede so sagt: Ab in die Pfanne mit Kartoffeln, Tofu, Gemüseresten, gern mit Gürkchen, einem Schuss Würzwunder und mit jeder Menge Kräuter.

APFELSCHALEN

- **Chips:** Schalenstücke mit Weihnachtsgewürzen vermengen und auf einem Backblech ca. 15–20 Min. bei 150 Grad backen.
  Halten sich in einem Schraubglas mehrere Wochen.
- **Apfeltee:** Schalen trocknen und zum Beispiel mit Zimt in einem Schraubglas aufbewahren.

RESTEVERWERTUNG TYPISCHER ZUTATEN

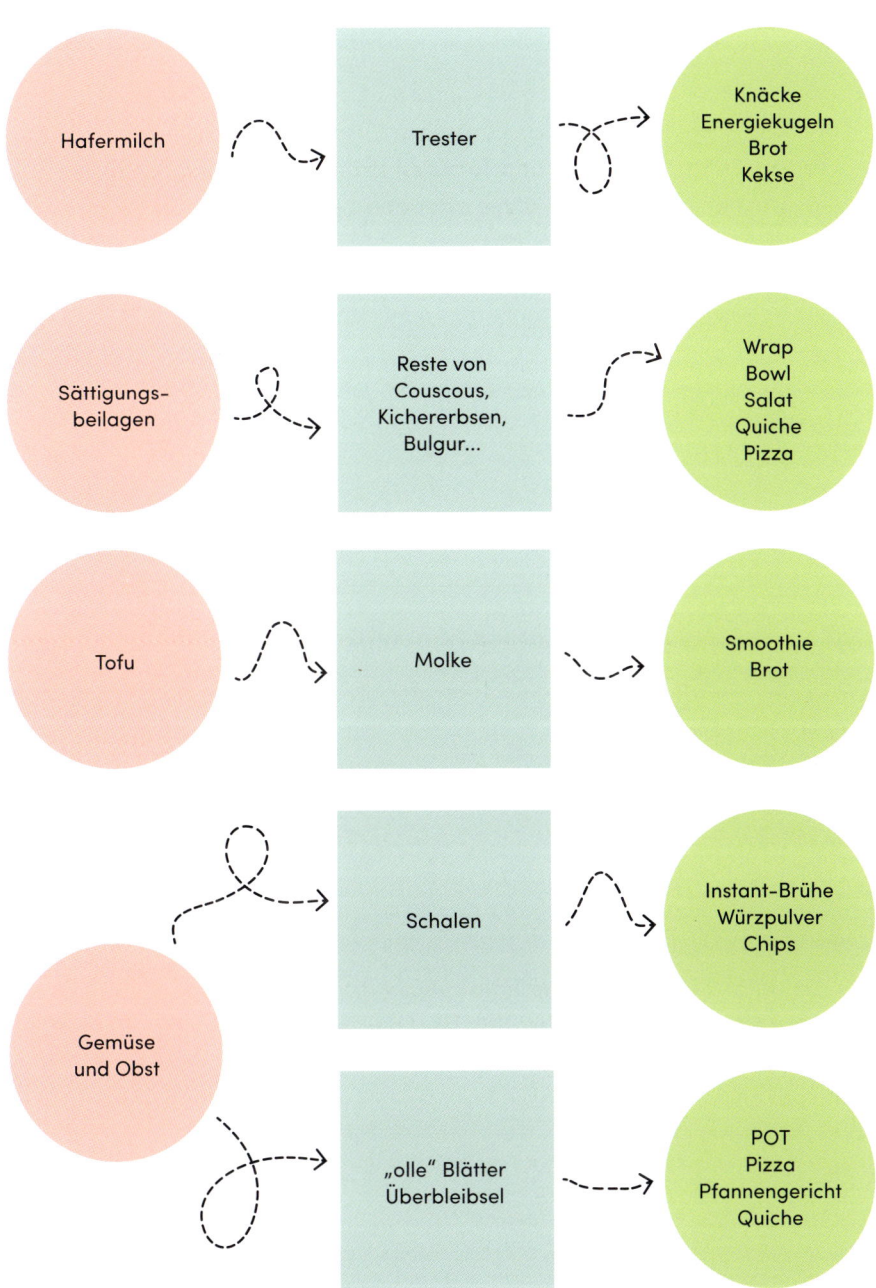

Hafermilch → Trester → Knäcke / Energiekugeln / Brot / Kekse

Sättigungsbeilagen → Reste von Couscous, Kichererbsen, Bulgur... → Wrap / Bowl / Salat / Quiche / Pizza

Tofu → Molke → Smoothie / Brot

Gemüse und Obst → Schalen → Instant-Brühe / Würzpulver / Chips

Gemüse und Obst → „olle" Blätter Überbleibsel → POT / Pizza / Pfannengericht / Quiche

ORANGENSCHALEN

Wenn Saison ist, gibt es in der Klimafreundlich-Küche am Ende des Winters oft ein paar Orangen zur Aufheiterung. Die Schalen sind gespickt voll mit Vitaminen.

- **Pulverisiert:** ein absolut universelles Gewürz und obendrein immunstärkend. Gern vor allem im Winter zu den Kohlgerichten.
- **Tee:** Die Schalen einfach nochmal aufgießen.
- **Allzweckreiniger:** gepaart mit Essig als chemiefreies und klimaküchenfreundliches Putzmittel verwenden.

PFLAUMENKERNE

- **Amaretto**

  Ganze Pflaumenkerne sammeln, eine leere Spirituosenflasche damit zu etwa der Hälfte befüllen und mit Wodka sowie 2 EL Bio-Rübenzucker aufgießen. Mindestens 2 Monate stehen lassen. Wer mag, würzt es „weihnachtlich" (Zimt, Nelken, Vanille). Evtl. mit etwas Wasser verlängern, der „Pflaumen-Amaretto" haut ziemlich rein.

GRÜNZEUG-RESTE

Unbedingt alle Reste von Wurzelgemüsen verwenden (frisches Möhrengrün, Rote-Bete-Blätter, Kohlrabi-Blätter, Radieschenlaub oder Selleriekraut mit verarbeiten, etwa:

- **Im Smoothie**
- **Als Pesto** | » ZWISCHENMAHLZEIT | WILDES GRÜN |
- **Als Chips:** Z. B. Möhrenschalen in Mehl wälzen, in reichlich Öl frittieren und mit einer Schaumkelle herausnehmen. Leicht salzen. Toll zu Salaten und Dips.
- **Als Tütensuppe ohne Tüte:** Reste sammeln und irgendwann pulverisieren. Geht gut mit Sellerie, Ingwer, Möhren, Lauch.
- **Gemüsepaste:** Gemüsereste kochen, pürieren und mit Salz in Gläser füllen. Pro 100 g Gemüse 10 g Salz. Im Backofen bei 130 Grad ca. 30 Min. einmachen.

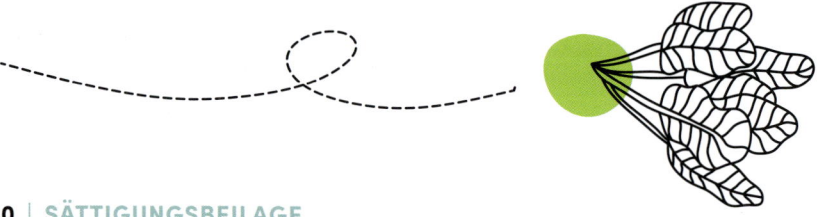

ALTES BROT

- **Zu Mehl** vermahlen.
- **Brot-Chips**
  Altes Brot so dünn wie möglich schneiden und mit Kräuteröl und Thymian oder Rosmarin im Ofen bei 180 Grad kross rösten. Geht mit jedem Brot und ist in einer Blechdose mehrere Wochen haltbar.
- **Brotsalat**
  Herbst – mit (Feld-)Salat und Topping aus Olivenöl, Apfelessig, Apfel/Birne, Salbei, Walnüssen, X-Mas-Mischung.
  Sommer – mit Tomaten, Basilikum, Minze, Kürbiskernen, Olivenöl, Zitrus.
  Frühjahr – mit Radieschen, Kresse, Giersch.
  Winter – mit Chicoree, Orange, indischer Gewürzmischung, Brennnessel-Samen, Tofu.

✓ ENTSORGUNG

- Wir sammeln und sortieren. Das heißt in der Fachsprache: „Materialsauber" trennen. Beispiel: Joghurtbecher von seinem Aludeckel befreien und in die „Gelbe Tonne". Die mögliche Papierumverpackung wandert ins Altpapier.
- Verpackungen weiternutzen. Wer beginnt, viel selbst zu machen, hat automatisch weniger neue Verpackungen. Große Umverpackungen, etwa von Klopapier (solltest du überhaupt noch welches benutzen), weiterverwenden. Die kostenlose Vielfalt der Verpackungsindustrie gnadenlos ausnutzen. Wir wissen ja: Plastik ist enorm langlebig und haltbar. Schlag sie mit den eigenen Waffen | » ZWISCHENMAHLZEIT | VERPACKUNGEN |.

Und das kannst du mit den Verpackungen noch anstellen:
- **Tetrapaks**
  Tetrapaks eignen sich prima, um darin Kresse oder andere Sprossen zu säen. Ausspülen, auf die gewünschte Höhe (ca. 5 cm) zuschneiden, nach Belieben verzieren und dann mit etwas Erde auffüllen. Saat rein, fertig.
- **Blechdosen**
  Bleibt doch mal eine Konservendose übrig, eignet die sich wiederum prima als „Übertopf" für gekaufte Kräuter. Den – leider im Gartenhandel üblichen – Plastiktopf gegen die mit Erde gefüllte Dose austauschen. Den übrig gebliebenen Plastiktopf noch für Sämereien weiternutzen.

Blechdosen sind außerdem nette „Minikuchenformen". Allerdings benötigt man dazu noch Backpapier. Der kleine Durchmesser erschwert sonst allzu sehr die Entnahme der Backwaren.

- **Schraubgläser**
  Glasklar. Großartig. Wobei: In den sogenannten Twist-Off-Deckeln verstecken sich dann und wann Kunststoffe, die mit Weichmachern ausstaffiert sind. Hier lauern also auch wieder ein paar Nicht-Öko-Fallen. Ist ein bläulicher Ring im Deckel zu sehen, können die Gläser gefahrlos genutzt werden, zum Beispiel für die gesamte Vorratshaltung, zum Mitnehmen und für Geschenke. Schöne Ideen zum Beschriften gibt es weiter oben
  | » RETRO |.

DAS MACHT SPASS

BEE WRAPS

Sie hießen früher: Wachstücher. Schöne Neuentdeckung für das Einwickeln von Broten. Können sogar in den Gefrierer wandern. Du brauchst nur Stoff, Wachs und ein Bügeleisen.

Wachs auf der Küchenreibe fein zerreiben. Bügelbrett mit Backpapier (hier leider nötig) auslegen. Zu beschichtendes Stoffstück (gut gehen alte Hemden, weniger gut alte T-Shirts oder Küchentücher) auflegen. Wachs auftragen und mit einer weiteren Schicht Backpapier abdecken. Einbügeln.
Tipp: Wenn du das Wachs vorher mit etwas Öl vorsichtig im Wasserbad schmelzen lässt, wird es geschmeidiger.

Um die Frischhaltetücher ohne tierische Bestandteile herzustellen, kannst du statt dessen Carnaubawachs mit etwas Öl (Mischverhältnis 4 : 1) verwenden. Allerdings fehlt ihm die Klebrigkeit von Bienenwachs, so dass man das Eingewickelte zusätzlich noch mit einer Schnur oder einem Gummi befestigt.

EINKAUFSTASCHE BINDEN

Stoff statt Plastik. Hier gibt's zwei unkomplizierte Ideen mit Upcycling-Faktor, die auch Handarbeits-Unkundige gut umsetzen können – mit Knoten und Schere.

FUROSHIKI – JAPANISCHES TÜCHERKNOTEN

Seit Jahrtausenden gibt es grandiose Ideen, Tücher als Transport- und Verpackungsmittel zu nutzen. Das nennt sich Furoshiki. Die Japaner nutzen quadratische Tücher als Tragebeutel und Geschenkumhüllung mit ästhetischer Eleganz und tadelloser Öko-Bilanz – und das seit dem 8. Jahrhundert n. Chr. Hier kommen nun unsere guten alten Stofftaschentücher oder ein zurechtgeschnittenes ausrangiertes Geschirrtuch zum megamodernen Einsatz.

Mit etwas Übung ist es nicht allzu schwer, bald auch ein raffiniertes Furoshiki zu falten und zu binden. Kombiniert man ein Furoshiki noch mit einem runden Haltegriff, kann man selbst schwerere Gegenstände bequem transportieren. Wie die einfachste Variante funktioniert, verrät das japanische Umweltministerium höchstpersönlich:

So geht's
Tuch ausbreiten. Dann die beiden nebeneinanderliegenden Ecken auf der linken Seite mit einem Doppelknoten verbinden. Danach das Gleiche auf der rechten Seite. Fertig ist das Bündel à la Hans im Glück.

Weitere Varianten findest du online unter
www.env.go.jp/en/ | **» Suchwort „Furoshiki"**

T-SHIRT

Auch für Handarbeits-Skeptikerinnen und -Skeptiker absolut gut machbar: Eine in wenigen Minuten gefertigte Stofftasche aus einem ollen Shirt. Du brauchst dazu: Ein ausrangiertes T-Shirt, Schere, vielleicht ein Lineal und ein paar Minuten Zeit und fertig ist ein waschbarer Beutel mit Super-Packmaß.

So geht's

- Ein XS/S-T-Shirt an den Ärmeln und am Halsausschnitt so beschneiden, dass eine Art Top entsteht. Das werden die Henkel.
- Den unteren Rand des Shirts gleichmäßig ca. 10 cm weit einschneiden. Pro Schnitt ca. 1 cm Abstand, so dass viele kleine Streifen entstehen.
- Die Streifen miteinander verknoten. Passt!

T-SHIRT

TASCHE

DIY: DAS GEHT ALLES – DURCH DICH!

Check

Mittlerer Aufwand, hoher Spaßfaktor, große Wirkung

Wir alle haben die Selber-Mach-Macht. Damit entziehen wir uns den Konsumdiktaten von Konzernen. Und zeigen, dass es auch anders geht.

Du verlässt damit erst mal deine Komfortzone. Du hast mehr Abwasch und Aufwand in der Küche. Überall steht was herum, trocknet, gärt und fermentiert. Manches fühlt sich anders an als gekauft, manches ist umständlicher (abseihen), manches ist von der Konsistenz anders (Joghurt), manches ist optisch nicht so hübsch (zumindest meine Kuchen). Es kann ganz schön heiß werden, wenn du mit Handkraft gerade Gekochtes auszupressen versuchst. Und: Es dauert, bis Handgriffe und Routinen entstehen.

DIY erfordert Geduld mit dem Werden der Dinge, die entstehen sollen, und mit einem selbst. Es braucht Lust am Organisieren, Spaß am Neudefinieren von Zeitfenstern (Spülschwamm stricken statt ins Smartphone gucken) und eine gewisse Hartnäckigkeit. Mit offenen Sinnen und dem Mut zum Fragen, nähere ich mich meiner Umsetzung – und verwundere nicht selten meine Mitmenschen. „Wer hat was, wie machst du das, wo bekomme ich ...?"

Es führt dich an die merkwürdigsten Orte und manchmal stolpert man über Zubehör, genau in der richtigen Zeit. Weil die Zeit dafür reif ist. Es fördert das Spiel mit den Möglichkeiten.

Das muss man mögen. Das wirst du mögen. Vielleicht entdeckst du eine Spielwiese, die dich besonders begeistert. Kräuter? Müll und Verpackung? Backen? Dann konzentriere dich da und mixe Klimafreundlich-Ideen mit konventionellen Gewohnheiten.

DAS KANNST DU TUN

Die vorgestellten Ideen sind für Leute, die mit Grün vor der Nase groß geworden sind, ein Scherz und für Ungeübte ein Rätsel. Daher nur ein paar kurze Appetitanreger, je nach Bedarf überlesen oder noch mehr dazu lesen.

SPROSSEN

Die wachsen selbst bei Leuten mit einem gering gefärbten grünen Daumen. Einen kürzeren Transportweg zu Vitaminen und einem Frischekick, vor allem im Winter, gibt's nicht.

Roh zu nutzende Samen von Hülsenfrüchten, Getreide oder Gemüse in ein Keimglas oder Einmachglas füllen. Gut geeignet: Buchweizen, Senf, Sonnenblumenkerne, Alfalfa, Dinkel.

- Einmal gut abspülen und mit kaltem Wasser auffüllen (1 Teil, 3–4 Teile Wasser). Ein Stofftuch eignet sich gut zur Abdeckung des Glases, mit Gummi befestigen (alternativ das gekaufte klassische Keim-Glas).
- Im Dunkeln eine Nacht quellen lassen.
- Abspülen (wer mag, nutzt das vitaminisierte Wasser noch zum Gießen!) und täglich kurz mit Wasser benetzen, gern auch mehrfach. Abtropfbereit hinstellen, damit sich keine Staunässe bildet. In ein paar Tagen kannst du ernten. Frisch umgefüllt und luftdicht verpackt im Kühlschrank halten die frischen Sprossen ca. zwei Tage.

KRESSE

Es gibt keine Saat, die so genial die Kräfte der Natur verkörpert wie Kresse. Unscheinbare Körnchen erwachsen aus und auf Müll! Ein alter Getränkekarton mit etwas Erde – mehr nicht. Ab und an wässern und ernten nicht vergessen!

RADIESCHEN UND SENF

Leicht anzupflanzen und robust sind auch Radieschen. Die gelingen wirklich fast immer. Oder: Ähnliches Aroma. Senf. Der ist nicht nur prima für den Boden. Er leuchtet gelb, erfreut die Bienen und wächst vor allem in nördlichen Gefilden gut.

KAPUZINERKRESSE

Kapuzinerkresse wächst ab Sommer äußerst dankbar, ihre Blüten sind hübsch und schmackhaft und man kann sie prima für den Winter als **„Firewall"-Tinktur** ansetzen. Dazu die Blüten mit reichlich Doppelkorn in einem Schraubglas bedecken und sechs Wochen stehen lassen, immer mal wieder schütteln, und punktgenau zur Schnupfenzeit hast du ein natürliches Antibiotikum. Kapuzinerkresse ist einjährig, daher jedes Jahr aufs Neue aussäen.

SALATE

Auch auf dem städtischen Balkon gedeihen Pflücksalate. Am besten im Topf. Ab März aussäen ggf. auslichten und fast rund ums Jahr ernten.

Schnellkurs Gärtnern

Jungpflanzen kann man auch zukaufen, wenn die eigenen vier Wände die Bedingungen für eine Minipflanzenzucht nicht hergeben.

Als Pflanzgefäß geht fast alles, es darf nur nicht zu klein sein. Zu Drainagezwecken legt man alte Tonscherben auf den mit Abfluss-Löchern versehenen Gefäßboden. Direkt draußen gehen Erbsen, Radieschen, Salat, Mangold oder Spinat – allesamt „dankbare" Kulturen.

Düngung

Nimm deinen eigenen Kompost. Ist Kaffeesatz im Haus, gut. Dann nutzen wir ihn wenigstens restlos. Kaltwasserauszüge aus Beinwell, Brennnesseln oder Ackerschachtelhalm sind wunderbare Pflanzenschutzmittel. Dazu etwa 500 g Pflanzen in einem 5-Liter-Eimer mit Wasser ansetzen. Mehrere Tage stehen lassen. Wenn es noch zu kühl ist, benötigt das Ganze etwas länger. Dann und wann umrühren. Riecht nicht wirklich gut. Ist aber wirksam.

Abseihen und wöchentlich im Verhältnis 1 : 10 ins Gießwasser.

TOMATEN

- Samen ab Mitte Februar ins (Tetrapak-)Töpfchen.
- Wenn ein Pflänzlein zu sehen ist, kann es in seinen Bestimmungskübel umziehen.
- Ab Mitte Mai ist es draußen warm genug, so dass die Pflanzen das Licht der Welt jenseits deiner Küche erblicken können.
- Mit Liebe, Wasser, viel Sonne und Kaffeesatz wachsen aus den Blüten die Früchte. Ernte ab August.

INNEN-GRÜN

Ein kleines Küchengewächshaus bringt Grün ins Haus und verkürzt den Winter. Ab Februar Saaten in kleinen Töpfchen aus Zeitungspapier vorziehen. Wachsen sie zu dicht aneinander, müssen leider ein paar Mini-Sprößlinge dran glauben (die wir aber verspeisen). Später ins Freie verfrachten.

EIN HOCH AUF DIE KRÄUTER

Mittlerweile hat es sich rumgesprochen, dass man mit einer hochkant gestellten Europalette etwa an der städtischen Hausfassade wunderbar gärtnern kann. Einfach die Fächer mit Unkrautvlies auskleiden, Drainage legen und mit Erde auffüllen. Die Kräuter können einziehen.

KARTOFFELTASCHEN

Start: April bis Mitte Mai, frische Pellkartoffeln nach ca. 4 Monaten
- Saatkartoffeln in einem Pappkarton bei ca. 15 Grad und im Licht vorkeimen lassen.
- Eine Pflanztasche (z. B. eine aus recyceltem Plastik) mit nährstoffreicher Erde befüllen.
- Maximal 5 Kartoffeln hineinsetzen.
- Sobald die Kartoffeln die ersten Spitzen aus der Erde schieben, gibst du eine weitere Schicht Komposterde darüber. Beim erneuten Durchtreiben der Spitzen wiederholt man das immer wieder, bis der Gefäßrand erreicht ist. Danach lässt man die Pflanzen einfach wachsen. Manchmal gießen hilft ungemein.

Reif sind die Kartoffeln dann, wenn das Laub gelb wird und anfängt zu welken.

SEED-BALLS

Saatbomben bestehen aus einem Ton- und Erdegemisch und natürlich Samen. Sie begrünen unkompliziert alles, was mehr Grün braucht. Bitte nicht in Naturschutzgebieten, im Wald oder auf dem Acker platzieren – da haben sie nichts zu suchen. Es ist nicht unbedingt nötig, sie unterzugraben. Ausgestreut oder in kleine Ritzen gelegt, fangen sie bald an zu sprießen.

So geht's

5 EL Humus-Erde-Gemisch
4 EL Bio-Katzenstreu/Tonpulver
1 TL bienenbegeisternde und schmetterlingsschmausende Samenmischungen
(z. B. Klee, Senf, Wiesenblumenmischung – lasst Artenreichtum sprechen!)
4 TL Wasser (nach und nach hineinträufeln)

- Gib die Erde in die eine Schüssel. Katzenstreu/Tonpulver sowie die Samen hinzufügen. Mische die trockenen Zutaten gut durch.
- Gib nach und nach in kleinen Mengen Wasser dazu. Dabei ständig durchmischen, bis ein glatter Teig entsteht (nicht zu klebrig, nicht zu trocken).
- Teile acht gleich große Stücke ab und rolle jedes Stück zu einer glatten Kugel. Anschließend auf eine saugfähige Unterlage zum Vortrocknen legen und später mitnehmen. Werden ca. 8 Stück.

BOKASHI

Und noch mal Japan: „Bokashi" steht für „fermentiertes organisches Material", sprich: Kompost. Wir fermentieren also nicht nur Gemüse, sondern unseren Abfall! Spezielle Eimer, die luftdicht verschlossen werden, zersetzen deine Küchenabfälle mithilfe von Mikroben und wandeln sie in wertvolle Erde um.

BOKASHI-EIMER

Die Eimer kosten im Handel um die 50 Euro. Das muss nicht sein, denn jede Imbiss-Bude hat solche größeren Salat-/Ketchup-Behältnisse. Frag einfach mal.

So geht's

2 gleich große Plastikeimer (lebensmitteltauglich!) mit einem luftdichten Verschlussdeckel
Plastikfolie, ja
Plastiktüte und Sand – als Gewicht zum Beschweren
Brottrunk – als Ferment
Akkuschrauber, Sprühflasche für Brottrunk

- Gesäuberte Eimer zur Passprobe bitten: Dazu ineinanderstecken und darauf achten, dass sie schön eng anliegen. In den oberen Eimer bohren wir nun ca. 20 kleine Löcher (2–3 mm), durch die das Bokashi-Wasser in den unteren Eimer abfließen kann.
- Wie beim „echten" Gemüsefermentieren auch, gelingt das Ganze später mithilfe von Gewicht von oben, weil das die überschüssige Luft herausdrückt. Wir basteln uns also mit einer Plastiktüte und Sand den Sandsack.
- So, und weil die Klimafreundlich-Küche so kreislauforientiert ist, nutzen wir den schon häufiger beschworenen Brottrunk, um eine kleine Armada an Milchsäurebakterien und Hefen ins Spiel zu bringen und verzichten auf den Kauf überteuerter „effektiver Mikroorganismen".
- Die Gemüseabfälle prosten sich also mit einem guten Schluck Brottrunk zu. Wenn man eine Schicht Küchenabfälle im Behälter hat, sprüht man dünn weiter Brottrunk darüber. Mit einer weiteren Lage Folie bedecken. Den Sandsack festdrücken und: Deckel drauf. So geht man vor, bis der Eimer voll ist. Jedes Mal bitte den Eimer gut verschließen.

In ca. 2 Wochen haben wir den fermentierten Salat aus Resten. Den können wir zum Düngen nutzen und die austretende Flüssigkeit verdünnt (50 ml auf 10 Liter Wasser) ebenfalls. Bewahre den fertigen Bokashi in einem Extra-Eimer auf.

ENERGIESMART – DIE ELEKTRODIÄT

Geringer Aufwand, hoher Geldbeutel-Diät-Faktor, große Wirkung

Last but not least stellen wir den Haushalt auf den Prüfstand. Wie viel elektrische Gerätschaften braucht ein Mensch? „Ein eigner Herd ist Goldes wert", das ist klar. Und ein Kühlschrank hilft auch. Eine wassersparende Spülmaschine verbraucht weniger als das Abspülen mit der Hand. Ein Wasserkocher und ein guter Pürierstab sind auch in der Klimafreundlich-Küche gern gesehene Hausfreunde. Tatsächlich nutze ich auch viel eine kleine (ich gebe zu: elektrische) Kaffeemühle. Sie mahlt hervorragend Kräuter zu Pulver, schafft sogar biestige Löwenzahnwurzeln.

Aber: Waffeleisen, Eismaschine, Brotbackautomat, Dörrautomat, Tischgrill und so weiter braucht man nicht und wenn, kann man es leihen, denn ringsum haben deine Bekannten längst zugegriffen.

Check dich
Schreib doch aus Spaß mal auf, welche Apparaturen und Maschinchen sich bei dir eingenistet und angesammelt haben. Alles im grünen Bereich?

Generell gilt:
- Bei Neuanschaffungen unbedingt auf die energiesparendsten Geräte setzen (A+++).
- Standby frisst auch Strom. Muss immer alles an sein?
- Eine Küchentemperatur von guten 18 Grad reicht auch im Winter.
- Ja, und oft genug funktionieren tadellos ohne Touchscreen, Akku oder Kabel die alten mechanischen Geräte.

DAS KANNST DU TUN

KOCHEN

Auf Platz 1 der Klimafreundlich-Küchenherde liegt der **Gasherd**. Er benötigt rund 45 % weniger Energie als sein elektrischer Kollege. Er erreicht innerhalb von wenigen Sekunden seine volle Leistung, was ihn sehr effizient macht.

Der 2. Platz gehört dem **Induktionsherd**. Er ermöglicht ebenso wie der Gasherd punktgenaues Kochen. Die Erzeugung von Magnetfeldern lässt die Wärme direkt im Boden der Töpfe entstehen. Die Wärmeübertragung erfolgt blitzschnell. Im Vergleich zum Elektroherd können wir so dreimal schneller kochen.

Auf dem 3. Platz landet der **Elektroherd**. Seine Ökobilanz ist voller Umwandlungsverluste und Schadstoffemissionen.

Kochmaschine ganz ohne Strom

Wusstest du, dass Ende des 19. Jahrhunderts das offene Feuer aus den Küchen verschwand und sich die „Kochmaschine" bzw. der „Sparherd" durchsetzte? Das war ein eisernes Gehäuse, in dem das Feuer loderte und eine regulierbare Hitzezufuhr auf den Herdplatten ermöglichte. Der Gasherd tauchte ab den 1920er-Jahren auf. Der Elektroherd kam wie der (mit dem CO_2-Killer ausgestattete FCKW/Kühlmittel-betriebene) Kühlschrank bis in die 1960er-Jahre in die Haushalte. Strom war früher oftmals schlichtweg unerschwinglich.

CO_2-Bilanz für 1,5 Liter kochendes Wasser:
Gasbrenner 83 g
Wasserkocher 100 g
Induktion 120 g
E-Herd 170 g

- Der Wasserkocher ist im Allgemeinen die beste Möglichkeit, um heißes Wasser zu produzieren. Nur so viel Wasser erhitzen, wie man wirklich braucht. Muss es überhaupt kochen? Reichen nicht auch 60–70 Grad?
- Wer einen E-Herd hat, der vorher an war, kann hier auch die Restwärme zum Wasserkochen gut ausnutzen.

- Regelmäßiges Entkalken hilft auch: Einfach 1 TL Zitronensäure aufkochen, ausspülen.
- Weil wir uns zunehmend mit Wasserstress beschäftigen werden: Kochwasser kann zu Gießwasser werden. Dadurch erschaffst du einen neuen kleinen Mini-Kreislauf in der Küche.

Makro-Klimakiller Mikrowelle

1967 kam die erste Mikrowelle für den Haushalt auf den Markt. An sich war die Möglichkeit, Speisen durch elektromagnetische Feldenergie zu erhitzen, ein Nebenprodukt der amerikanischen Rüstungsindustrie. Heute verursachen die 130 Mio. Mikrowellen in den Haushalten Europas pro Jahr 7,7 Mio. Tonnen CO_2-Emissionen. Das entspricht etwa der Menge von 6,8 Mio. Autos. Und doch: Beim Aufwärmen von kleinen Portionen schneiden sie ganz gut ab.

BACKEN

Wir backen punktgenau. Nicht vorher und nicht nachher. Also: Vorheizen ist oft nicht nötig. Möglichst viel auf einmal backen, Nachwärme nutzen (auch das wusste die Großmutter: Erst die heiß abzubackenden Hefebrote, dann die Pumpernickel, die bei 130 Grad ewig vor sich hingaren können). Das spart Heizzeit, Geld und bis zu 20 % Energie.

SPÜLEN

Abwasch will gelernt sein. Tatsächlich entscheidet die Technik des Handspülens bzw. das optimale Einräumen der Spülmaschine über Wohl und Wehe für die Umwelt. Generell arbeitet die Maschine effizienter, wenn der Mensch sie richtig befüllt.

- Platziere stark verschmutztes Geschirr immer so, dass die Verschmutzungen zu den Sprüharmen hin ausgerichtet sind.
- Achte darauf, dass sich die Sprüharme stets frei drehen können.
- Platziere alle Teile nicht zu dicht nebeneinander und ineinander erst recht nicht.
- Eine Spülmaschine im Sparprogramm benötigt zwar länger, doch die Geduld lohnt sich – nicht nur für die Umwelt, sondern auch für den Geldbeutel.

- Verkrustete Sachen oder Teigschüsseln vorher einweichen. Gemüsefasern vom Pürierstab oder Tresterreste unbedingt entfernen, weil sie auch die Siebe verkleben.
- Für die Handwäsche gilt: Abspülen muß man nicht unter fließendem Wasser. Die gute alte Spülschüssel ist hier durchaus wieder angesagt.

KÜHLEN

Kühl- und Gefriergeräte machen ca. 25 % des Stromverbrauchs in einem Durchschnittshaushalt aus. Ein A+++-Gerät kann bis zu 40 % der Energie im Vergleich zu einem „alten Möhrchen" einsparen.
- Ein ohne tierische Lebensmittel gefüllter Kühlschrank braucht es gar nicht so kalt. Ein Tiefkühlfach mit 2 Sternen reicht auch aus.
- Gerichte vor dem Kühlen abkühlen lassen.
- Ist der Kühlschrank „ordentlich" befüllt | » LESS WASTE |, verteilt sich die Kälte genau an die richtigen Stellen.
- Ein ab und an von der Eisschicht befreiter Kühl-/Eisschrank spart jede Menge Energie.
- Wie so oft im Leben kommt's auch hier auf die richtige Größe an. Als Richt-wert gelten 50 Liter pro Person.

EIGENENERGIE UND ELEMENTEKRAFT NUTZEN

Charmant ist es, gerade in einer Küche, die die Klimafreundlichkeit zum Thema hat, die Elemente für sich arbeiten zu lassen. Erde, Wasser, Wind und Sonne können im Kleinen Großes bewirken und auf unser Elektrodiät-Sparkonto einzahlen – nicht zuletzt in Bezug auf die vielbeschworene Vorratshaltung.

ERDE

Erdmieten nutzte noch meine Großmutter zur Aufbewahrung von Möhren, Lauch oder Sellerie. Vertiefungen, die mit Blattwerk ausgekleidet waren, dienten vor allem in den Wintermonaten als kühler Lagerort im Garten. Das funktioniert noch heute, vor allem mit wasserarmen, also harten Gemüsen.

Erdmiete anlegen
- Im Garten einen geeigneten Platz suchen, optimal ist am Hausrand.
- Ein Loch in der Tiefe zwischen 25 und 40 cm ausheben. Es sollte Platz für Kisten bieten. Hölzerne Weinkisten eignen sich hervorragend.
- Die Grube mit Drahtzaun gegen Wühlmäuse auskleiden.
- Den Boden mit 5 cm Sand auslegen und festklopfen.
- Stroh an den Rändern sorgt für eine gute Luftzirkulation.

TIPP: zum Einlagern:
- Kein schadhaftes und gewaschenes Gemüse einlagern.
- Kartoffeln eignen sich weniger gut, weil sie frostempfindlich sind.
- Keine Äpfel mit anderen Gemüsesorten einlagern, sie strömen das Reifegas Ethylen aus.

WASSER

Naturkühlschrank bauen

2 Ton-Blumentöpfe unterschiedlicher Größe
Sand
Klebeband
1 Gießkanne mit kaltem Wasser
1 Deckel, der auf den kleinen Tontopf passt
1 Geschirrtuch

- Bei beiden Blumentöpfen das Loch am Boden abkleben. Sand auf den Boden des größeren Topfs füllen. Die Töpfe ineinanderstellen und Sand in den Zwischenraum der beiden Töpfe schütten. Je mehr Sand, desto besser für die Isolierung.
- Dann vorsichtig kaltes Wasser auf den Sand gießen. Das soll später kühlen. Die Kälte entsteht hauptsächlich durch Verdunstung des Wassers.
- Um nun die niedrige Temperatur zu halten, den Innenraum mit einem Topfdeckel bedecken und zusätzlich mit einem weißen Geschirrtuch vor Sonneneinstrahlung schützen. Wenn man den Topf ständig feucht hält, ist es möglich, die Temperatur auf unter 10 Grad abzusenken. Ohne Strom!

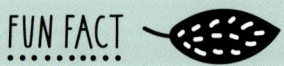

FUN FACT

Auto-Dörren
Stell dein Auto in die Sonne, öffne das Fenster einen Spalt und trockne Gemüse und Kräuter darin ohne zusätzlichen Aufwand – wenn die Karre schon vor der Tür steht ...

LUFT UND SONNE
Einfache Darre

1 Backblech
4 Holzbretter für den Rahmen
(ca. 10–15 cm hoch, 1 cm dick und breit wie das Backblech)
Eine auf den Rahmen passende Glasplatte
(kann aus einem Bilderrahmen stammen)
Schrauben
Akkuschrauber
4 Winkelverbinder

- Wir fertigen zunächst den Rahmen, der das Backblech umschließen soll: dazu die vier Bretter mithilfe der Winkelverbinder verbinden.
- Die Höhe des Rahmens kannst du selbst bestimmen. Ungefähr 15 cm sollten jedoch ausreichen.
- In zwei sich gegenüber liegende Bretter bohren wir nun mehrere Luftlöcher.
- Nun gehen wir die Sonne suchen und befüllen das Backblech mit unserem Dörrgut.
- Wir umschließen das Backblech mit dem Rahmen, auf den wir oben die Glasplatte legen.
- Die Sonne scheint nun auf das Glas, was die nötige Wärmeentwicklung weiter anheizt. Durch die Löcher im Rahmen kann die Luft zirkulieren.

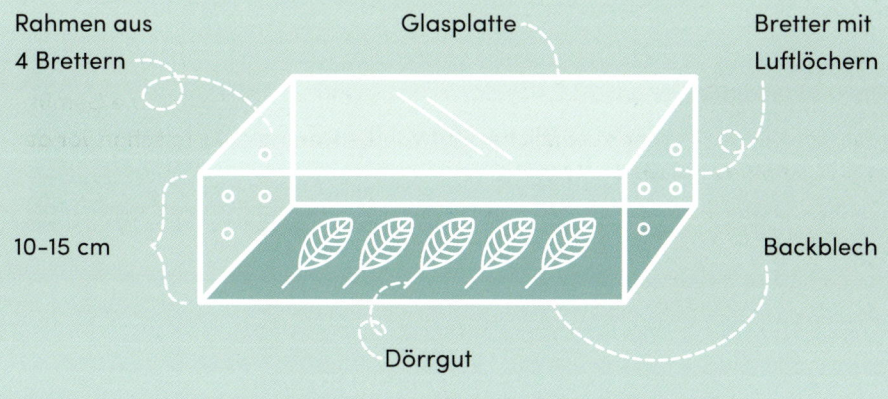

Rahmen aus
4 Brettern

Glasplatte

Bretter mit
Luftlöchern

10–15 cm

Backblech

Dörrgut

TIPPS FÜR DIE KLIMAFREUNDLICH-KÜCHEN-REINIGUNG

Hygiene ist vor allem in der Klimafreundlich-Küche wichtig, wo wieder viel Unverpacktes Einzug hält und wir fröhlich mit Bakterienkulturen hantieren. Unter den Hausmitteln gibt es wahre Wundermittel, die vielseitig einsetzbar sind und viele Chemikaliencocktails ersetzen.

Mit diesen fünf Zutaten aus Großmutters Zeit baust du dir eine ganze Reinigungswelt:

NATRON

Reagiert mit Säure, CO_2 wird frei. Es bubbelt in der Teigschüssel. Löst Kalk, reinigt Abflüsse, löst Fett, Schmutz, bindet Gerüche.

Backofenreiniger
1 EL Salz
2 EL Natron
2 EL Wasser

KERNSEIFE

Löst hervorragend Fett und Schmutz, weil sie viele Salze enthält. In der Regel frei von überschüssigem Fett und Zusatzstoffen, härter und stärker in ihrer Reinigungswirkung als andere Seifen.

Spülmittel
3 EL geriebene pflanzliche und palmölfreie (!) Bio-Kernseife
3–4 TL Natron
500 ml Wasser
20 Tropfen ätherisches Öl (gut: Lavendel, Teebaumöl oder Salbei)
- Wasser mit der Seife aufkochen und mit einem Schneebesen so lange rühren, bis sich die Seife gelöst hat. Natron einfüllen und nach Abkühlung das ätherische Öl hinzufügen. In eine alte Spülmittelflasche geben.

SODA

In Wasser gelöst wirkt Soda als starke Lauge. ÄTZEND. Flecken und Schmutz quellen auf und werden chemisch verändert, so dass sie vom Gewebe oder der Unterlage gelöst werden. Bei der Behandlung Gummihandschuhe tragen!

Spülmaschinen-Pulver

200 g Zitronensäure (pulverisiert)
100 g Natron
100 g Soda
- Vermischen. Pro Waschgang: 1–2 TL

ZITRONENSÄURE

Wirkt ähnlich wie Essig, also kalklösend, bloß stärker. Die Säure und ihre Salze reagieren mit dem Kalk, wobei Kohlendioxid freigesetzt wird. Zum Entkalken des Wasserkochers oder von Trinkflaschen einfach 1–2 TL aufkochen, ausbürsten und nachspülen.

Glasreiniger

1 EL Zitronensäure (flüssig)
500 ml Wasser
ca. 20 Tropfen ätherische Öle

ESSIG

Essigdampf löst ziemlich gut Schmutz oder in Kombination mit Soda auch verstopfte Abflüsse.

Allzweckreiniger

2 Tassen heller Essig
1 Tasse Wasser
20 Tropfen ätherische Öle, z. B. Teebaum-, Rosmarin- oder Lavendelöl
- Wer mag: Noch mit 1 TL Zitronensäure und 1 TL Soda zu einem Mega-Mittel für fast alles im Haushalt aufpimpen.
- In eine alte Sprühflasche geben. Prima für die tägliche Küchenoberflächen-Reinigung.

ZWISCHENMAHLZEIT
VERPACKUNGEN

ZWISCHENMAHLZEIT: VERPACKUNGEN
DIE WAHL ZWISCHEN PEST ODER CHOLERA

Weil wir in der Klimafreundlich-Küche eigentlich neben der Zutaten-Beschafferei ständig mit dem Thema Verpackungen konfrontiert werden, folgt hier in gebotener Kürze ein Überblick über das, was sich Leute oft fragen, und das, was wir alle gut umsetzen können.

Fast alles, was wir täglich konsumieren, ist auf irgendeine Art verpackt. Pausenbrot, Joghurt, Einkaufstüte. Wir verwenden die verschiedensten Materialien, wie Papier, Glas, Metall oder Nudeln. Unsere Liebe zum „to go" führt zu einer Flut an Abfällen, pro Kopf täglich 1,7 kg | » **SÄTTIGUNGSBEILAGE: LESS WASTE** |. Und ja, die Verpackung spielt eine große Rolle fürs Klima. Die Meere sind auf nicht absehbare Zeit vermüllt, Mikroplastik essen wir ständig mit. Mit der Gesamtmenge des bisher produzierten Kunststoffs könnte man die Erde sechsmal in Folie einwickeln.

Die Menge an Einwegartikeln hat sich seit 2011 vervierfacht. Nicht mehr lange und im Meer schwimmt mehr Plastik als Fische.

Auch für die Ewigkeit Gemachtes hat eine Geschichte ...
Gummi im Jahr 1839, Halbseidenes mit Kunststoff-Versatz im letzten Drittel des 19. Jahrhunderts und Bakelit als erster echter Kunststoff 1907: Die Geschichte des Plastiks ist ein Lehrstück dafür, wie Erfindungen und Markt Hand in Hand gehen. Die neu entstandene Elektro-Industrie benötigte Ende des 19. Jahrhunderts Stoffe, die isolierend, hitzebeständig und kostengünstig waren. Daraufhin suchte und fand der belgischen Chemiker Leo Hendrik Baekeland, ein geborener Tüftler mit Gespür fürs Geld, den ersten voll-synthetischen Kunststoff. Das „Bakelit" war der Auftakt zum „Plastik-Zeitalter".

Geht die Plastikproduktion weiter wie bisher, entstehen allein durch Kunststoffe bis 2050 rund 56 Gigatonnen CO_2-Emissionen. Muss das wirklich sein? In der Sache gibt es eigentlich nur zwei Wahrheiten.

- Jede Verpackung hat auch Nachteile.
- Irgendwo müssen die Sachen rein.

Mittlerweile ist das Thema zumindest im Vergleich zu anderen Umweltthemen bei Politik, Handel und Verbrauchern gleichermaßen angekommen, so dass derzeit eine engagierte Bewegung zu beobachten ist. Alle Akteure machen sich (gute) Gedanken. Und: Es ist wirklich vertrackt. Allein der Bericht des Umweltbundesamtes zur Frage nach der richtigen Getränkeverpackung beträgt knappe 500 Seiten.

Doch die Zeit ist reif. Wir können es uns schlicht nicht leisten, mit vollen Händen wertvolle Ressourcen einfach wegzuwerfen. Und wohin auch?
Verpackungen sind wie Boomerangs. Sie kommen auf uns zurück, gerade wenn wir die Wertstoffkreisläufe vernachlässigen, und es ist absolut keine Idee, sie einfach mal nach Südostasien zu verschiffen, nach dem Motto: Aus dem Auge, aus dem Sinn. Zwar haben in den letzten Jahren sowohl die Glas- als auch die Kunststoffaufbereitung große Fortschritte in Sachen Wiederverwendung gemacht. Doch zugleich hat sich die Produktvielfalt erneut ausgeweitet, so dass etwa zig verschiedene Bierflaschenvarianten existieren, die differenziert sowohl vom Kunden als auch vom Handel gesammelt und sortiert werden müssen.

Was gilt also?
- **Mehrwert durch Mehrweg**
  Je mehr wir Verpackungen wieder/weiter nutzen, desto besser für die Ökobilanz.
- Je höher der Anteil aus **nachwachsenden Rohstoffen** ist und je weniger sie wiegen, desto mehr Pluspunkte sammelt eine Verpackung für ihre Umweltbilanz.
- Die **Verwertung** unserer Abfälle optimieren. Tatsächlich liegt derzeit der Anteil an wiederverwendetem Plastik bei nur 16 %, nicht zuletzt, weil wir nicht diszipliniert genug den Müll trennen. Nur dann kann er jedoch „ordentlich" recycelt werden.
- Und sowieso: Die besten Verpackungen sind die, die erst gar **nicht entstehen.**

So viel CO$_2$ landet im Müll, wenn wir das wegwerfen:

- **Weißblech-Dose – 105 g**
- **Einwegglas – 190 g**
- **Umverpackung Mitnahmegericht 25 g**

Das ist Plastik

Plastik ist die umgangssprachliche Bezeichnung für Kunststoffe. Kunststoff ist ein Material, das in der Natur nicht vorkommt, ihre Zutaten aber verwendet. Es enthält organische Stoffe, wie Kohlenstoff, Sauerstoff, Wasserstoff, Stickstoff und Schwefel, vor allem aber Erdöl, Kohle und Erdgas. Hinzu kommen je nach Mischung Weichmacher, Stabilisatoren, Farbmittel, Füllstoffe oder Flammschutzmittel. In den letzten 65 Jahren ist pro Erdenbürger eine Tonne Plastik entstanden, also rund 8,3 Milliarden Tonnen.

Für Plastik braucht man Rohbenzin, das in seine Bestandteile zerlegt wird und anschließend chemisch neu reagiert. So erhält man große netz- oder kettenförmige Moleküle. Sie sind Grundlage für kleine Plastikpellets, die in unendlicher Vielfalt zu jeder Menge Plastikprodukte werden. Und dann wieder das Ganze retour. Mehrere Jahrhunderte sind nötig, um Plastik wieder abzubauen. Und die vielen kleinen Plastikteilchen, genannt Mikroplastik, schwimmen aus dem Meer – oder ganz neu im Fokus: schrauben sich aus den Ackerfurchen – wieder in unser Leben zurück. Ein unheimlicher Recyclingkreislauf.

Bio-Plastik

Klingt erst mal prima, ist aber leider auch keine echte Alternative. Bio-Plastik (PLA – Polymilchsäure) besteht aus biologisch abbaubaren Kunststoffen, die aus Mais, Kartoffeln, Zuckerrohr oder Zuckerrüben hergestellt werden. Ihre CO$_2$-Bilanz ist auf den ersten Blick besser, weil sie den Verbrauch der fossilen Brennstoffe senken. Doch die Pflanzen müssen ja irgendwo wachsen. Sie brauchen Flächen, Wasser und Düngemittel. Damit sind wir wieder im Teufelskreis der bei den | » **FAKTENSNACKS** | beschriebenen Faktoren. Außerdem sind sie auch nur in der Theorie gut kompostierbar. Sprich: unter sehr speziellen Bedingungen, die der heimische Kompost nicht aufweist.

VERPACKUNGEN IN DER ÖKOBILANZ-ÜBERSICHT

	PRO	CONTRA
Die Mehrweg-PET-Flasche	Man kann sie bis zu 25-mal wieder befüllen. Sie schneidet vor allem deswegen gut im Vergleich zur noch langlebigeren Schwester aus Glas ab, weil sie leichter ist. Deshalb ist der Energieverbrauch beim Transport wesentlich geringer.	Es ist und bleibt Plastik. Der Energieaufwand für die Herstellung konnte deutlich reduziert werden, ist aber im Vergleich weiterhin sehr hoch.
Die Einweg-PET-Flasche	Sie wiegt nicht viel, gut für die Transport-Bilanz.	Sie kommt nur einmal zum Einsatz und besteht zu drei Viertel aus neuen Rohstoffen, die aufwendig aufbereitet werden.
Die Mehrweg-Glasflasche	Seit über 300 Jahren begleitet uns die Glasflasche nun schon. Sie verpackt nicht nur Bier sehr gut und lässt sich bis zu 50-mal befüllen. Im Vergleich zu Einwegverpackungen aus Plastik verursacht sie gerade einmal die Hälfte des Klimakillers CO_2. Regional befüllte Flaschen weisen die beste Ökobilanz auf.	Ein Nachteil ist das hohe Gewicht der Glasflaschen, was den Energieaufwand beim Transport erhöht.
Die Einweg-Glasverpackung	Der entscheidende Vorteil von Glasverpackungen liegt in ihrer hohen Recyclingquote von bis zu 60 %. Denn Glas kann beliebig oft eingeschmolzen werden.	Glasflaschen sind sehr schwer und können beim Transport kaputt gehen.
Papier und Kartonage	Papier besteht aus nachwachsenden Rohstoffen. Die Recyclingquote ist im Vergleich zu Kunststoffverpackungen deutlich höher: Eine Verpackung besteht im Schnitt zu 68 % aus Altpapier. Ebenfalls positiv ist das geringe Gewicht von Papierverpackungen zu bewerten.	Obwohl die Umweltbelastung bei der Papierherstellung im Vergleich zu anderen Verpackungsarten eher gering ist, schlägt die Herstellung pro Tonne mit 676 kg CO_2 zu Buche. Aber: Altpapier in Form von gedruckten Zeitungen gibt es als Rohstoff kaum noch. Kartonagen, die aufgrund des Online-Handels viel mehr im Umlauf sind, lassen sich schlechter recyceln.

Polyolefine	Sie sind in fast allen Alltagsobjekten aus Plastik. Legosteine, Wasserkocher, Plastikschüssel. Sie sind leicht und könnten mittlerweile gut recycelt werden.	Die Herstellung der Kunststoffe ist mit einem hohen Energieaufwand verbunden. Pro Tonne PE-Granulat werden fast zwei Tonnen CO_2 freigesetzt. Die Rohstoffe, die für die PE-Herstellung benötigt werden, sind nur begrenzt vorhanden. Sobald aber unterschiedliche Kunststoffe gemischt werden, wird die Wiederverwertung deutlich erschwert.
Getränkekarton	Ein Getränkekarton besteht zu 100 % aus „frischem" Material – das hat hygienische Gründe. Er besteht aus 70 % Karton und 30 % Kunststoff. Dennoch: Durch das Bundesumweltministerium wurden Getränkekartons als „ökologisch vorteilhafte Verpackungen" eingestuft. Sie sind sehr leicht, bestehen zum Teil aus nachwachsenden Rohstoffen (Papier) und können fachgerecht recycelt werden. Wo Mehrweg nicht in Frage kommt, sind Getränkekartons eine ökologisch vertretbare(re) Lösung.	Leider hat sich der Kunststoffanteil an der Verpackung in den vergangenen Jahren erhöht. Grund sind Ausgießhilfen aus Plastik. Außerdem bestehen die Kartons aus raffiniert verklebten Schichten, was sich für ihre Wiederverwertung ziemlich aufwendig gestaltet. Weite Transportstrecken zwischen Herstellung, Abfüllung und Recycling können die Ökobilanz zusätzlich belasten. Die Komponenten müssen im Recyclingprozess aufwendig voneinander getrennt werden. Nur Teile können wiederverwendet werden, etwa Folienreste im Zementwerk. Der Karton bekommt vielleicht ein neues Leben als Pizzaschachtel.
Getränkedose	Getränkedosen bestehen zum Großteil aus Aluminium, das vollständig recycelt werden kann.	Metalldosen sind bei der Herstellung nicht nur teuer, sondern auch echte Energiefresser. Der Energieeinsatz bei der Aluminiumherstellung ist extrem hoch und führt zu einem erhöhten CO_2-Ausstoß. Zu allem Überfluss können sie nicht wieder befüllt werden.

HÜLLEN ZUM FÜLLEN

Uns wächst der Berg an Umverpackungen für die vorgefertigten Speisen und Getränke über den Kopf. Bis weit ins 19. Jahrhundert hinein dienten Kisten und Fässer aus Holz, Säcke aus Lein, Körbe und Kiepen aus Weide und Flaschen und Krüge aus Ton als umwelttaugliche Mitnahmebehältnisse.

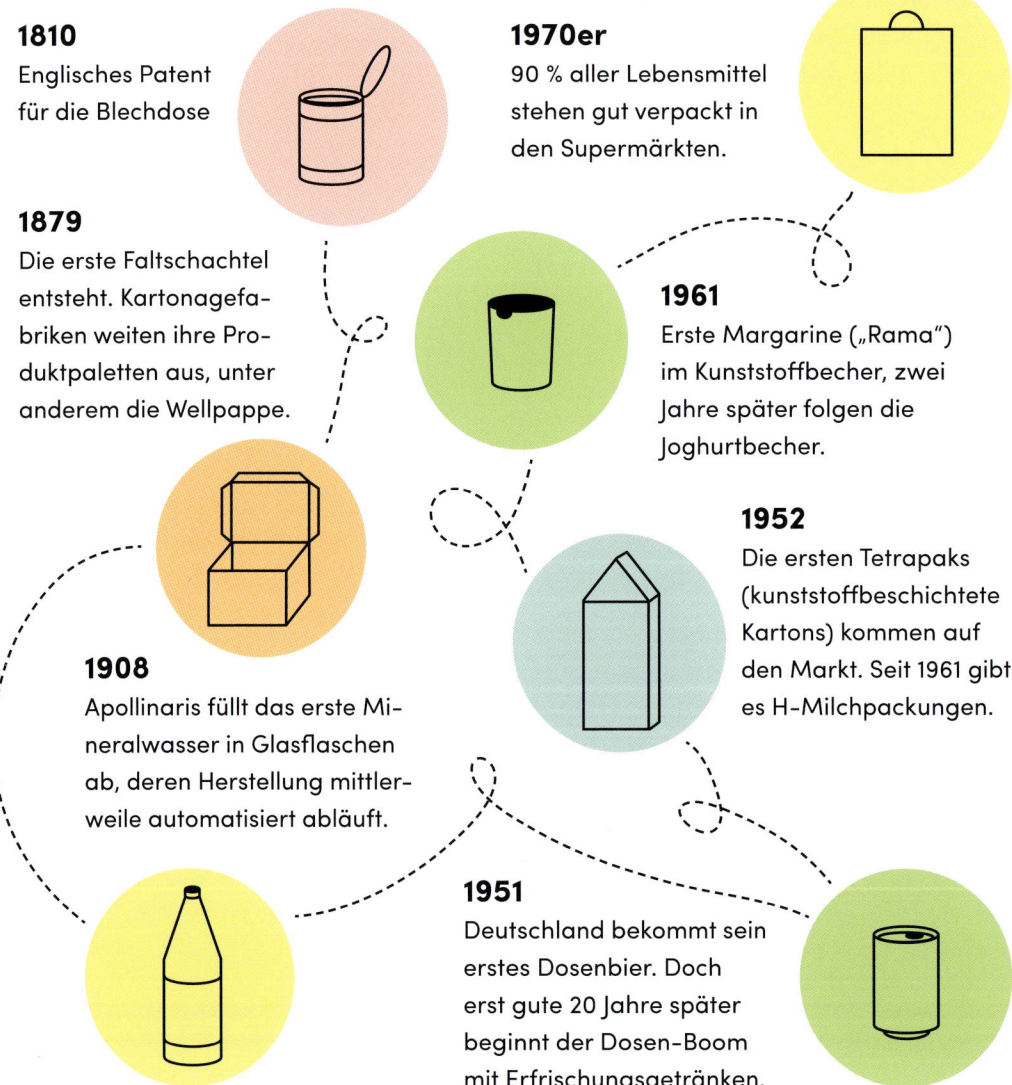

1810
Englisches Patent für die Blechdose

1970er
90 % aller Lebensmittel stehen gut verpackt in den Supermärkten.

1879
Die erste Faltschachtel entsteht. Kartonagefabriken weiten ihre Produktpaletten aus, unter anderem die Wellpappe.

1961
Erste Margarine („Rama") im Kunststoffbecher, zwei Jahre später folgen die Joghurtbecher.

1952
Die ersten Tetrapaks (kunststoffbeschichtete Kartons) kommen auf den Markt. Seit 1961 gibt es H-Milchpackungen.

1908
Apollinaris füllt das erste Mineralwasser in Glasflaschen ab, deren Herstellung mittlerweile automatisiert abläuft.

1951
Deutschland bekommt sein erstes Dosenbier. Doch erst gute 20 Jahre später beginnt der Dosen-Boom mit Erfrischungsgetränken.

☑ TRAGEBEHÄLTNISSE

Eine **Stofftasche** kommt häufig aus Asien und hat den Transportweg hinter sich. Möglicherweise stammt die Baumwolle auch nicht aus fair-ökologischem Anbau. Wasser hat sie in jedem Fall im Gepäck. Sie muss bis zu 30-mal benutzt werden, damit sie sich rentiert.

- 🟢 Stabil und langlebig
- 🟢 Recycelbar
- 🔴 Hoher Wasser- und Pestizideinsatz in der Produktion

Greifst du zur **Papiertüte**, ist sie erst nach 4-maligem Benutzen nachhaltiger als ihre Plastikschwester. Das liegt an ihrer chemischen Behandlung zuvor, um sie besonders reißfest zu machen.
Der Wasserverbrauch ist gar 20-mal so hoch. Vor allem das für Verpackungen verwendete Recyclingpapier belastet den Inhalt – beispielsweise mit Mineralölen.

- 🟢 Biologisch abbaubar
- 🟢 Recycelbar
- 🔴 Weniger stabil
- 🔴 Hoher Einsatz von Energie, Rohstoffen und Chemikalien

Sieger in der Misere sind die kleinen, leichten **Polyesterbeutel**, sehr stabil und – wie in meinem Fall – Jahre im Dauereinsatz.

- 🟢 Leicht zu verstauen, geringes Packmaß zum Mitnehmen
- 🟢 Langlebig und waschbar
- 🟢 Hohe Tragelast
- 🔴 Plastik als Rohstoff

Ganz simpel und ober-ökologisch ist außerdem das Falten eines „Furoshiki", wo aus einem simplen Tuch oder einem ollen T-Shirt ein hippes Behältnis entsteht. | » SÄTTIGUNGSBEILAGE: LESS WASTE |

Fazit: Zum Känguru werden und stets einen (Polyester-)Beutel dabeihaben. Alle Behältnisse nutzen bis zum „Gehtnichtmehr".

9

• • • • • • • • • • • • • • •

ZUM VERDAUEN

ZUM VERDAUEN
DARUM LOHNT DIE KLIMAFREUNDLICH-KÜCHE

Die vorangegangenen Seiten haben ein Panorama rund um das Klimageschehen auf dem Teller aufgeblättert. Die Klimafreundlich-Küche ist eine pflanzenbasierte und planetenfreundliche Art sich zu ernähren. Sie kombiniert Nahrungstraditionen mit Naturerlebnissen und Sachen zum Selbermachen.

Mit ein paar Zutaten aus der Klimafreundlich-Küche gelingt es vielleicht, das dringend nötige Umdenken ganz ohne Drama voranzutreiben. Man mag es für recht niedlich halten, eifrig eine Stulle in Wachspapier zu wickeln oder wie wild Kräuter zu pflücken, um ein paar Gramm CO_2 einsparen zu wollen, während „die anderen" rund um die Welt fliegen oder auf „die Politik" schimpfen.

Maßnahmen, den Klimawandel zu stoppen, fühlen sich irgendwie immer an, wie Zahnpasta zurück in die Tube zu drücken. Wir wollen eben unsere liebgewonnenen Komfortzonen nur äußerst ungern verlassen: Auf die tierisch leckere Leibspeise oder gar auf ein Gläschen Wein zu verzichten, klingt nach einer gewaltigen Spaßbremse.

Doch. Auch wenn ein Blick auf die derzeitige Nachrichtenlage die Abstufungen der Apokalypse erahnen lässt: Weil viele von uns die Natur lieben, Kinder haben und nicht wollen, dass sich das Gesicht der Erde in wenigen Jahren aufs Radikalste verändert, tut sich was. Allein seit Mitte 2019 sind auf YouTube Videos in der Länge von 55 Jahren Sehdauer zum Thema Klimawandel entstanden! Da klopfen bunte und breit gefächerte Alternativen nicht nur an die Küchentüren. Und der Witz ist: Es sind bald gar keine Alternativen mehr. Die noch als schräg und sonderbar titulierten Verhaltensmuster, zu denen vielleicht auch ein paar Ausführungen in diesem Buch zählen, können zu puren Notwendigkeiten werden.

Daher ist es großartig, dass viele dieser kleinen neuen Alltagshandlungen ganz viel Laune machen. Bleibt also die Hoffnung, dass die Klimafreundlich-Küche Teil eines größeren Ganzen werden kann.

DER FINALE KÜCHEN-CHECK

Wer manche Kleinigkeiten für sich neu erfindet – ein paar Wildkräuter verarbeitet, Hülsenfrüchte auf Vorrat einkocht, dann und wann „Klimaschweine" liegen lässt und sich der nahrhaft-nahen Welt seiner Region und der dortigen Verfügbarkeit öffnet – der verändert etwas und vor allem: sich selbst.

RESSOURCENNUTZUNG: REGIONAL, SAISONAL, BIO

Manches mal ersetzen: Wer für sich herausfindet, wo und wie und wie viel er an tierischen Produkten durch pflanzliche Alternativen austauschen kann, ist gut unterwegs. Weder aus gesundheitlicher Sicht noch aus Genuss-Sicht kann von „Verzicht" die Rede sein. Fahrt nimmt das Ganze noch auf, wenn beim Einkauf neue Wege in Sachen Fortbewegung, Einkaufsort und Zutatenlisten beschritten werden.

VOLLSTÄNDIG VERWERTEN: RETRO, LESS WASTE

Achtsamkeit ist oberstes Gebot: gegenüber Menschen (Fairness), Tieren (dosiert) und „Produkten" (Herkunft, Zubereitung, Entsorgung). Schätze die Lebensmittel wert, die die Erde dir schenkt. Bezahlt hast du nur einen zufällig festgelegten Preis. Wer die plastikverpackten Cocktailtomaten liegen lässt, hat schon einiges verstanden. Wer obendrein Ernteschätze dann restlos ausnutzt, wenn ihre Zeit ist, macht gute Klimapolitik.

MÖGLICHST VIEL EIGEN-ENERGIE: DIY, ENERGIESMART

Jede/r kann aktiv ins Weltgeschehen eingreifen und den Kochlöffel schwingen. Wer einen Pflücksalat vom eigenen Balkonkasten erntet, Stromfresser auf Diät hält und sich den Durchblick in den eigenen Schränken verschafft, ist nicht spießig, sondern smart.

TREIBHAUSEFFEKT VERSCHIEDENER ERNÄHRUNGSWEISEN PRO KOPF UND JAHR

dargestellt in Autokilometern (weil uns dieser Vergleich allzu geläufig ist)

Ernährungsweise ohne Fleisch und ohne Milchprodukte

■ 281 km

■ 629 km

Ernährungsweise ohne Fleisch

1.978 km

2.427 km

Ernährungsweise „Alles-Esser"

4.377 km

4.758 km

4.209 km

■ bio ■ konventionell

■ konventionell ohne Rindfleisch*

*Rindfleischkonsum durch
Schweinefleischkonsum ersetzt

Quelle: foodwatch

DAS SIND DIE VORTEILE DER KLIMAFREUNDLICH-KÜCHE:

- **Deutliche CO_2-Reduktion**
  Bis zu 40 % in Sachen Ernährung sind drin. Alternativen im Speiseplan setzen Energie für die freie Fahrt in die richtige Richtung frei.

- **Regionale Initiativen stärken**
  Der Witz ist, dass gerade durch die digitale Vermarktung lokale Versorgungsmöglichkeiten noch näher kommen. Du brauchst nur zuzugreifen.

- **Spaß mit Selbermachen**
  Vieles ist kein Akt, sondern eine Entdeckung.

- **Wellness für dich und den Planeten**
  Ist es Zufall, dass die Planetendiät jede Menge mit den Empfehlungen der alten Mönche ebenso wie mit denen von Gesundheitsgurus zu tun hat? Was der Erde gut tut, soll unser Schaden also nicht sein.

- **Geld sparen**
  Selbst in Bio-Qualität: Unsere Grundzutaten kosten nicht viel, Kräuter wachsen gratis auf einer Wiese und dein Haushalt kann zunehmend energiesmart werden.

- **Weiterdenken**
  „Verlasse diesen Ort so, wie du ihn vorgefunden hast." Gilt auch für die Erde.

Ein Pflänzchen Hoffnung
Die Klimafreundlich-Küche ist der Anfang einer vielleicht wunderbaren Verwandlung.

ALLE ZUTATEN FÜR DEN WANDEL AUF DEM TELLER IM ÜBERBLICK

EINKAUF	**MINDFUL** Clever losziehen ● Aus eigener Kraft, möglichst ohne Auto ● So unverpackt wie möglich mit eigenen Behältnissen ● Planen statt wegwerfen	**RETRO** Tradition trifft Szene ● Vorräte anschaffen ● Restefrei kochen ● Naheliegendes nutzen: Ernährung aus dem, was (gerade) da ist ● Der Erde danken	**STERN** Das Einkaufsprinzip ● Saisonal ● Tierfrei ● Einfach ● Regional ● Naturbelassen
KÜCHE	**REGENBOGEN** Rezeptbaukästen ● Bunte Rezept-Kompositionen mit millionenfachen Möglichkeiten	**TO GO** Take good ideas away ● Mit Klimafreundlich-Küchen-Kleinigkeiten die Kraft der Pflanzenküche und ihrer Kräuter entdecken	**KLIMA-TOPS** Heimische Stars ● Pflanzenbasierte Basics einbauen und von heimischen Rohstoffen ausgehen ● Klima-Flops schon mal liegen lassen und wenn: nur aus fairem Handel beziehen
ALLTAG	**ENERGIESMART** „Haushaltführung" ● Muskeln statt Motoren schonen Umwelt und Geldbeutel	**DIY** Einfach selbermachen ● Grüne Liebe für Mini-Sprieß-Projekte entdecken ● Spaß an (Küchen-) Experimenten statt Industrien zu beschäftigen	**LESS WASTE** Ressourcen-Liebe ● Verpackungen vermeiden ● Müll konsequent sammeln ● Leitungswasser trinken

GLOSSAR

GLOSSAR

AGRARKRAFTSTOFFE

Energiepflanzen, wie Mais, Weizen, Zuckerrohr, Ölpalmen, Raps oder Soja, kann man auch tanken. Die politische Förderung von Agrarkraftstoffen hat einen regelrechten Boom ausgelöst und den Ausverkauf von Ackerflächen in Ländern des globalen Südens beschleunigt. Die Produktion von Agrarsprit steht in direkter Konkurrenz zur Nahrungsmittelproduktion und ist mitverantwortlich für die steigenden Nahrungsmittelpreise. Der behauptete positive Klimaeffekt von Agrarsprit ist umstritten. Der Energieaufwand für den Anbau und die Aufbereitung der Pflanzen ist hoch und dafür nötige Abholzungen zur Erschließung von Anbauflächen setzen CO_2-Emissionen frei.

ALLES IST ENERGIE

Pflanzen betreiben Fotosynthese. Dazu wandeln sie Kohlenstoff mithilfe von Sonne in Zucker und Stärke um.

CO_2

CO_2 ist die Kurzform des Gases Kohlenstoffdioxid, an sich nur Kohlenstoff und Sauerstoff. Doch in steigender Konzentration sorgt es in der Erdatmosphäre für Prozesse, die die Erderwärmung hervorrufen. Den Beitrag dazu geben wir üblicherweise in „CO_2-Äquivalenten" an.

CO_2-FUSSABDRUCK

ist ein Maß für die Treibhausgas-Emissionen, die mit einer Ware/Dienstleistung verbunden sind. Neben CO_2 heizen noch Methan (CH_4) – Reisanbau, Rinderhaltung, Abwasser – und Lachgas (N_2O) – Verkehr, Landwirtschaft, Industrie, Haushalte – der Atmosphäre ein.

EARTH OVERSHOOT DAY

Das Datum markiert den Tag, an dem unsere nachhaltig verfügbaren Ressourcen für dieses Jahr verbraucht wären, würden wir nur so viele nutzen, wie sich regenerieren könnten. Der Tag rückt jedes Jahr mehr nach vorne, mittlerweile sind wir im Juli.

KLIMA

ist Wetter über langen Zeitraum.

Gase, wie CO_2, Lachgas oder Methan, speichern die Sonnenstrahlen und verteilen sie in alle Richtungen auf der Erdoberfläche. Sie sind sozusagen das Pelzmäntelchen der Erde. Ohne Treibhausgase wäre es auf der Erde dauerkalt. Minus 20 Grad. Weil ihr Anteil durch menschengemachte Phänomene, wie Tierhaltung und Düngung, Rodung oder Stromerzeugung, stark angestiegen ist, verdichtet sich dieser Pelz und die Wärme strahlt nicht mehr ins Weltall ab, sondern trägt zur globalen Erwärmung bei.

Ozon nimmt einen Teil der Sonnenstrahlen auf und schützt vor schädlicher UV-Strahlung. Die Schicht ist in den vergangenen 60 Jahren durch Kühlgase wie FCKW ausgedünnt. Es bilden sich weniger Wolken und die Winde auf der Erde verändern sich. Zugleich nimmt der Anteil von schnee- und eisbedeckten Flächen, wie von Gletschern oder Permafrostböden, ab. Der Meeresspiegel steigt durch das Schmelzwasser, neue Zersetzungsprozesse verstärken die Verstoffwechselung von Kohlenstoff in CO_2 und Methan.

Auch die Meere haben großen Einfluss, sie sind „globale Förderbänder" von warmer Oberflächenströmung oder kalter Tiefenwasserströmung. Deren Umwälzbewegungen verändern sich durch die steigende Temperatur auf der Erde – mit Folgen, die unter anderem mit Hitze, Kälte, Dürre, Starkregen, Gewitter oder Wirbelstürmen quittiert werden. Die Meere nehmen außerdem fast ein Viertel des menschlichen CO_2 auf und werden dadurch saurer und erwärmen sich. Sie können dadurch zukünftig weniger Gase lösen. Ihre Pufferwirkung schwächt sich ab.

KLIMAWANDEL

Der Anstieg der Konzentration von CO_2 (und anderer Treibhausgase) in der Atmosphäre verstärkt den natürlichen Treibhauseffekt, bei dem, vereinfacht ausgedrückt, einfallende Sonnenstrahlen in Wärme umgewandelt werden. Erhöht sich die Konzentration der Treibhausgase in der Erdatmosphäre, erhöht sich ebenfalls die Absorption der einfallenden Sonneneinstrahlung. Gleichzeitig wird die Wärmeabstrahlung ins Weltall vermindert. Die Folge: Es wird wärmer auf der Erde.

ÖKOBILANZ

Die Ökobilanz ist eine Methode zur Erfassung und Bewertung der mit einem Produkt verbundenen Umweltwirkungen. In die Bilanz fließen alle Umweltwirkungen des Produktionsprozesses sowie der vorgelagerten Produktionsschritte (z. B. Energieerzeugung, Produktion von Hilfs- und Betriebsstoffen) mit ein.

ÖKOLOGISCHER FUSSABDRUCK

Der ökologische Fußabdruck zählt die Ressourcen, die wir für den Alltag verbrauchen, und zeigt auf, wie viel Fläche benötigt wird, um all die Energie und Rohstoffe dafür zur Verfügung zu stellen. Berechnet wird der Fußabdruck anhand von Daten zu Wohnen und Energie, Konsum, Ernährung und Mobilität.

ÖKOLOGISCHER RUCKSACK

Hier berücksichtigen wir die Menge an Ressourcen, die im vollständigen Lebenszyklus eines Produkts stecken. Je mehr Ressourcen ein Produkt verbraucht, desto schwerer ist sein ökologischer Rucksack. Mit einberechnet werden dabei: die Rohstoffgewinnung und Produktion (Transport und Vertrieb), die Nutzung (Verbrauch, Transport, Reparatur) sowie die Entsorgung (Wiederverwertung). Bei der Produktion von industriellen Gütern gehen durchschnittlich 90 % der natürlichen Ressourcen verloren. Ein schlichter Goldring hat den schwersten ökologischen Rucksack mit 2,5 Tonnen.

PLANETARY HEALTH REPORT

Ist der Planet gesund, freut sich der Mensch, könnte man das Konzept plakativ beschreiben. Es stammt aus dem Jahr 1993. Seitdem analysieren Forscher weltweit den Gesundheitszustand der Erde. Sie attestieren ihr mittlerweile einen dramatischen Zustand. So hat zum Beispiel der enorme Rückgang von bestäubenden Insekten drastische Folgen. Denn 35 % der globalen Lebensmittelerzeugung sind genau davon abhängig, ob Bienen ihren Job machen. Das betrifft vor allem die Pflanzenkost: Früchte, Gemüse, Nüsse.
Und genau die müssten sich zusammen mit Hülsenfrüchten gemäß der „Planet Health Diet" auf dem Speiseplan der Zukunft verdoppeln, der Verzehr von Fleisch und Zucker dagegen stark absinken. Knackpunkte sind die weltweite Adaption dieser (auch hier vertretenen) Nahrungsvorgaben und die Auswirkung auf den globalen Anbau von Feldfrüchten.

LITERATUR
LINKS | DANK

LITERATUR | LINKS | DANK

GUTE LITERATUR
KLIMA UND ERNÄHRUNG

aid infodienst Ernährung, Landwirtschaft, Verbraucherschutz e. V. (Hrsg.): Mein Essen, unser Klima. 2. Aufl. Bonn: Eigenverlag (2013)

BÖLW – Bund Ökologische Lebensmittelwirtschaft e. V. (Hrsg.): Zahlen, Daten, Fakten. Die Bio-Branche 2018. Berlin: Eigenverlag (2018)

Bundesministerium für Ernährung und Landwirtschaft (BMEL, Hrsg.) Der BMEL-Ernährungsreport 2019. Berlin: Eigenverlag (2018)

Die Verbraucher Initiative e. V.: Klimafreundlich essen. Berlin: Eigenverlag (2010)

enorm (Hrsg.): Acker 2030. Hamburg: Eigenverlag (2018)

FAO (Food and Agriculture Organization, Hrsg.): Food wastage footprint. Impacts on natural resources. Summary report. o. O. Eigenverlag (2013)

Fluter, Magazin der Bundeszentrale für politische Bildung (Hrsg.): Klimawandel. Da kommt was. Bonn: Eigenverlag (2019)

forsa Politik- und Sozialforschung GmbH (Hrsg.): So will Deutschland essen. Ergebnisse einer repräsentativen Bevölkerungsbefragung. Berlin: Eigenverlag (2017)

GEOLINO extra Nr. 61 Unser Klima, www. geo.de, abgerufen am 27.12.18

Greenpeace Magazin „Essen Spezial", Hamburg: Eigenverlag (Heft 5/16)

Heinrich-Böll-Stiftung (Hrsg.): Bodenatlas. Daten und Fakten über Acker, Land und Erde. Berlin: Eigenverlag (2015)

Heinrich-Böll-Stiftung (Hrsg.): Fleischatlas. Daten und Fakten über Tiere als Lebensmittel. Berlin: Eigenverlag (2016)

Heinrich-Böll-Stiftung (Hrsg.): Konzernatlas. Daten und Fakten über die Agrar- und Lebensmittelindustrie. Berlin: Eigenverlag (2017)

Heinrich-Böll-Stiftung (Hrsg.): Agraratlas. Daten und Fakten zur EU Landwirtschaft. Berlin: Eigenverlag (2019)

Heinrich-Böll-Stiftung (Hrsg.): Plastikatlas. Daten und Fakten über eine Welt voller Kunststoff. Berlin: Eigenverlag (2019)

Hirschfelder, Gunther: Europäische Esskultur: Eine Geschichte der Ernährung von der Steinzeit bis heute. Frankfurt a. M.: Campus (2005)

Meier, Toni: Umweltschutz mit Messer und Gabel. Der ökologische Rucksack der Ernährung in Deutschland. München: Oekom (2014)

Ministerium für Umwelt, Energie, Ernährung und Forsten Rheinland-Pfalz (MUEEF, Hrsg.): Nachhaltige Ernährung. Was unser Essen mit Klimaschutz und Welternährung zu tun hat. 3. überarb. Auflage. Mainz: Eigenverlag (2018)

Nelles, Daniel & Serrer, Christian: Kleine Gase – Große Wirkung. Der Klimawandel. Reinheim: Eigenverlag (2018)

Netzwerk e. V. Soziale Dienste und Ökologische Bildung (Hrsg.): Erna. Praxisbausteine Ernährung und Nachhaltigkeit im LVR–Freilichtmuseum Lindlar. Köln: Eigenverlag (2018)

Stabsstelle Umweltprojekte 34. Deutscher Evangelischer Kirchentag (Hrsg.): Leitfaden „KleVer - klimafreundlich einkaufen und kochen." Stuttgart (2014)

Stadt Frankfurt am Main (Hrsg.): Klimagourmet. Tipps und Informationen zu klimafreundlicher Ernährung. Frankfurt a. M.: Eigenverlag (2018)

TECHNOSEUM (Hrsg.): Unser täglich Brot ... Die Industrialisierung der Ernährung. Mannheim: Eigenverlag (2011)

Umweltbundesamt (Hrsg.): Daten zur Umwelt. Ausgabe 2018. Umwelt, Haushalt und Konsum. Dessau: Eigenverlag (2018)

WWF Deutschland (Hrsg.): Der Wasser-Fußabdruck Deutschlands. Frankfurt a. M.: Eigenverlag (2009)

WWF Deutschland: Fleisch frisst Land. 4. Auflage. Berlin: Eigenverlag (2011)

WWF Deutschland (Hrsg.), Noleppa, Steffen (Autor): Klimawandel auf dem Teller. Berlin: Eigenverlag (2014)

WWF Deutschland: Auf der Ölspur. Berechnungen zu einer palmölfreien Welt. Berlin: Eigenverlag (2016)

WWF Deutschland (Hrsg.): Weltretten mit Mohrrüben. Tipps & Tricks für eine umweltfreundliche Ernährung. Frankfurt a. M.: Eigenverlag (2018)

ÖKO-LIFESTYLE

Breisinger, Fabian & Bolk, Patrick: Pflanzliche Protein Power. Mit grünem Eiweiß gesünder leben und nebenbei die Welt retten. Mainz: Ventil (2018)

Foer, Jonathan Safran: Wir sind das Klima. Wie wir unseren Planeten schon beim Frühstück retten können. Köln: Kiepenheuer & Witsch (2019)

Franken, Markus & Götze, Monika: Einfach öko. Besser leben, nachhaltig wohnen! 200 Tipps, die wirklich was bringen. München: Oekom (2017)

Kopatz, Michael: Ökoroutine. Damit wir tun, was wir für richtig halten. München: Oekom (2018)

Paech, Nico: Befreiung vom Überfluss. Auf dem Weg in die Postwachstumsökonomie. München: Oekom (2012)

Schneidewind, Uwe: Die große Transformation. Eine Einführung in die Kunst gesellschaftlichen Wandels. Frankfurt a. M.: Fischer Verlag (2018)

Su, Shia: Zero Waste. Weniger Müll ist das neue Grün. Linz: Freya Verlag (2016)

Weed, Susun S.: Healing Wise. Woodstock/New York: Ash Tree Publishing (1989)

Welzer, Harald: Selbst denken. Eine Anleitung zum Widerstand. Frankfurt a. M.: Fischer Verlag (2013)

KOCHBÜCHER

Anthes, Daniel & Schulenburg, Katharina: Weil wir Essen lieben. Vom achtsamen Umgang mit Lebensmitteln. Mit Rezepten für die Resteküche. München: Oekom (2018)

BUND Jugend (Hrsg.): Das Klimakochbuch. Klimafreundlich einkaufen, kochen und genießen. Berlin: Kosmos (2009)

Goldner, Bettina: Umweltfreundlich vegetarisch. Weil der Stadt: Hädecke Verlag (2009)

Hoffmann, Sophia: Zero Waste Küche. Hamburg: ZS Verlag (2019)

Just, Nicole: La Veganista. Mein selbst gemachter Power-Vorrat ... und was ich damit koche. München: Gräfe und Unzer Verlag (2016).

Kat, Wam: 24 Rezepte zur kulinarischen Weltverbesserung. 4. Auflage Berlin: orange-press (2014)

Mehl, Volker: So schmeckt Glück. Meine ayurvedische Heimatküche. München: Kalish Verlag (2013)

Pretterebner, Susanne: Rezepte für die Zukunft. Hintergrundwissen zum Thema „Ernährung und Klimaschutz" sowie saisonale Gerichte als Sahnehäubchen. Hilden: Becker Joest Volk Verlag (2015)

Smarticular.net: Fünf Hausmittel ersetzen eine Drogerie. Berlin: Eigenverlag (2016)

Smarticular.net: Geh raus! Deine Stadt ist essbar. Berlin: Eigenverlag (2017)

Smarticular.net: Selber machen statt kaufen. Berlin: Eigenverlag (2017)

KRÄUTER

Hager, Irene, Hönigschmid, Alice, Schönweger, Astrid: Die Kraft der Südtiroler Kräuter nutzen. Bozen: Athesia Verlag (2016)

Hiersch, Siegrid & Grünberger, Felix: Die Kräuter in meinem Garten. 22. Auflage Linz: Freya Verlag (2018)

Fischer-Rizzi, Susanne: Medizin der Erde. Heilanwendung, Rezepte und Mythen unserer Heilpflanzen. Baden und München: AT Verlag, 7. Aufl. (2013) [Originalausgabe 1984]

Thaler, Sigrid: Mein Kräuterbüchlein. Heilkräuter: Geschichte, Inhaltsstoffe und Anwendung. 2. Auflage. Montan: Eigenverlag (2017)

Tubes, Gisela: Nutzbare Wildpflanzen. Gesund und schmackhaft. 2. Auflage. Wiebelsheim: Quelle & Meyer Verlag (2014)

GUTE INTERNETSEITEN

www.bildungsserver.hamburg.de/klima-wandel

www.bne-portal.de

www.boelw.de

www.bpb.de/gesellschaft/umwelt/klima-wandel

www.bund.net

www.bzfe.de

www.foodwatch.de

www.germanwatch.de

www.greenpeace.de

www.keypointer.de

www.kingkongklima.de

www.klimafakten.de

www.klimagourmet.de

www.klimateller.de

www.meine-landwirtschaft.de

www.nabu.de

www.nachhaltigkeitsrat.de

www.pik-potsdam.de

www.plastikalternative.de

www.ressourcen-rechner.de

www.oeko-fair.de

www.smarticular.net

www.stromverbrauch-haushalt.de

www.uba.co2-rechner.de

www.umweltberatung.at

www.umweltbundesamt.de

www.utopia.de

www.wwf.de

GUTE BLOGS

www.fräuleingrün.at

www.kostbarenatur.net

www.heilkrautkraft.wordpress.com

www.mitliebegemacht.at

www.parzelle94.de (hier: Bokashi-Anleitung)

www.wastelandrebel.com

GUTE REZEPTE

www.eat-this.org

www.experimentselbstversorgung.net

www.kraft-futter.de

www.naturkost.de

www.schrotundkorn.de

www.veggi.es

Dank an:

- Hermann – die gute Seele des Klimakochens, dem ich das Thema verdanke.
- Petra – für lange Gespräche auf Kräuterwanderungen, die den Impuls zu einem Ratgeber gaben.
- Oma – die Frau, die aus allem alles machte. Die mich von Kindesbeinen an an ihrer Küchenwelt teilhaben ließ.
- Bibi – die mir mein geliebtes Handwerkszeug beibrachte: Lesen und Schreiben.
- Meine Eltern – für eine solide Erziehung voller guter, alt(-modisch)er Werte.
- Die wunderbaren Kräuterfrauen, vor allem Sigrun und Sabine – die mich mit meinen Sinnen und mit jeder Menge Pflanzenschwestern neu in Kontakt brachten.
- Die toughen Solawi-Frauen – allen voran Maren, die nicht nur weiß, was wächst, sondern was alles geht und die mich sehr inspiriert.
- Hannah und E – die jede Menge Mut zum Leben von Alternativen haben.
- Meike – für die anregenden Stunden in der Küche.
- Ellen – die (mich) verstanden hat und an Großes glaubt.
- Die beiden Rainer – der eine, der stets ein ermunterndes Wort parat hatte, und der andere, der das Website-Projekt zum Leben erweckte.
- Laura – die das wirre Manuskript mit ihrer wunderbaren Gestaltung in ein lohnendes Buch verwandelte und dem neuen Erdenbürger Cosmo mittendrin und ganz nebenbei ein Leben schenkte.
- Wolf – der uns diese Spielerei in seinem Verlag überhaupt ermöglichte.
  Und nicht zuletzt
- Eckart – der an mich glaubte, obschon er mit dem Thema überhaupt nichts zu schaffen hat. Noch nicht.

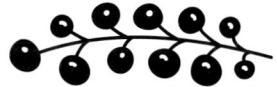

STICHWORTVERZEICHNIS

Ein paar Schlüsselbegriffe und wo du sie zum Beispiel findest:

LEB ES EINFACH

**MACH DIR NOCH MEHR APPETIT
AUF DIE KLIMAFREUNDLICH-KÜCHE
UND HOL DIR DIE WUNDERSCHÖNEN
FREEBIES FÜR ZU HAUSE:**

ONLINE

Das witzige
„Klima-Flop-Top-Quartett"
bereichert deine nächste
Mittagspause.

Geniales Küchen-Helferlein:
Die magische Drehscheibe mit
über einer Million CO_2-freund-
licher Kombinationen für die
Alltagsküche.

Schöne Erinnerungskärtchen
für die Geldbörse machen
täglich Lust auf die Klimafreundlich-Küche.

Und viele weitere
Rezeptideen und
Faktensnacks.

WWW.KLIMAFREUNDLICH-KUECHE.DE

SAISONKALENDER

WINTER

WEISSKOHL

ROTKOHL

ÄPFEL

SCHWARZWURZELN STECKRÜBEN

FELDSALAT ROSENKOHL

GRÜNKOHL

CHICOREE ROTE BETE

PILZE ZWIEBELN PASTINAKE

NÜSS

KARTOFFELN

KÜRBIS BIRNE

BLUMENKOHL PFLAUM

HERBST

LAUCH

ÄPFEL

ERBSEN

ABARBER

FRÜHLINGSZWIEBELN

FRÜHLING

MÖHREN

KOHLRABI

SPINAT

RADIESCHEN

WIRSING

BEEREN

BROKKOLI

MANGOLD

ZUCCHINI

TOMATE

SALAT

GURKEN

SELLERIE

BOHNEN

SPITZKOHL

SOMMER